普通高等教育"十三五"规划教材

服务外包产教融合系列教材

主编 迟云平　副主编 宁佳英

电子商务服务外包理论与实务

主　编　胡治芳　但鸣啸

华南理工大学出版社
SOUTH CHINA UNIVERSITY OF TECHNOLOGY PRESS

·广州·

图书在版编目(CIP)数据

电子商务服务外包理论与实务/胡治芳,但鸣啸主编.—广州:华南理工大学出版社,2017.5(2018.5重印)

(服务外包产教融合系列教材/迟云平主编)

ISBN 978-7-5623-5203-7

Ⅰ.①电… Ⅱ.①胡… ②但… Ⅲ.①电子商务-商业服务-对外承包-教材 Ⅳ.①F713.36

中国版本图书馆 CIP 数据核字(2017)第 041168 号

电子商务服务外包理论与实务
胡治芳　但鸣啸　主编

出 版 人：卢家明
出版发行：华南理工大学出版社
　　　　　(广州五山华南理工大学17号楼,邮编510640)
　　　　　http://www.scutpress.com.cn　E-mail:scutc13@scut.edu.cn
　　　　　营销部电话：020-87113487　87111048(传真)
总 策 划：卢家明　潘宜玲
执行策划：詹志青
责任编辑：刘　锋　詹志青
印 刷 者：佛山市浩文彩色印刷有限公司
开　　本：787mm×1092mm　1/16　印张：13.25　字数：328千
版　　次：2017年5月第1版　2018年5月第2次印刷
印　　数：1001～3000册
定　　价：35.00元

版权所有　盗版必究　　印装差错　负责调换

"服务外包产教融合系列教材"
编审委员会

顾　　问：曹文炼（国家发展和改革委员会国际合作中心主任，研究员、
　　　　　　教授、博士生导师）
主　　任：何大进
副 主 任：徐元平　迟云平　徐　祥　孙维平　张高峰　康忠理
主　　编：迟云平
副 主 编：宁佳英
编　　委（按姓氏拼音排序）：
　　　　　蔡木生　曹陆军　陈翔磊　迟云平　杜　剑　高云雁　何大进
　　　　　胡伟挺　胡治芳　黄小平　焦幸安　金　晖　康忠理　李俊琴
　　　　　李舟明　廖唐勇　林若钦　刘洪舟　刘志伟　罗　林　马彩祝
　　　　　聂　锋　宁佳英　孙维平　谭瑞枝　谭　湘　田晓燕　王传霞
　　　　　王丽娜　王佩锋　吴伟生　吴宇驹　肖　雷　徐　祥　徐元平
　　　　　杨清延　叶小艳　袁　志　曾思师　查俊峰　张高峰　张　芒
　　　　　张文莉　张香玉　张　屹　周　化　周　伟　周　璇　宗建华
评审专家：
　　　　　周树伟（广东省产业发展研究院）
　　　　　孟　霖（广东省服务外包产业促进会）
　　　　　黄燕玲（广东省服务外包产业促进会）
　　　　　欧健维（广东省服务外包产业促进会）
　　　　　梁　茹（广州服务外包行业协会）
　　　　　刘劲松（广东新华南方软件外包有限公司）
　　　　　王庆元（西艾软件开发有限公司）
　　　　　迟洪涛（国家发展和改革委员会国际合作中心）
　　　　　李　澍（国家发展和改革委员会国际合作中心）
总 策 划：卢家明　潘宜玲
执行策划：詹志青

总 序

发展服务外包，有利于提升我国服务业的技术水平、服务水平，推动出口贸易和服务业的国际化，促进国内现代服务业的发展。在国家和各地方政府的大力支持下，我国服务外包产业经过10年快速发展，规模日益扩大，领域逐步拓宽，已经成为中国经济新增长的新引擎、开放型经济的新亮点、结构优化的新标志、绿色共享发展的新动能、信息技术与制造业深度整合的新平台、高学历人才集聚的新产业，基于互联网、物联网、云计算、大数据等一系列新技术的新型商业模式应运而生，服务外包企业的国际竞争力不断提升，逐步进入国际产业链和价值链的高端。服务外包产业以极高的孵化、融合功能，助力我国航天服务、轨道交通、航运、医药、医疗、金融、智慧健康、云生态、智能制造、电商等众多领域的不断创新，通过重组价值链、优化资源配置降低了成本并增强了企业核心竞争力，更好地满足了国家"保增长、扩内需、调结构、促就业"的战略需要。

创新是服务外包发展的核心动力。我国传统产业转型升级，一定要通过新技术、新商业模式和新组织架构来实现，这为服务外包产业释放出更为广阔的发展空间。目前，"众包"方式已被普遍运用，以重塑传统的发包/接包关系，战略合作与协作网络平台作用凸显，从而促使服务外包行业人员的从业方式发生了显著变化，特别是中高端人才和专业人士更需要在人才共享平台上根据项目进行有效整合。从发展趋势看，服务外包企业未来的竞争将是资源整合能力的竞争，谁能最大限度地整合各类资源，谁就能在未来的竞争中脱颖而出。

广州大学华软软件学院是我国华南地区最早介入服务外包人才培养的高等院校，也是广东省和广州市首批认证的服务外包人才培养基地，还是我国服务外包人才培养示范机构。该院历年毕业生进入服务外包企业从业平均比例高达66.3%以上，并且获得业界高度认同。常务副院长迟云平获评2015年度服务外包杰出贡献人物。该院组织了近百名具有丰富教学实践经验的一线教师，历时一年多，认真负责地编写了软件、网络、游戏、数码、管理、财务等专业的服务外包系列教材30余种，将对各行业发展具有引领作用的服务外包相关知识引入大学学历教育，着力培养学生对产业发展、技术创新、模式创新和产业融合发展的立体视角，同时具有一定的国际视野。

当前，我国正在大力推动"一带一路"建设和创新创业教育。广州大学华软软件学院抓住这一历史性机遇，与国家发展和改革委员会国际合作中心合作成立创新创业学院和服务外包研究院，共建国际合作示范院校。这充分反映了华软软件学院领导层对教育与产业结合的深刻把握，对人才培养与产业促进的高度理解，并愿意不遗余力地付出。我相信这样一套探讨服务外包产教融合的系列教材，一定会受到相关政策制定者和学术研究者的欢迎与重视。

借此，谨祝愿广州大学华软软件学院在国际化服务外包人才培养的路上越走越好！

国家发展和改革委员会国际合作中心主任

2017年1月25日于北京

前　言

互联网的快速发展将整个世界经济带入了一个前所未有的高速增长期，电子商务在网络技术的催生下逐渐深入人心，电子商务大潮也在急速改变传统的商业模式。电子商务系统是一种商家与客户进行交流的新方式，它所带来的冲击是革命性的，对传统企业提出了严峻的挑战：要求企业管理者必须以全新的思维来看待未来的客户、未来的竞争对手、未来的技术工具。

随着互联网技术的逐步完善，电子商务已经走过了第一阶段的启蒙时期和第二阶段的网络大市场时期，开始步入第三阶段——电子商务服务外包时期。特别是对于我国中小企业而言，因资金、技术和人才等方面的局限，需要社会提供低成本、高性能、平台化的电子商务服务，外包已成为中小企业电子商务发展的主流。

市面上关于电子商务外包实操方面的书籍很少，本书基于指导企业开展电子商务服务外包活动的目的编写而成，对于需要进行电子商务服务外包的企业而言非常有借鉴价值。同时，也有利于从事电子商务的人员以及在校的电子商务本科生掌握电子商务服务外包的模式和技巧，理解各类外包业务开展的方式，从而提高其适应社会和终身学习的能力。

本书立足于高等院校本科专业的教学特点，从企业实际出发，较系统地阐述了电子商务服务外包的基本应用，包括电子商务服务外包的概念、电子商务网站建设服务外包、网络营销外包、电子商务物流外包、网店运营服务外包、客户服务外包、电子商务服务外包管理等相关内容。每章的"学习目标""本章小结"有助于读者把握知识要点和明确学习目标；"引入案例"引导读者了解企业实际应用案例，将理论与实际相结合；并配有复习题，不仅可以帮助学生读者地理解知识点，同时还可以帮助其提高实践和应用能力。

本书由广州大学华软软件学院的胡治芳、但鸣啸主编,胡治芳负责整书的策划、统稿工作。具体编写分工如下:第一章、第四章、第五章、第八章由胡治芳编写,第二章、第三章、第六章、第七章由但鸣啸编写。

本书在编写的过程中得到了广州大学华软软件学院服务外包中心的大力支持,在此深表感谢。除此以外,还有众多对本书的编写工作给予过指导和帮助的学者、老师,以及参考书籍和资料的作者,在此一并表示衷心的感谢!

限于时间和编者的水平,本书仍难免存在诸多不足,还望读者批评指正。

编　者

2017 年 4 月

目　录

1 服务外包 ·· 1
  1.1 服务外包的概念 ··· 2
  1.2 服务外包的业务种类 ··· 7
  1.3 服务外包的模式 ··· 10
  1.4 服务外包的风险及控制 ·· 15
  1.5 服务外包的发展趋势 ··· 18

2 电子商务服务外包 ·· 22
  2.1 电子商务的概念 ··· 23
  2.2 电子商务服务外包的概念 ··· 27
  2.3 电子商务服务外包的模式 ··· 32
  2.4 电子商务服务外包的流程 ··· 34
  2.5 电子商务服务外包的必要性及注意事项 ······························ 36
  2.6 电子商务服务外包业的人才培养 ··· 38
  2.7 电子商务服务外包业的发展趋势 ··· 41

3 电子商务网站建设服务外包 ··· 45
  3.1 电子商务网站 ·· 46
  3.2 电子商务网站外包服务 ·· 51
  3.3 电子商务网站外包的流程 ··· 54
  3.4 电子商务网站外包的风险 ··· 56
  3.5 电子商务网站建设外包企业选择 ··· 58

4 网络营销外包 ·· 65
  4.1 网络营销外包概述 ·· 66
  4.2 网络营销外包业务 ·· 68
  4.3 网络营销外包流程 ·· 78
  4.4 网络营销外包平台——"猪八戒"网 ···································· 85

5 电子商务物流外包 … 94
5.1 电子商务物流概述 … 96
5.2 电子商务物流外包概述 … 99
5.3 电子商务物流外包业务及流程 … 103
5.4 电子商务物流外包流程管理 … 114

6 网店运营服务外包 … 120
6.1 网店运营服务外包概述 … 121
6.2 网店运营服务外包业务 … 125
6.3 网店运营服务外包模式 … 127
6.4 网店运营服务外包流程 … 132
6.5 网店运营服务外包企业选择 … 137

7 客户服务外包 … 145
7.1 客户服务外包概述 … 146
7.2 客户关系管理外包业务流程 … 148
7.3 呼叫中心服务外包业务 … 152

8 电子商务服务外包管理 … 160
8.1 电子商务服务外包合同管理 … 161
8.2 电子商务服务外包风险管理 … 172
8.3 电子商务服务外包项目管理 … 176

参考文献 … 199

1 服务外包

【学习目标】

通过本章的学习，要求掌握服务外包的内涵、特点及优势，熟悉服务外包的业务种类及模式，了解服务外包的发展趋势。

【引入案例】

京东商城携手戴尔开创电商售后服务新模式

为全面提升用户网购体验，中国最大的综合网络零售商之一京东商城和全球领先的IT产品及解决方案厂商戴尔达成售后服务战略合作共识，京东商城将以戴尔授权服务提供商资质，为消费者提供与戴尔公司同等质量和高效率的售后服务。2013年1月14日，双方在北京成功举办"京东·戴尔服务战略合作揭牌仪式"，京东商城集团副总裁王志军与戴尔全球副总裁鲍勃·费纳(Bob Feiner)出席仪式。

根据双方合作内容，针对所销售的戴尔计算机，京东商城可以通过自我诊断，为消费者提供高效的在线部件订购和安装服务，从而自行解决消费者售后维修方面的相关问题。同时，京东商城可以调动戴尔在全国各地的备件，以保证维修服务及时完成。借助这一服务，售后维修检测程序将得到极大节省，配合京东的上门取件服务，客户将足不出户完成售后维修全过程，真正享受到京东提供的一站式服务以及售后维修O2O模式带来的便利。对于习惯网购、喜欢戴尔电脑产品的消费者而言，这无疑是一个福音。

此次，京东商城与戴尔强强联手，开创了一种全新的服务模式，成为中国电商行业的一大创举。众所周知，戴尔甄选合作伙伴有一套严格的准入程序，对合作伙伴从产品支持能力、工单管理体系、服务拓展能力、覆盖范围等方面均会进行重点考核。作为世界级企业，戴尔格外关注合作伙伴在客户满意度、问题解决率、响应时效等关键性运营指标上的表现。因此，此次战略合作的达成既得益于京东商城与戴尔长期以来的良好合作基础，也说明京东商城所具备的全行业独有的供应链服务优势，与戴尔的要求相契合。

戴尔全球副总裁鲍勃·费纳表示，戴尔公司与京东商城在售后服务领域的合作将显著提升消费者对网购戴尔产品的整体消费体验。通过集成戴尔认证的高质量的本地售后服务，京东商城将强化其网络销售优势，从而让更多消费者能够放心购买戴尔的创新IT产品，并享受到戴尔与京东商城联合提供的包括咨询、购买、使用以及售后维修在内的一站式整体服务。

据了解,京东商城的供应链服务优势主要体现在自建物流体系以及较为完善的售后服务体系。全国范围的电脑售后维修服务所涉及的交接环节较多,若不是如京东商城一般拥有自主配送体系的支持,而用第三方配送,交接确认的责任问题将使此服务难以执行。同时,京东商城以维修中心为核心的售后维修体系是其与戴尔达成合作的基础。据悉,"京东商城维修中心"于2011年4月成立,目前在PC和通信业务上已拥有戴尔、HTC等二十余家品牌厂商的服务授权,且这一数字正随着京东商城的发展而不断增大。为了给客户提供更好的售后服务,京东商城目前在北京、上海、广州、成都、武汉、沈阳六地均设立了维修中心,全国工作人员超过70人,2013年预计扩展至160人。

目前,京东商城开设了戴尔旗舰店和电商行业第一家Alienware旗舰店,在售的戴尔产品已覆盖全系列消费类电脑产品、全系列显示器产品和部分商用电脑产品。通过此次战略合作,京东商城与戴尔的合作更延伸至售后服务领域,实现了售前、售中、售后三位一体的全方位合作。未来,京东商城将与戴尔勠力同心,以用户体验为出发点,持续提升整个服务网络对客户满意度的坚实承诺。2013年,双方战略携手,于销量和服务上进行多维度的探索,进一步提升客户体验和品牌忠诚度。

(资料来源:中国电子商务研究中心网2013年消息,http://www.100ec.cn/detail--6078658.html)

案例思考:
1. 什么是服务外包?
2. 本案例中发包方是谁?接包方是谁?
3. 戴尔为什么要将售后服务外包给京东商城?戴尔选择京东商城的理由是什么?

1.1 服务外包的概念

1.1.1 服务外包的内涵

1. 服务外包定义及业务类型

服务外包的理论思想可溯及科斯和威廉姆森,分析途径沿着"交易成本—采购—外包"的脉络不断发展。当交易活动的市场成本大于内部交易成本时,则该项活动应全部或部分地在企业内部进行,否则就应在企业外部进行。在服务外包实践过程中,不同国家和企业的外包各有侧重,因此对服务外包有不同的定义。

国际上对服务外包的定义是依据服务协议,将某项服务的持续管理或开发责任授权给第三方即服务外包提供商执行。这种新兴服务模式的服务对象仍然是企业,但由于服务外包是信息通信技术发展的产物,因而其产业载体是信息,而非实物性产品,这也决定了其服务主体主要表现为知识劳动力。

毕博管理咨询公司定义：服务外包就是指企业为了将有限资源专注于其核心竞争力，以信息技术为依托，利用外部专业服务商的知识劳动力，来完成原来由企业内部完成的工作，从而达到降低成本、提高效率、提升企业对市场环境迅速应变能力并优化企业核心竞争力的一种服务模式。

《中国服务外包发展报告（2007）》中指出：服务外包是指企业将价值链中原本由自身提供的具有基础性的、共性的、非核心的IT业务和基于IT的业务流程剥离出来后，外包给企业外部专业服务提供商来完成的经济活动。

2006年，中国商务部《关于实施服务外包"千百十工程"的通知》中指出："服务外包业务"系指服务外包企业向客户提供的信息技术外包服务（ITO）和业务流程外包服务（BPO），包括：业务改造外包、业务流程和业务流程服务外包、应用管理和应用服务等商业应用程序外包、基础技术外包（IT、软件开发设计、技术研发、基础技术平台整合和管理整合）等；"国际（离岸）服务外包"系指服务外包企业向境外客户提供服务外包业务。

总的来说，外包服务能够使企业集中力量来生产自己强项的东西，而把一些自己薄弱的东西交给专业服务机构办理，使社会分工更细，能够提高工作效率，降低企业成本。

2. 服务外包企业

服务外包企业是指根据其与服务外包发包商签订的中长期服务合同向客户提供服务外包业务的服务外包提供商，也称之为接包方，一般来自劳动力成本较低的国家和地区。世界主要的服务外包承接国有7个，包括欧洲的爱尔兰、捷克，亚洲的中国、印度、菲律宾、马来西亚和新加坡。发包商也叫发包方，是指想要将业务外包出去的企业，一般来自劳动力成本较高的国家和地区，如美国、西欧、日本。

1.1.2 服务外包的特点

服务外包是在经济全球化和分工国际化的背景下伴随信息通信技术发展而生的产物，具有科技含量高、产出高、附加值高、吸纳就业能力强、资源消耗低等特点。

1. 以IT技术应用为基础

由于大部分的服务外包合作双方都处于不同的地域，即以离岸外包为主，合作双方关系的确立以及业务的进行必须依赖互联网和通信技术。也正是互联网的出现，使得原先难以在国际贸易中实现的"服务贸易"得以实现，并构成了服务外包的技术条件。无论是ITO还是BPO，区域内还是区域间服务外包，都以IT为内容或基础，特别是区域服务外包，对承接地信息化基础设施建设和信息化发展水平提出了很高的要求。如果一个承接地的信息化基础设施建设和信息化发展水平滞后，就难以承接服务外包业务。即使其已经承接到服务外包业务，一旦通信网络出现问题，业务就会被迫终止。

2. 流程化与标准化管理

服务外包具有强大的流程化管理和标准化运营体系。从服务外包的定义可以知道，服务外包是把基于IT的业务流程剥离出来后，外包给企业外部专业服务提供商来完成的经济活动，因此服务外包本身就具有流程化的特征，尤其在业务流程外包和知识流程外包方面更为明显。在服务外包行业中，尤其在业务流程外包方面，标准化在提供技术互换性、遵守相应准则和提供客户信任度方面起着重要的作用。

3. 契约化管理

由于外包供应商是外部独立运作的法人实体，外包供应商和发包商的关系是合作关系，而不是行政隶属关系，也不是一般性的买卖关系，因此发包商必须与外包供应商签订长期的合同或协议。外包合同是双方合作的基础，也是维持这种合作关系的可靠凭证，它直接关系到外包的成败，故发包商必须用具有法律效力的合同来约束接包商的行为，有效地降低外包的风险。

发包方通过与接包方公司的谈判，最终确定的外包合同主要包括以下方面：外包项目的业务内容、外包的价格、双方的职责、双方的权利与义务、合作的期限、项目完成进度及要求、违规条款、商业保密条款、双方沟通机制、问题处理机制和退出外包机制。

4. 业务专业化

承接方往往是某个领域的专家级接包商，对所接业务拥有更强的优势、更加专业化的能力、更高的服务水平。

5. 附加值高

与传统制造业相比，服务外包不用进行实物生产，多数是依赖IT设备，对于资源的消耗比制造业低很多，附加值更高。

6. 知识密集型

服务外包属于知识密集型产业，很多业务都需要从业人员有相关的培训教育经历和丰富的实践经验，并非像制造业一样对工人进行简单的技能培训就可以从事生产，因此对人力资源的要求很高。

7. 不受地域限制

服务外包的接包商可以在本国也可以在世界上的任何一个角落，发包方不用担心对方在哪里。只要能提供高水平的服务，无论在哪里，都可以进行合作。

1.1.3 服务外包的优势

1. 改进财务，节约成本

一些财务方面的考虑可使得利用外包具有特别的吸引力。例如通过外包将已经不能够创造价值的业务单元，或通过将设备和固定财产移交给外包商，使组织能够获得一笔现金流，从而解放一部分资源用于其他目的(如战略投资)。外包信息系统的投资能够避免未来持续的或大量的资本投入。外包服务还可以帮助企业节省人力成本，节省人员工资、保险费用、住房公积金、交通通信费用、其他福利费用、带薪休假福利、人力资源管理成本、人员流失损失等。

2. 获得信息技术和能力

IT外包能够获得最先进和前沿的技术和技能；再有，企业能够获得外部可利用的设备、服务等方面的资源；能够将信息技术和技能等易于过时的风险转移给外包商；能够使企业与外包商分担新技术的风险或将新技术的风险转嫁给外包商。IT外包的战略性考虑因素之一便是：借助外包商与现有的、未来的技术保持同步的优势，改善技术服务，提供接触新技术的机会，来实现企业以花费更少、历时更短、风险更小的方式推动信息技术在企业发展中的功能。

3. 改善信息技术服务水平

外包可以提高信息服务水平，提高服务响应速度与效率。外包商在某些领域常常能够比内部信息部门提供质量更高的服务，外包日常的操作性及负担性的信息服务，能够使企业内部的信息技术部门将精力集中在那些真正能够为企业创造价值的活动和应用方面，增强内部信息技术部门的效率。

4. 促进组织变迁

在一个公司创业初期，外包信息技术能够节省一大笔初始投资，有效缓解创业期资金的紧张；外包有利于企业的合并、购并和重组活动；外包有利于用外包的标准来提升内部的信息技术部门的绩效。通过外包，企业无须扩大自身人力规模，减少了因人才聘用或流失而花费的精力、成本，面临的压力以及培训方面的开支，增强了人力资源配置的灵活性。

5. 提高内部信息技术人员的学习能力

外包能够减轻内部信息技术人员的压力；外包日常的操作和维护工作，能够为内部信息技术人员提供更多的学习新技术、新解决方案的机会。

运作实例1-1

索尼人力资源外包管理

索尼电子有限公司在美国拥有14 000名员工，其中人力资源专员主要分布在七个地点。尽管投资开发PEOPLESOFT软件并以此作为通用平台，但索尼电子仍在不断追求发挥最佳技术功效。

在索尼找到翰威特之前，索尼公司的人力资源机构在软件应用和文本处理方面徘徊不前。所有的人力资源应用软件中，各地统一化的比率仅达到18%，并因此造成低效率。索尼人力资源小组意识到，他们不仅需要通过技术方案来解决人力资源问题，还需要更有效地管理和降低人力资源服务成本，并依此提升人力资源智能的战略角色。

正是基于此，索尼电子决定与翰威特签订外包合同，转变人力资源职能。翰威特认为这将意味着对索尼电子的人力资源机构进行重大改革，其内容不仅限于采用新技术，翰威特还可以借此契机帮助索尼提高人力资源的质量、简化管理规程、改善服务质量并改变人力资源部门的工作日程，进而提高企业绩效。

在这样的新型合作关系中，翰威特提供人力资源技术管理方案和主机、人力资源用户门户并进行内容管理。这样索尼可以为员工和经理查询所有的人力资源方案和服务内容提供方便。此外，翰威特提供综合性的客户服务中心、数据管理支持及后台软件服务。

索尼与翰威特合作小组对转变人力资源部门的工作模式寄予厚望。员工和部门经理期望更迅速、简便地完成工作，而业务经理们则期望降低成本和更加灵活地满足变动的经营需求。

此项目的最大的节省点在于人力资源管理程序和政策的重新设计及标准化，并通过为员工和经理提供全天候的人力资源数据、决策支持和交易查询服务，使新系统大大提高效能。经理们将查询包括绩效评分和人员流动率在内的员工数据，并将之与先进的模式工具进行整合和分析。这些信息将有助于经理制定更加缜密、及时的人员管理决策。经理们可以借此契机提高人员及信息管理质量，进而对企业经营产生巨大的推进作用。

项目启动后，索尼电子与翰威特通力合作，通过广泛的调查和分析制定了经营方案，由此评估当前的环境并确定一致的、优质的人力资源服务方案对于索尼经营结果的影响。

索尼电子实施外包方案之后，一些结果已经初见端倪。除整合、改善人力资源政策之外，这一变革项目还转变了索尼80%的工作内容，将各地的局域网、数据维护转换到人力资源门户网的系统上。数据接口数量减少了2/3。新型的汇报和分析能力将取代原有的、数以千计的专项报告。

从未来看，到第二年，索尼电子的人力资源部门将节省15%左右的年度成本，而到第五年时，节省幅度将高达40%左右。平均而言，5年期间的平均节资额度可达25%左右。

索尼现在已经充分认识到通过外包方式来开展人力资源工作的重要性，因为可以由此形成规模经济效应并降低成本。此外，人力资源外包管理将人力资源视为索尼公司网络文化的起点。人力资源门户将是实施索尼员工门户方案的首要因素之一。索尼也非常高兴看到通过先行改造人力资源职能来进行电子化转变。

（资料来源：http://www.xuexila.com/success/chenggonganli/502560.html）

思考题：

1. 服务外包帮助索尼解决了什么问题？
2. 通过服务外包，索尼获得了哪些优势？

1.2 服务外包的业务种类

服务外包的分类方法有很多,按照不同的分类标准有不同的分类。

1.2.1 业务内容标准

根据业务内容,服务外包包括 ITO(information technology outsourcing,信息技术外包)、BPO(business process outsourcing,业务流程外包)、KPO(knowledge process outsourcing,知识流程外包)。信息革命成果的商业性普及推广,使 IT 服务以及软件生产成为规模最大的外包对象;与此同时,人事管理、财务会计、研发设计等很多企业传统认为是关键性的内置职能,也成为商务流程服务外包对象。

1. 信息技术外包

ITO 是指企业向外部寻求并获得包括全部或部分信息技术类的服务。服务内容包括:系统操作服务、系统应用服务、数据中心的运作、基础技术服务等,表 1-1 列举了 ITO 业务内容及细类的例子。

表 1-1 ITO 业务内容及细类举例

大类	细类举例
系统操作服务	对银行数据、信用卡数据、各类保险数据、税务数据、保险理赔数据、医疗/体检数据、法律数据(包括信息)的处理与集合
系统应用服务	信息工程及流程设计、远程维护、管理信息系统服务等
基础技术服务	承接技术研发、基础技术或基础管理平台整合、软件开发设计等

ITO 可以包括产品支持与专业服务的组合,用于向客户提供 IT 基础设施,或企业应用服务,或同时提供这两方面的服务,从而确保客户在业务方面取得成功。ITO 使企业将有限的 IT 资源有效地用于核心业务,最快获得专业支持能力,从而实现对系统的完善管理,降低 IT 运营成本,提高企业的竞争力。

2. 业务流程外包

BPO 是指企业将自身基于信息技术的业务流程委托给专业化服务提供商,由其按照服务协议要求进行管理、运营和维护服务等。服务内容包括企业内部管理服务、企业业务运作服务、供应链管理服务等,表 1-2 列举了 BPO 主要业务内容及细类的例子。

表 1-2　BPO 业务内容及细类举例

大　类	细类举例
企业内部管理服务	为客户企业提供内部管理服务,包括人力资源服务、后勤服务、工资福利服务、财务中心服务、会计服务、数据中心及其他内部管理服务等
企业业务运作服务	为客户企业提供技术研发服务、销售及批发服务、产品售后服务(售后电话指导、维修服务)及其他业务流程环节的服务等
供应链管理服务	为客户企业提供采购、运输、仓库/库存整体方案服务等

3. 知识流程外包

KPO 是指服务提供商以技术专长而非流程专长为客户创造价值,是比业务流程外包更为高端的知识工作外包,包括研究、设计、分析、资讯、策划、制定规程等服务。KPO 比传统的业务流程外包更能使企业获得更高的附加值,除了提升传统的 BPO 基于成本所带来的利益,更多的是寻求先进的分析与技术技能以及果断的判断。KPO 更加集中于高度复杂的流程,表 1-3 列举了 KPO 主要业务内容及细类的例子。

表 1-3　KPO 业务内容及细类举例

大　类	细类举例
商务服务外包	知识产权外包服务、数据分析服务、管理咨询服务、检验检测外包服务、法律流程外包服务、其他商务服务外包
技术服务外包	工业设计外包、工程技术外包、其他技术服务外包
研发服务外包	医药和生物技术研发外包、动漫及网游设计研发外包、其他研发服务外包

1.2.2　承接商和发包商的地理关系标准

按照服务外包承接商的地理分布状况,服务外包分为 3 种类型:境内外包、近岸外包和离岸外包。境内外包是指转移方与为其提供服务的承接方来自同一个国家,外包工作在境内完成;近岸外包是指转移方和承接方来自于邻近国家,近岸国家很可能会讲同样的语言,在文化方面比较类似,并且通常提供了某种程度的成本优势;离岸外包是指转移方与为其提供服务的承接方来自不同国家,外包工作跨境完成。

以往离岸服务外包中被外包的业务流程仅仅是劳动密集型以及重复性的,比如数据录入、采购委托、销售代理等。随着市场不断成熟及服务承接方掌握更多的流程和商业知识,开始了更为复杂的整个流程的离岸服务外包。当前,离岸服务外包的业务主要有 3 类:一是 IT(应用开发、编程、测试及网络支持);二是客户关系(呼叫中心、客户支持及销售);三是运营服务(金融及会计、数据处理和管理、项目管理)。

运作实例 1-2

联合利华采用文印外包服务每年省纸 35%

可持续发展已经成为现代企业改变发展方式的准则。联合利华在 2009 年 11 月就提出了要开创新的增长模式，在公司规模扩大的同时减少对环境的影响。2010 年 11 月，联合利华又提出，到 2020 年，单位产品用水量、废弃物量及温室气体排放量减少一半，并且 100% 采购可持续农业原材料作为生产原料的全球战略。

联合利华认为，在 IT 管理方面自己是门外汉，应该把自身的主要精力放在产品研发、客户服务上，把更好的产品提供给消费者，这才是公司发展的关键，而 IT 工作则选择专业的公司进行管理。

2005 年，联合利华(中国)把所有 IT 管理服务外包给了惠普，包括 IT 热线响应中心与现场桌面支持、IT 资产管理、多厂商基础架构管理及 IT 设备维护。尝到了 IT 管理服务外包甜头的联合利华中国又采用了惠普的企业文印管理服务，将文印业务也交给了惠普。

联合利华(中国)在产品的研发过程当中，经常需要打印一些产品的策划案，旗下的各大品牌的产品外包装和宣传册的设计也需要不断地打印、测试、比较，才能得出最后的结果。这么大的工作强度不仅需要打印机能够非常稳定地工作，而且对打印速度要求很高，更对文印设备的色彩提出了很高的要求。

过去，联合利华(中国)的文印设备是粗放式管理的，IT 部门并没有对各部门的文印设备实行集中、统一、规范的管理。"但在这种分散购买的模式下，从设备的购买、安装、维修到耗材购买，每个环节都很随意，出现了打印机型号较多、设备布局不合理、维修不及时、打印机的使用率参差不齐等情况。"联合利华大中华区 IT 总监沈锋指出了粗放式管理的弊端。

联合利华(中国)最终决定与惠普合作，把联合利华的文印服务全部外包给惠普，让惠普的专业文印工程师统一负责联合利华中国的文印设备管理，联合利华只需"按张付费"。

为了能够更好地管理文印设备，惠普为联合利华(中国)的文印设备统一配置了刷卡认证、双面打印、自动开关机等功能，这样做还节省了大量的纸张和能源。比如刷卡认证，每台惠普一体机设备都可以实现员工身份识别，直接刷员工门禁卡就能完成打印，既免去了统一登记的环节，又实现了对打印任务的监控，减少了不必要的浪费。在实施了惠普全面文印管理服务之后，联合利华(中国)的人机比(员工与打印机的比例)已经从之前的 15∶1，减少到了 20∶1。以前，联合利华(中国)每年用纸量为 2 000 多万张，现在也下降到了 1 300 万张左右，节省了大约 35%。

(资料来源：http://www.qb5200.com/content/2016-02-16/687190.html)

思考题：
1. 联合利华(中国)外包的业务属于哪种类型的服务外包？
2. 联合利华(中国)为什么要将这些业务外包出去？

1.3 服务外包的模式

20世纪90年代以来,许多跨国公司纷纷把非核心服务活动离岸外包。作为服务产业转移的重要形式之一,许多发展中国家已将承接国际服务外包提升到战略高度。本书将从发包国和接包国两方面分析服务外包的模式。

1.3.1 主要发包国的服务外包模式

1. 美国跨国公司的倒T型离岸服务外包模式

美国是开展离岸服务外包最早也是最多的国家,在全球外包开支中,美国约占2/3。美国跨国公司为了降低服务成本,为顾客提供及时、优质的服务,常常实行整体性外包,即把某些服务的整个流程而不是某一项功能外包出去,这就要求接包方不仅具有廉价、能干的雇员,而且具有良好的项目管理能力和组织协调能力。

由于美国大型跨国公司广泛采用事业部制组织结构来管理企业,外包决策在事业部层就可以做出。各事业部具有较大的权利,彼此之间相对独立,其所开展业务的价值链环节也各不相同。在这种情况下,各事业部从自身利益出发,纷纷将各种辅助性或非核心的服务活动整体外包出去,即直接将某些不影响企业核心能力的价值链环节外包给如印度等国成本低、质量有保证的企业来运营。实行业务外包后的跨国公司比外包前显得更精干,使得公司能更好地将企业资源集中到核心业务中去。由于外包后的公司业务部门减少,管理更加简单,组织结构犹如一个倒立的大写英文字母"T",因此,美国跨国公司的离岸服务外包模式称为"倒T型"模式,如图1-1所示。

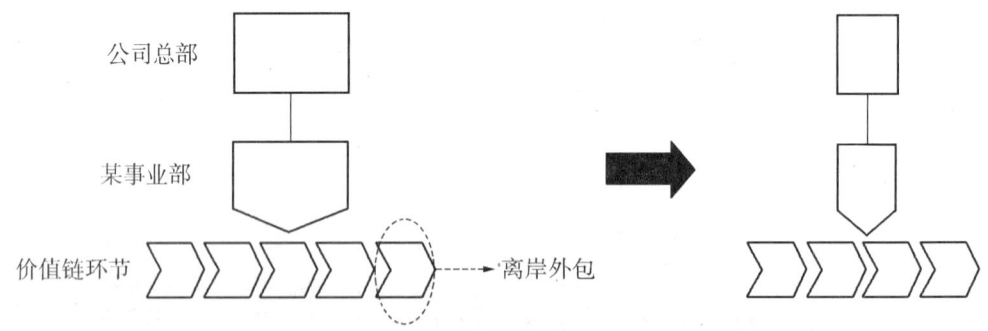

图1-1 美国跨国公司的倒T型离岸服务外包模式

美国IBM公司的外包活动就是这种模式的典型代表。据《华尔街日报》称,IBM在2003年将美国本土4 730个编程工作岗位转移到了印度等国。2005年,IBM又将呼叫业务外包给了拥有9 000名员工的印度本土呼叫中心Dakshe-Services公司,并在印度大规模招聘雇员14 046人。与此同时,IBM宣布全球裁员1万~1.3万人,美国本土和欧洲成为"重灾区"。IBM的雇员在印度与美国等地一增一减的做法看似矛盾,实则是IBM

应对离岸外包的有效选择。随着 IBM 的各事业部纷纷将软件编程与测试及呼叫服务等客户管理职能外包，公司总部相应的职能机构已经没有存在的必要，精简人员与组织部门就顺理成章了。

2. 欧盟的橄榄型离岸服务外包模式

欧盟的离岸服务外包业务开展得较晚，总量也不太大，但发展较快。除英国与美国大致相似外，其他欧盟国家尤其是德国、法国和荷兰的跨国公司在开展离岸服务外包的过程中，由于受到各自严厉的法规约束和自身市场情况的限制，采取了"橄榄型"离岸服务外包模式，如图 1-2 所示。

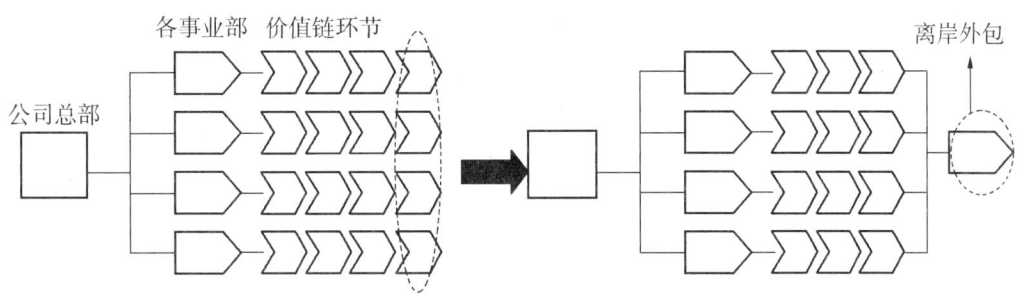

图 1-2 欧盟跨国公司的橄榄型离岸服务外包模式

欧盟跨国公司与美国跨国公司一样拥有较多的事业部单位，不同的是，欧盟跨国公司的各事业部之间关系紧密，这使得各个事业部业务所属的价值链环节有可能"求同存异"，即在保留各自特殊的价值链环节的前提下，合并或重组那些具有相同或相似功能的价值链环节。在欧盟发达国家，尤其是德国，法律和工会一度成为企业实行业务外包的最大障碍。欧盟国家的法律大多规定企业不能随意解聘雇员，而工会又不断要求增加工人工资、减少劳动时间等福利待遇。但由于美国、日本等国的离岸服务外包热潮的推进，欧盟地区的跨国公司越来越明显地察觉到企业正在全球市场竞争中逐步失去昔日的优势。为此，德国等欧盟国家的政府和工商企业采取措施，积极寻求获得工会方面的让步，以降低劳动力成本。并重新制定法律，实行各种经济改革，为离岸服务外包铺平道路。

3. 日本的金字塔型离岸服务外包模式

自 20 世纪 90 年代初以来，日本经济一直处于低迷状态，增长乏力，这给日本企业的生存形成了巨大压力。随着世界范围内服务外包热潮的推进，日本企业也紧随美国企业之后，加入了离岸服务外包活动的行列。但其外包模式受到日本文化和公司治理结构的深刻影响，不同于美国、欧盟跨国公司。在日本，由于单一民族文化的影响，企业间的关系是"金字塔型"的，这在日本制造业尤其是大型汽车制造企业，如本田、丰田等企业中表现得尤为明显。位于金字塔顶端的企业处于支配地位，与它形成直接供给关系的企业称为一级接包商，与一级接包商形成直接供给关系的企业称为二级接包商，如此类推。上下游企业因长期业务形成了固定的业务路径及彼此信赖的企业间和人际间的稳固关系，这造就了日本企业间特有的"金字塔型"结构关系。

在日本，离岸服务外包尤其是离岸软件服务外包领域，企业之间的金字塔型紧密关系同样存在。在图 1-3 所示的"金字塔型"外包模式中，作为总接包商（一级接包商）的企业从最终客户那里承接项目，进行总体设计和任务切割后，将各模块工作再分包给若干个二级接包企业，二级接包企业还会再寻找三级或四级接包企业帮助它一起完成模块的设计、代码转换或测试工作，当任务细分到这一层次后才有可能实行离岸外包。因此，日本的软件离岸外包业务多数属于三级接包或四级接包。日本的最终用户在发包时，不仅希望总接包商具有很深的行业知识与业务咨询能力，并与本企业有良好的信任关系，而且希望它有足够的资金抗风险能力和在日本本地承担法律责任的能力。因此，总接包商一般都是日本本地规模较大的企业。在日本，客户不会清楚地将自己的需求用严格的文档方式表达出来，总接包商需要根据客户的业务特点，在与客户沟通的同时，进行系统的咨询、策划、设计。这要求总接包商对用户的业务细节非常了解，因此国外厂商一般不可能进入日本的总接包商行列。在日本，能够作为总接包商承接大型客户系统开发的企业只有 30 多家，如 NEC、SONY 和富士通等。这些企业往往控制着软件设计等高端业务，在对整个项目过程进行认真切割后，再将那些技术含量较小的低端业务外包给中国等邻近国家。中国企业只能接到一些被转了二手、三手甚至更多手的外包，这就是为什么中国承接的日本软件外包单量规模普遍较小的原因。

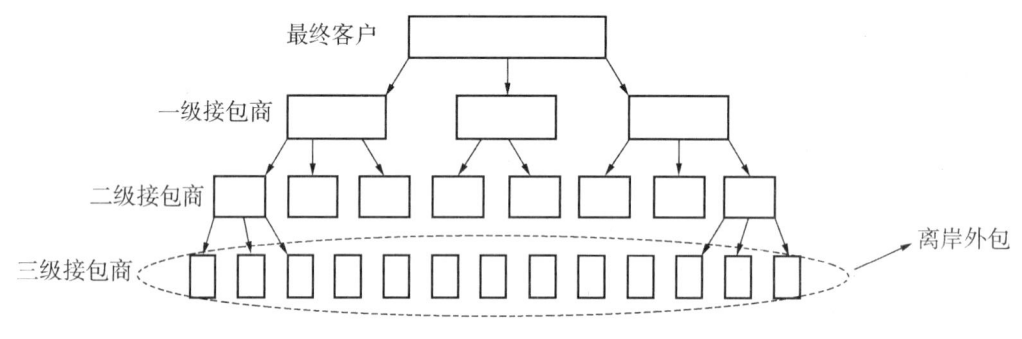

图 1-3　日本跨国公司的金字塔型离岸服务外包模式

1.3.2　主要接包国的服务外包模式

在全球服务外包接包市场中，印度和爱尔兰是服务外包起步较早的国家，也是当前服务外包主要接包国。两国政府、行业协会和服务外包企业形成了一股有机合力，在全球服务业转移中抢得了先机。中国起步虽然相对较晚，但是发展速度非常快。印度、爱尔兰、中国服务外包发展各具特色。

1. 印度服务外包模式

第一，政府调控，引导和激励服务外包。印度政府始终扶持软件技术的发展，先后成立了信息技术部，实施了培养软件技术人员、吸引外国企业投资、建立重点实验室、取消硬件和软件税等具体措施。国外证券投资商被获准拥有本地公司 40% 的股份。

20 世纪 80 年代以来，印度政府专款用于开拓国际服务外包市场，下决心要使印度成为全球服务外包超级大国、市场领导者，并制定相应措施推动信息基础结构建设，全面实现信息化。接包服务范围从数据录入、呼叫中心等低端业务向系统集成、方案执行等高端业务转移。在人力资源外包、金融服务、医疗卫生服务等广泛领域以及新兴服务外包领域，印度都是成熟的领导者。

第二，印度拥有低成本优秀软件人才。大量低成本软件人才是印度服务外包产业不断发展的有力保证，因此，印度政府给予软件人才培养高度的重视。在人才培养方面，主要通过三种方式：一是通过高等院校培养，二是依托民办机构培训，三是企业自身系统培训。印度人才培养分工明确，有一套完善的蓝领软件人才培养体系。印度软件外包公司架构明晰，软件蓝领专注于基础程序设计工作，有效降低发包客户成本。此外，印度大力引进海外高级留学人才回国并采取各种措施防止本国软件人才外流。

印度服务外包发展在成本低廉优势的基础上，在欧美市场上已经颇具规模。印度服务外包的发展是产业底子薄弱的国家抓住世界服务业转移的机遇，在短时间内飞跃式发展的一个奇迹。

第三，印度设置有专门的行业协会组织，降低交易成本。印度服务外包发展过程中，一批行业协会中介组织发挥了十分重要的作用。其中，NASSCOM是行业组织中最为突出的机构，帮助企业解决实际困难，发挥联络宣传、政府与企业联系桥梁等多方面的重要作用。在NASSCOM的推动下，不仅建立了良好的市场秩序，而且有效降低了国际发包客户的交易成本。

NASSCOM是一个非营利性机构，目标是通过服务外包商业和贸易、发展软件技术研究等活动加速发展印度服务外包产业，其成员企业的收入占据超过90%的印度软件外包总收入。NASSCOM在知识产权保护方面开展了一系列反盗版活动，提高了国外企业在印度投资的意愿。NASSCOM还曾通过"本国—欧洲联盟计划"促成欧印合资企业的战略联盟，有效扩大了欧洲服务外包市场。

第四，印度科技研发优势突出。印度政府很早就开始鼓励发展服务外包，是服务外包拉动经济增长的典范。印度走的是依赖欧美市场，发展以ITO为基础的外向型发展之路。这一战略模式不仅改善了印度产业结构，提升了其科学技术水平，而且成就了印度全球服务外包市场中领导者的地位。

本世纪以来，随着印度科学技术的不断提高，其服务外包产业进入了突飞猛进的发展阶段，逐步呈现出科技含量高、研发中心集中等特点。信息技术研发、高端管理、创新服务、金融投资所占比重不断增大，主要包括：操作系统研发、动画制作和游戏开发、战略管理分析、金融与财务投资分析等业务。印度科技研发优势明显，高端业务的类型不断丰富，比重日益提高。

第五，利用综合优势，出口欧美。欧美发包客户对承接商的专业技能、管理水平以及国际化程度都有较高的要求。承接商需能开发整套的应用系统或提供完整的解决方案才能满足欧美发包客户的要求。印度从自身实际情况出发，立足人才、语言、成本等比较优势，定位以出口欧美市场为主的发展战略。印度通过架设软件园专网、采用高速数字传输、开通企业卫星通信等一系列措施改进了出口方式，有效促进了其产业出口、确保客户反馈信息的及时性。

2. 爱尔兰服务外包模式

第一,政府支持服务外包的体系完善。爱尔兰政府制定了较为宽松的电子商务法,支持企业和个人参与服务外包。通过"国际服务业鼓励计划",积极扶持本国电子商务发展成为欧洲"电子中心"。一方面,爱尔兰政府通过设立专项研究基金和技术情报网鼓励科技创新。另一方面,大力促进企业和高等院校、科研机构开展合作,促进其伙伴关系健康发展。

为了提供发展服务外包的多方面支持,爱尔兰设有企业局等贸易机构,全国软件指导委员会也设在企业局中。企业局在全球有30多个办事机构,在国内14个地区有办公室,提供服务外包发展所需办公场地、资金支持、法律咨询等多方面支持服务。其中,爱尔兰政府特别重视对服务外包发展提供直接的资金支持。

第二,爱尔兰拥有高技能、低成本软件人才。爱尔兰在欧盟成员国中经济发展水平较为落后,劳动力成本、工业成本相对较低,因此,跨国公司纷纷在爱尔兰设立后台服务中心。爱尔兰致力提高国民创新认知,为所有欧盟成员国学生提供免费高等教育,不断加强计算机与网络教育,这些都有助于爱尔兰软件产业的发展。爱尔兰高校也十分注重有利于就业的实用计算机课程。

爱尔兰教育支出位居欧洲国家前列,爱尔兰高校致力于发展科技教育,毕业生中约有60%就读于计算机学科。UCD等高校IT开发能力很强,注重扶持校园企业独立进行产业化活动。爱尔兰政府鼓励高校师生通过参与国际软件会议与其他国家地区学生广泛交流研讨,相互促进共同提高。

第三,爱尔兰专注代工服务。1998年至今是爱尔兰服务外包业飞速发展的阶段。软件代工服务助力爱尔兰在国际服务外包产业转移中获得了先发优势。爱尔兰以软件制作、项目服务、配套产品加工等代工技术服务为主的模式吸引了众多跨国公司入驻。欧化美国软件产品的代加工基地是爱尔兰服务外包业的发展目标。此外,医药研发、通信技术、操作系统、机械工程等是爱尔兰目前BPO发展主要涉及的行业。

近年来,爱尔兰服务外包发展从以欧洲市场为主转型为多元化格局,产品服务业从代工向研发逐步升级。然而,经济发展较为落后,国家科研实力欠缺,大型企业投资匮乏,致使爱尔兰服务外包发展以生产代工为主。

第四,利用综合优势,出口美国。爱尔兰属于综合优势型承接国,其发展特色是致力于成为美国公司进入欧洲的门户——美国软件欧化的加工基地。爱尔兰服务外包的重要突破口就是抓住自身独特条件大力发展欧洲非英语国家软件本土化。爱尔兰自身独特的条件使其拥有大量美国移民以及与北美保持长期稳定友好关系。正是这种亲缘关系吸引着美国大型跨国公司来投资。

3. 中国服务外包模式

第一,政府出台系列政策高度支持服务外包。为了抓住世界新一轮产业结构调整所带来的巨大机遇、鼓励我国服务外包产业加速发展,国家在"十一五"规划纲要中提出了鼓励外资参与软件开发、跨境外包、物流服务等强大的政策支持。国务院办公厅从2009年开始先后批准设立了21个服务外包示范城市,并在这些试点城市实行一系列支持政策,鼓励我国服务外包产业的发展。2013—2015年,中央财政继续安排给各示范城市拨款500万元资金,用于服务外包公共服务平台建设。资金支持范围增加示范城市建立服务外包信息安全及知识产权保护体系、国际市场品牌推广、开展产业研究等。

此外,一些省市也相应出台了一系列的政策支持服务外包的发展。以广东省为例,从2012—2015年共安排2亿元,支持服务外包企业发展,对获得中央承接国际服务外包业务发展资金支持的服务外包企业和培训机构给予配套支持、支持服务外包企业取得国际资质认证以及支持省级服务外包人才培训基地建设等。而广州市则每年安排不少于1.3亿元支持服务外包发展。其中,广州市本级安排服务外包发展专项资金3000万元,其他的资金则由广州市政府认定的"中国服务外包示范城市广州示范区":广州开发区、南沙开发区、天河软件园、黄花岗科技园和番禺区这些示范区来安排,每个区不少于1000万元。

第二,中国拥有低廉人力成本优势。服务外包业具有劳动和知识双重密集的特点,这就决定了人力资源在该行业中的重要性。中国是世界上劳动力成本最低的国家之一,未来工资涨幅预计低于印度等国,在未来仍然能继续保持成本优势。全球仅有少数国家,例如中国、印度等国,拥有数量较大的可培养的IT工程技术人才。我国丰富的人力资源具有低成本优势,为中国占据行业领先地位打下坚实的基础。

第三,主要发包市场格局相对稳定。2015年,我国大陆企业承接美国、欧盟、中国香港和日本的服务外包执行额分别为150.6亿美元、98亿美元、95亿美元和54.8亿美元,分别同比增长17.5%、17.6%、28%和-9.8%,合计占我国离岸服务外包执行额的61.6%。受日元持续贬值和中日政治大环境的影响,我国企业承接日本市场业务意愿不高,日本对我国发包呈下降趋势。

长江经济带沿线省市业务快速增长。2015年,长江经济带沿线11个省市承接离岸服务外包合同金额481.3亿美元,执行金额394.1亿美元,分别占全国的55.1%和61%,同比分别增长13.1%和16.9%。其中,江苏省、浙江省和上海市是开展离岸外包业务的主力军,合计执行金额344.8亿美元,占沿线省市的87.5%;中部的江西省、湖北省和湖南省利用经营成本较低和人力资源丰富的优势,积极承接产业转移,离岸服务外包执行金额分别同比增长37%、33.8%和26.6%,增速远高于全国平均水平。

"一带一路"市场的重要性显著提高。2015年,我国承接"一带一路"沿线国家服务外包合同金额178.3亿美元,执行金额121.5亿美元,同比分别增长42.6%和23.4%。其中,承接东南亚国家的服务外包合同金额89.9亿美元,执行金额63.2亿美元,同比分别增长30.6%和17.3%;承接西亚、北非国家的服务外包合同金额43.5亿美元,执行金额25.2亿美元,同比分别增长113%和61.5%。"一带一路"沿线国家对我国发包占我国离岸外包的18.8%,市场重要性显著提高。

1.4 服务外包的风险及控制

服务外包可以为企业节省成本,创造更多的利益,但与此同时也是存在风险的。服务行业的特殊性和多样性使服务外包与制造外包相比,面临着更大的不确定性和风险性。

1.4.1 服务外包的风险

1. 决策风险

决策选择风险来自于两方面：一是外包企业在进行外包决策时，必须清楚地界定哪些项目或职能适合外包，即界定哪些技术是本企业具有核心竞争力的技术，哪些是非核心技术。如果界定分析不充分，外包项目选择不合适，外包可能达不到预期目标，甚至可能给企业带来经营安全上的风险。二是外包企业在进行外包活动时，必然面临服务商的选择问题。按照信息经济学的理论，在服务外包中，企业与外包服务商之间形成了"委托—代理"关系，由于行业存在信息的不对称，外包企业无法真正了解外包服务商的经营业绩、社会声誉、发展状况、成本结构等与自己利益息息相关的资质信息，以致外包前无法筛选合适的外包服务商，造成逆向选择的后果。外包商的真实水平往往在过程中才能被准确评估。外包后，外包服务商也可能发生未尽力执行受托工作的道德风险。外包服务的质量和效果与服务提供商的优劣有直接关系，因此服务商选择的决策风险，对于选择外包服务来说，是不可忽视的。

2. 泄密风险

企业在外包合作过程中必须向服务商披露大量信息，如企业战略、经营指标、人力资源管理现状等信息，其中有相当一部分是本企业的商业机密。随着企业信息传递范围的扩大，可能会由于外包服务商的"不忠"而导致企业信息资源损失、核心技术及商业机密泄露。一旦外包服务商泄密，势必对企业产生经营上、法律上和职业上的严重后果。

3. 合同风险

外包合同是外包企业与另一个法人实体、没有附属关系的第三方之间的一种协议关系。外包合同有效期限通常为五到十年，相当漫长，而在此期间业务需求和环境变化很大，甚至不可预料，服务外包提供商能否按时、按质完成协议任务，这是难以确定的。

4. 经营风险

为了取得规模经济、提高经营效率或者适应服务供应商不同的经营方式，企业进行服务外包时需要改变某些商业活动，这些改变会产生操作上的风险。在外包过渡阶段，内部人员可能需要在服务供应商的系统内接受培训，人员规模调整和雇员转移到服务供应商会产生道德风险和复杂的劳动法律问题。如处理不完善，就会使那些技术高度熟练和熟悉机构实践及要求的职员流失。

5. 利益冲突风险

虽然外包企业与外包服务商之间是战略合作伙伴关系，然而他们也是风险的共同体。因为他们毕竟是两个不同的法人实体，各自都想实现自身利益的最大化。因此，就会出现外包企业希望外包服务商做得多一些、获利少一些，而外包服务商则希望做得少一些、获利多一些，这就注定双方会有利益冲突。

6. 文化差异风险

外包功能之一就是提高服务质量，提升客户满意度，但不同文化背景下，顾客需求存在着很大差异。特别是逐渐兴起的离岸外包、跨国间的服务转移，很可能因为发包方与承包方之间的文化差异而影响到外包的效果，甚至是导致外包的失败。服务外包风险也存在于接包企业中，其风险主要在于对发包企业依赖性过大，失去核心业务，缺少自主知识产权，被锁定在价值链低端等。

1.4.2 服务外包风险控制

根据企业所外包的业务不同，所面临的风险也各不相同，上述风险不是任何一个选择外包的企业都会全部遇到的。随着外包程度的加深、范围的扩大，不同发展阶段的企业会面临着不同的风险。外包服务商的选择和合同的签订，都不可避免地要承担承包方出现问题时的风险。对于企业战略制定相对稳定、变动较小的企业，也就不用承担由于采用外包模式使企业战略调整缺乏灵活性的风险，同时对于尚未采用离岸外包的企业所面临的文化差异的风险也会较之离岸外包企业要小。因此要依据不同外包企业的具体情况来预测企业未来的风险，从而针对不同类别的风险采取相应的规避措施。

(1) 选择稳健的外包方式，慎重选择服务外包提供商。

外包企业在决定外包前，应当对供应商进行全面的考核，结合外包业务的需求，科学、合理地评价和选用外包机构，要选择那些具有丰富经验、良好信誉的可靠供应商。外包机构的经验、能力、技术、资本、信誉、对业务的熟悉程度、自身发展的稳定性、已有的类似业绩等都是影响外包业务能否按约完成的重要因素。

(2) 订立完善的外包协议，建立良好的控制机制。

外包协议必须涵盖外包业务的所有环节，包括日常作业流程规范、稽核监督、定期沟通和纠纷仲裁等内容。并要详细且明确界定双方的权利和义务关系，以保证外包业务的规范运行。对外包协议的监督和管理是为了直接获得协议所要求的质量，因此，成功的外包要求外包企业制定一个有效的管理框架，通过良好的控制机制来保证供应商提供合格的服务，并应采取措施来保证这种控制的有效性，确保外包企业控制目标的有效执行。如为了保证技术团队的稳定性，化解人力风险，除可以合同方式进行控制，即按照相关法律、法规严格约束外包公司外，还可实行人才买断，即与外包公司签订协议，实现技术人员的劳务买断，掌握技术人员的管理权。在外包商服务的过程中，外包企业可成立负责检查外包业务和战略决策的机构，建立外包服务的风险内控制度，细化外包监控、审批等环节，降低战略风险。应建立外包服务评价体系，对客户进行服务跟踪调查，及时掌握客户满意度和外包商服务质量，防范业务外包中的信誉风险。

(3) 严格管理外包服务流程，严防内外合谋的操作性风险。

外包商既是外包企业的合作伙伴和风险共同体，也是追求自身利益最大化的"理性主体"，在承接服务的过程中会通过寻租来追逐利益，从而导致外包的招标及运作过程存在内外合谋的操作性风险。一方面，服务商为了获得业务的承包权会实施勾结外包企业管理决策层的寻租行为；另一方面，在外包服务的实施过程中会出现企业内部员工泄露机密等问题。因此，外包企业要严格管理外包服务的操作流程，通过集体决策的方式避免个人滥用权力，严防内外合谋的操作性风险，从岗位权责方面杜绝内外勾结、暗箱操作的可能性。

(4) 重视知识产权保护，构建诚信的商业环境。

信息安全已成为服务外包企业选择承接方的一个重要标准。承接方对服务外包转移方提供的信息，如果不能按照要求和合同约定，进行严格控制和管理，一旦向第三方泄露或不经意披露出去，承接方将承担法律责任。从服务外包转移方对承接方的要求看，承接方的风险管理越来越成为关注的焦点。我们应加大对软件盗版等侵害知识产权行为的打击力度，引导企业诚实守信，严格履行合同，保守客户商业机密，遵守国际上的信息保密规则，建立有效的数据安全机制来规范服务领域的商业秩序。

(5) 建立外包应急机制，控制集中风险。

在服务外包实施过程中，外包商会因破产、技术人员变动或其他不可抗力因素而无法按时、按质地完成服务，从而使外包企业面临突发的、影响整个机构运营及整体战略规划的集中风险。所以，外包企业在实施外包战略时，要建立外包应急机制，针对服务商可能发生的各种意外情况设计应急计划和预案，如将大规模的外包业务承包给不同区域的、无业务关联的服务商，以控制突发事件带来的集中风险，降低集中风险造成的损失。

(6) 加强与承包商之间的交流与沟通，规避文化差异风险。

为了避免文化差异而导致外包失败，外包企业应尽量选择具有相同文化背景的承包商。如果企业选择了离岸外包且文化差异较大，就需要加强与承包商之间的交流与沟通，使承包商了解外包企业的文化背景和顾客的真实需求，从而高质量地满足客户需求，实现成功外包。

1.5 服务外包的发展趋势

进入本世纪第二个十年，随着第三次信息技术革命的兴起，服务外包产业的发展也快速进入"3.0 时代"。"3.0 时代"的服务外包业是指以云计算、大数据和移动互联网为标志的第三次信息技术革命兴起而开启的服务外包新阶段，它与以简单降低成本为目的的服务外包有本质区别，对企业来说是巨大发展机遇，同时要求企业在技术、业务领域和业务模式上创新。"3.0 时代"客户不再仅仅关注降低成本，而是更为关注一些增值服务。产业的内涵和外延发生颠覆性的变革，以科技为核心驱动力，基于云平台完成执行及交付，具有平台化、社会化和智能化等主要特征，并呈现六大核心发展趋势。

1. 产业增长范式从接包驱动转向发包驱动

巨大而迅速增长的服务外包需求市场将成为中国服务外包产业发展的核心主导力量，产业增长范式从接包驱动转向发包驱动。天津鼎韬外包服务有限公司预测，在"十三五"期间，我国本土外包市场规模将以14%的速度递增，并将在2019年突破3000亿美元，占全球产业规模的17.2%，成为全球第二大发包市场。其中，制造业、战略新兴产业及现代服务业的表现将最为强劲。

2. 产业技术架构走下云端

"3.0 时代"的服务外包，将在新的 ICD(internet, cloud&data, 互联网、云计算及数据)技术基础上重新组合现有的服务领域和服务模式，并衍生出各种全新的服务业态。

基于云的服务交付模式，即 SaaS（软件即服务）与 On-demand Payment（按需付费），将成为新的交付和定价模式的主流。与此同时，人工智能作为新的技术模式正在孕育和成长，并引发对服务外包产业格局的新一轮颠覆式改革。

3. 产业供给模式实现人才结构重置

"3.0 时代"的服务外包将重置产业的人才结构。原有的以大规模人工处理提供服务为核心的商业模式，将随着新兴技术的出现，转变为以技术平台为核心的按需使用的商业模式。低端 IT 和服务专业人员的岗位，正逐步从技术性的具体岗位向企业业务终端岗位转变。垂直行业经验、平台管理、供应商合同管理、云计算、分析学、网络应用技术、移动应用技术等，都是未来十年需要掌握的知识和技术。

4. 跨界融合引领产业市场竞争格局重构

"终端+应用""工业+信息""制造+服务"的跨界融合是适应未来变幻莫测的商业环境下满足用户价值最大化的业务模式变革。服务的产品化以及产品的服务化两大趋势越来越明显，推动企业实现从线性增长向非线性增长的跨越。同时，Google、Amazon、SAP 等互联网及 IT 巨头将凭借率先布局云战略的竞争优势引领产业格局的重构，成为接包及发包的双重新兴力量。

5. 业务模式变革推动交易模式演变

随着技术升级和产业变革的深化，发包企业对外包项目失去控制，愈发需要摒弃"2.0 时代"以项目外包和人力外包为主的"卖人头"业务模式，而与外包企业形成基于信任控制并结合价格和权力控制的跨组织战略关系，以构筑满足自身发展的生态系统并创造纵深的行业价值。外包交易模式从以降低成本为目标的替代型外包进入高附加值的放弃型外包，接包方拥有更高的议价能力。

6. 运营模式变革推动虚拟企业的出现

随着移动互联网、云计算等技术的兴起，服务外包企业的运营模式从"重服务"模式下的"全员雇佣、场地办公"向"轻资产运营"下的"网格式管理"转变，服务外包企业更加强调技术替代劳动，网络替代场地，通过网络化管理降低企业的固定成本，利用技术和系统取代劳动力的过度依赖，企业运营和管理打破物理局限，虚拟企业作为新的企业运作模式脱颖而出。

案例分析

有的公司企图通过把 IT 外包以摆脱困境。一家非常着迷于外包概念的保险和金融机构甚至为此专门购并了一家外包公司。但这个决定，最后却令购并者懊悔无比。

仅仅从 2001 年到 2002 年的 15 个月里，美国印第安那波利斯的康赛可公司（Conseco，下称康赛可）先是购并了印度外包商 ExlService 公司，继而又反悔转手卖掉了该外包公司。ExlService 公司当时处于起步阶段，在印度提供低成本呼叫中心客户服务。当时的康赛可总裁兼首席执行官（CEO）加里·韦特（Gary Wendt）还在通用电气工作时，就以提倡外包客户服务而著名。对他来说，这家企业无疑很诱人。在韦特的决策下，康赛可用 5 200 多万美元购并了 ExlService 公司。

韦特认为 ExlService 公司能在一夜之间为康赛可提供低成本高质量的客户服务。他对美国印第安那州本土的人力资源不是很有信心。《波利斯明星报》(Indianapolis Star)问他为什么把公司的客户服务搬到海外去时,他表示"我很确信印度能提供更好的客户服务。而美国本土的(公司)不行"。

这只是其中一个理由,韦特在这桩交易里也获得了利益;他成了ExlService公司的联合创始人,并在交易中获得ExlService公司20%的股票期权。根据美国证交所的文件显示,韦特和他的妻子在这桩交易里纯获利692 567股康赛可股票,共价值970万美元。但兑现这些股票是有条件的,必须等康赛可确认能从这笔购并交易中获得良好收益时才能生效。康赛可没有回应《波利斯明星报》采访的请求。

在购并之后,康赛可就把2 000个客户服务职位转移到ExlService公司。在一份管理法规补充报告里,康赛可宣布在2002年11月放弃ExlService公司,损失达2 000万美元。自然韦特的股票期权也随即化为乌有。

根据《波利斯明星报》的报道,康赛可的一些高层把投资失败归咎于时机错误。因为康赛可的印度呼叫中心上线的日子是2001年9月10日,第二天就发生了"9·11"恐怖袭击,带外国口音的呼叫中心自然立刻蒙受负面影响。

(资料来源:http://blog.sina.com.cn/s/blog_647e44a70100kkqa.html)

分析:

案例对于企业服务外包有什么启示?

本章小结

服务外包是指企业为了将有限资源专注于其核心竞争力,以信息技术为依托,利用外部专业服务商的知识劳动力,来完成原来由企业内部完成的工作,从而达到降低成本、提高效率、提升企业对市场环境迅速应变能力并优化企业核心竞争力的一种服务模式。服务外包具有科技含量高、产出高、附加值高、吸纳就业能力强、资源消耗低等特点。

服务外包的分类方法很多,按照不同的分类标准有不同的分类。根据业务内容,服务外包分为ITO、BPO以及KPO;按照服务外包承接商的地理分布状况,服务外包分为境内外包、近岸外包和离岸外包。

主要发包国的服务外包模式分为三类:美国跨国公司的倒T型离岸服务外包模式、欧盟的橄榄型离岸服务外包模式以及日本的金字塔型离岸服务外包模式。在全球服务外包接包市场中,印度和爱尔兰是服务外包起步较早的国家,也是当前服务外包主要接包国。中国起步虽然相对较晚,但是发展速度非常快。印度、爱尔兰、中国服务外包发展各具特色。

服务外包的风险包括:决策风险、泄密风险、合同风险、经营风险、利益冲突风险以及文化差异风险。为了规避风险,企业可采取如下的措施:选择稳健的外包方式,慎重选择服务外包提供商;订立完善的外包协议,建立良好的控制机制;严格管理外包服务流程，严防内外合谋的操作性风险；重视知识产权保护，构建诚信的商业环境；建立外包应急机制，控制集中风险以及加强与承包商之间的交流与沟通，规避文化差异风险。

复习题

(1) 什么是服务外包？

(2) 服务外包有哪些优势？

(3) 服务外包的业务种类有哪些？

(4) 简述美国跨国公司的倒T型离岸服务外包模式、欧盟的橄榄型离岸服务外包模式以及日本的金字塔型离岸服务外包模式。

(5) 服务外包有哪些风险？

(6) 如何控制服务外包的风险？

2 电子商务服务外包

【学习目标】

通过本章的学习,要求掌握电子商务服务外包的内涵、特点及优势,熟悉电子商务服务外包的业务种类及模式,了解电子商务服务外包人才培养以及未来的发展趋势。

【引入案例】

电子商务外包服务商 GSI 案例

Global Sports Inc. Commerce 总部位于美国宾夕法尼亚州的普鲁士王市,是一家为传统品牌商、制造商提供电子商务服务的外包服务商。企业主要提供包括技术服务、仓储物流服务、客户服务、互动营销服务等电子商务相关服务。

GSI 作为美国领先的第三方电子商务外包服务企业,从 1999 年开始涉足电子商务服务外包业务,发展过程中积累了 500 多个客户,近 20 个商品品类,服务能力很强,运营经验丰富。2009 年实现了 10 亿美元的营业收入,虽然受到金融危机的不利影响,增幅有所放缓,但是发展依然强劲。本案例将对 GSI 的发展进行解读,希望能够分析出电子商务服务外包行业成功的核心要素,为市场各方的发展提供参考。

创立时间:1995 年成立,起初是传统的体育用品经销商;1999 年,GSI 开始试水电子商务,独立成立 GSI Commerce,帮助体育运动为主的服鞋品牌做电子商务;2002 年,正式将整个公司的名称改成 GSI Commerce。

上市时间:1999 年底于纳斯达克上市。

服务类型:电子商务相关服务、营销服务、高端会员服务。

运营商品类目:体育用品、家居、消费电子、娱乐影碟、护肤品、服装等近二十个品类,客户数量超过 500 家。体育用品为其优势品类,GSI 几乎垄断了美国所有体育联盟用品的网上销售。

企业发展数据:2009 年全年营业收入为 10.04 亿美元。截至 2010 年 2 月,全球员工规模约为 5 500 人,其中美国员工约为 5 200 人,海外员工约为 300 人。

GSI 业务能力:

前端运营渠道:可帮助客户提供 eBay、Amazon、企业官网以及其他行业 B2C 网站的各种前端销售渠道。

仓储配送能力：拥有7个物流配送中心，共计241 540平方米，支持先进的系统，每年可以处理2 000万个包裹。

营销能力：GSI拥有Trueaction、e-Dialog、Fetchback等五大营销公司，可以为客户提供各种营销方式，并且可以提供数据分析工具。2010年6月收购了广告技术厂商Fetchback，整合其"行为重定向广告技术"，该技术能把已经离开某网站的用户吸引回来，在用户离开电子商务网站后，仍然可以把已弃置购物车里的物品以广告的形式再次推荐给用户，提高用户的购买率。

客服能力：GSI结合专有的和领先的第三方技术，提供一个强大、可扩展的客户服务平台。其平台接口具有自动呼叫分配、计算机电话集成、交互式语音应答、电子邮件、录音、监控和客户关系管理系统。将GSI的技术、平台与客户的技术、平台进行对接，可以实时看到商品的信息、库存及订单状态，给用户提供多渠道预订的服务。

GSI成功的关键性因素：

(1) 具有零售背景(前身是体育用品经销商，后转型涉足电子商务领域)；

(2) 运营经验丰富(GSI于1999年即开始涉足电子商务外包服务业务)；

(3) 具有资金支持(1999年就已经上市，利用募集到的1亿美金扩建仓库、研发技术等)；

(4) 不断收购企业，提高服务能力(收购的企业类型包括国内外电子商务代运营服务公司、电子商务营销服务公司、广告技术提供商等)；

(5) 选定知名品牌客户，提高运营能力(目前有200多家知名品牌客户，提高了大客户的运营能力和经验)。

收入结构变化：GSI的营业收入主要包括两方面，一方面是商品销售收入，另一方面是提供的服务收入。从营业收入结构的变化情况来看，商品销售收入的比例逐渐下降，服务收入逐渐上升。艾瑞分析认为，追求成本下降及客户需求转变是导致收入结构变化的主要原因。

(资料来源：http://blog.sina.com.cn/s/blog_5f2197da0100pn1p.html)

案例思考：

(1) GIS成功转型的背景环境是什么？

(2) GSI成功的核心要素是什么？

2.1 电子商务的概念

在学习和了解电子商务外包的概念、模式和发展之前，我们有必要首先了解和掌握电子商务的内涵、特征和作用。

2.1.1 电子商务的内涵

在对电子商务的理论研究中,国内外学者、专家从不同的角度提出过不同的定义和各自的见解,较有代表性的主要为:

1. 国外学者、专家的观点

美国的 Emmelhainz 博士在她的专著《EDI 全面管理指南》中,从功能角度把 EC(electronic commerce)定义为,通过电子方式,并在网络基础上实现信息、物资的商业交换活动。

加拿大专家 Jenkins 和 Lancashire 在《电子商务手册》中从应用角度定义 EC 为数据(资料)电子装配线(electronic assembly line of data)的横向集成。

美国 NIIT 负责人 John Longenecker 从营销角度把 EC 定义为电子化的购销市场,即电子化的商品购买和服务市场。

2. 中国学者、专家的观点

王可研究员从过程角度定义 EC,即在计算机与通信网络基础上,利用电子工具实现商业交换和行政作业的全过程。在电子商务原理方面,王可研究员针对工业时代著名的准时制(just in time)生产原理,提出了在信息化时代电子商务信息管理原理:把需要的信息在正需要的时刻送到正需要的地点,以消除时间的浪费。王可认为,如果说在工业化时代,"零库存"是企业生存和发展的"天条",那么在信息化时代,"电子商务"信息管理原则就是信息化时代企业生存和发展必须遵守的"天条",是新时代的生意经。

企业家王新华认为,从本质上讲,电子商务是一组电子工具在商务过程中的应用,这些工具主要包括电子商务交换(EDI)、电子邮件(email)、电子公告系统(BBS)、条码(Bar-code)、图像处理、智能卡等。而应用的前提和基础是完善的现代通信网络和人们思想意识的提高以及管理体制的转变。

3. 国际组织和政府对电子商务的定义

1) 国际组织对电子商务的定义

联合国国际毛细程序简化工作组对电子商务的定义为:采用电子形式开展的商务活动。它包括在线供应商、客户、政府及其参与方之间通过任何电子工具,如 EDI、Web 技术、电子邮件等共享非结构或结构化商务信息,并管理和完成在商务活动、管理活动和消费活动中的各种交易。

全国信息基础设施委员会(GIIC)电子商务工作委员会对电子商务的定义为:电子商务是运用信息技术作为通信手段的经济活动。通过这种方式人们可以对带有经济价值的产品和服务进行宣传、购买和结算。

2) 国家政府对电子商务的定义

美国政府在其《全球电子商务纲要》中指出:电子商务是通过 Internet 进行的各项商务活动,包括广告、交易、支付、服务等活动。

中国上海市电子商务安全证书管理中心对电子商务下的定义是:电子商务是指采用数字化电子方式进行商务数据交换和开展商务活动。电子商务(EC)主要包括利用电子数据交换、电子邮件、电子资金转账(EFT)及 Internet 的主要技术在个人间、企业间和国家间进行无纸化的业务信息的交换。

4. 企业对电子商务的定义

从企业方面来说，最具代表性的就是IBM(国际通用机器公司)对电子商务的定义。IBM公司对电子商务的定义是：电子商务是在Internet的广阔联系与传统信息技术的丰富资源相结合的背景下，应运而生的一种在互联网上展开的互相关联的动态商务活动。

IBM认为，电子商务不仅包括了在线商品的交换，而且还应包括对客户的服务和商业伙伴之间的合作。

综合各学者的观点，给出的电子商务的定义可以划分为广义和狭义的电子商务。广义的电子商务定义指使用各种电子工具从事商务劳动或活动。这些电子工具包括从初级的电报、电话、广播、电视、传真到计算机、计算机网络，再到NII(国家信息基础结构——信息高速公路)、GII(全球信息基础结构)和Internet等现代系统。而商务活动是从泛商品(实物与非实物，商品与商品化的生产要素等)的需求活动到泛商品的合理、合法的消费除去典型的生产过程后的所有活动。狭义电子商务定义指主要利用Internet从事商务劳动或活动。电子商务是在技术、经济高度发达的现代社会里，掌握信息技术和商务规则的人，系统化地运用电子工具，高效率、低成本地从事以商品交换为中心的各种活动的总称。这个分析突出了电子商务的前提、中心、重点、目的和标准，指出它应达到的水平和效果，它是对电子商务更严格和体现时代要求的定义，它从系统的观点出发，强调人在系统中的中心地位，将环境与人、人与工具、人与劳动对象有机地联系起来，用系统的目标、系统的组成来定义电子商务，从而使它具有生产力定义的性质。

2.1.2 电子商务的特征

电子商务有以下显著特点：

1) 全球性

电子商务突破地理界限，利用网络工具使世界各地的商业资源得到有效利用。互联网几乎遍及全世界的各个角落，用户可以方便地与贸易伙伴传递商业信息和文件，将自己的商品与服务带到全世界。电子商务塑造了一个真正意义上的全球市场。相比而言，传统市场在时间、空间和流通上都有种种有形、无形的障碍。电子商务的全球性给企业带来了机遇和调整。在空前激烈的国际竞争中，要求企业重新审视自己的发展战略，必须意识到Internet的国际性和对经济发展的重要性，以全球经营的战略目光迎接挑战，把握机会。全球性是指由于电子商务是在国际互联网络环境下，把整个世界变成了"地球村"，因此其经济活动可以扩展到全球范围内进行，把空间因素和地理距离的制约降低到了最小限度，不再受国家地域的限制，因而具有全球性。

2) 商务性

电子商务最基本的特征是商务性。通过互联网信息连接数据库，企业可以记录下每次的访问、销售、购买形式和购货动态，及客户对产品的偏爱，这样企业就可以通过统计这些数据获知客户购买心理，确定市场划分及营销对策。

3) 低成本

电子商务没有店铺成本，没有专门的销售人员，没有库存压力，这也是电子商务交易优于传统商务的突出特征之一。低成本对交易双方都是十分有利的，在具体实践中，尽管电子商务的模式有很多，但最终都体现了低成本这一优势，这也是电子商务被称为先进生产力的理由之一。

4）电子化

电子化是指书写电子化。无论是电子货币、电子提单，还是作为商品的软件，就其物理层面看，都是"0""1"的数据形式，没有任何具体含义，当且仅当它代表某个信息时，才代表着一定的价值。也就是说，电子商务中的经济资源并不是以其传统的物化形式出现，而是被虚拟为多种数据形式的符号。这种虚拟的信息资源给商家的商业信用提出了更高的要求。由于计算机处理、存储和在 Internet 上传输的都是表示一定信息的电磁信号，于是以 Internet 为载体，计算机处理为表征的电子商务双方的谈判记录、使用的资金，甚至标的本身都是数据化、信息化的。

5）服务性

电子商务在很大程度上区别于传统商务的特色在于它的服务性。开展电子商务活动的企业、组织和个人都可以充分利用电子网络的优势向内部和外部提供电子化的无时间、空间限制的信息服务。

6）协调性

电子商务可以迅速简便地反馈用户信息，决策者通过它可以获得高价值的商业情报并且制定一体化方案。电子商务可以有效地促进现代物流活动和金融支付实现一体化管理。这种一体化管理使得供应链中的各个公司联系更加紧密，减少物流的重复环节，缩短物流流动的时间，从而提高现代物流的效率和效果。同时电子商务的标准化使编码、工具、设施等均符合国际标准，这是经济全球化、国际化商务活动协调互通的需要。

7）集成性

电子商务对事务处理有整体性和统一性，它能规范事务处理的工作流程，将人工操作和电子信息处理集成为一个不可分割的整体。集成性提高了人力和物力的利用效率。网路使企业可以自动处理商务过程，不再像以往那样强调公司内部分工。企业在互联网上可以进行客户服务，使消费者更加便利。电子商务经济活动的领域打破了传统的各个产业、行业之间的经营界限，涉及制造业、流通业、服务业、信息产业等领域的相互融通与合作，因而具有综合性特点。

8）可扩展性

对于电子商务来说，稳定的系统都是可扩展的，如果在高峰状态下不能及时扩展，必然将导致大量客户的流失，因而可扩展性是十分重要的。随着计算机和网络技术的快速发展，作为其应用的电子商务无论在规模上还是形式上都有了巨大的发展，不断切合技术特征的电子商务交易方式有力地推动经济的发展，包括从简单的信息传输到构建数字化交易平台，从初始的 e-mail 身份认证到数字签名。电子商务交易形式的高速发展使得相应的法律法规要更加完善、配套，以适应其发展、规范其发展。

9）安全性

安全性是电子商务必须考虑的核心问题，它要求网络能够提供一种端到端的安全解决方案，包括加密机制、签名机制、分布式安全管理、存取控制、防火墙、安全 Web

服务器、防病毒保护等。国际上许多公司都联合开展了安全电子交易的技术标准和方案研究,出台了 SET(安全电子交易)和 SSL(安全套接层)等协议标准,使企业能够建立一种安全的电子商务环境。

10)便捷性

电子商务是 Internet 应用的最高层次,从售前服务到售后支持的各个环节均实现电子化、自动化,给当前的商务活动提供了极大的便捷。企业还可以通过网络发布和寻求交易机会,通过电子单证进行交易。

2.1.3 电子商务的作用

电子商务的作用突出表现在以下四个方面:

(1)大幅度降低信息成本,提高信息使用效率。电子商务降低了信息来源成本;突破行业和产品物理特性的限制,使交易范围急剧放大;弥补信息的不对称性,实现交易信息互换和交易行为的虚拟市场化。信息成本的低廉形成了对电子商务生存的最有力的支撑。

(2)大量减少中间环节,降低销售成本和购买成本。电子商务为买卖双方在网上直接交易提供了现实可能性,缩短了供求之间的距离。绕过传统的经销商而直接与客户沟通,企业可以将需求直接转化为企业的生产指令,减少了许多中间环节,使得零库存生产成为可能。

(3)有利于形成高效流通、交换体制。电子商务构成了虚拟社会中的整个商品交易庞大网络,把实体社会中商品的盲目实物移动转变为有目标的实物移动。借助于电子商务的信息沟通和需求预测,企业可以组织有效生产,形成高效流通、交换体制。

(4)有利于推动产业结构的优化和升级。电子商务以新供给创造了新需求,又以新需求推动了新供给,促进了社会总供求的良性互动,推动了经济的持续稳定增长,从而延长了经济扩张期,减小了经济波动的幅度。

2.2 电子商务服务外包的概念

2.2.1 电子商务服务外包的理论基础

电子商务服务外包是劳动分工理论和核心竞争力理论在网络环境下的典型应用。亚当·斯密在《国富论》中提出了国际分工与自由贸易的理论,并以此作为他反对重商主义的"贸易差额论"和保护贸易政策的重要武器。他首先分析了分工的利益,认为分工可以提高劳动生产率。原因是:分工能提高劳动的熟练程度;分工使每个人专门从事某项作业,可以节省与其生产没有直接关系的时间;分工有利于发明创造和改进工具。亚当·斯密认为,适用于一国内部的不同职业之间、不同工种之间的分工原则,也适用于各国之间,从而形成其国际分工理论。自由贸易会引起国际分工,国际分工的基础是有利的自然禀赋,或后天的有利生产条件。它们都可以使一国在生产上和对外贸易方面处于比其他国家有利的地位。如果各国都按照各自有利的生产条件进行分工和交换，使各国的资源、劳动力和资本得到最有效的利用，将会大大提高劳动生产率及增加物质财富。

核心竞争力模型是 1990 年由美国著名管理学者加里·哈默尔和普拉哈拉德所提出的一个著名的企业战略模型，其战略流程的出发点是企业的核心力量。他们认为，随着世界的发展变化，竞争加剧，产品生命周期的缩短以及全球经济一体化的加强，企业的成功不再归功于短暂的或偶然的产品开发或灵机一动的市场战略，而是企业核心竞争力的外在表现。按照他们给出的定义，核心竞争力是能使公司为客户带来特殊利益的一种独有技能或技术。企业核心竞争力是建立在企业核心资源基础上的企业技术、产品、管理、文化等的综合优势在市场上的反映，是企业在经营过程中形成的不易被竞争对手仿效、并能带来超额利润的独特能力。在激烈的竞争中，企业只有具有核心竞争力，才能获得持久的竞争优势，保持长盛不衰。

随着电子商务时代的到来，中小企业在发展电子商务的过程中，劳动分工理论和核心竞争力理论得到了充分的运用，由此产生了电子商务服务外包模式。企业实现电商过程中某些非本企业的核心业务流程（例如网站建设推广和电子商务营销策划等）相对于专业的电子商务外包服务提供商不具备优势。要想提高中小企业网络核心竞争力，就应该将这些业务转移给专业的电子商务外包商，充分利用他们在这些业务上的比较优势，从而达到降低成本、提高服务质量的目标。

2.2.2　电子商务服务外包产生的背景

中国电子商务经过多年的发展，已经成为拉动中国互联网经济发展的源动力。据《2015 年度中国电子商务市场数据监测报告》统计数据报告显示，2015 年，中国电子商务交易额达 18.3 万亿元，同比增长 36.5%，增幅上升 5.1 百分点。其中，B2B 电商交易额 13.9 万亿元，同比增长 39%。网络零售市场规模 3.8 万亿元，同比增长 35.7%。在政策和市场双重驱动下，传统企业纷纷触网，以期通过电子商务这座互联网上最为便捷的顺风车，行驶到商业资本的彼岸。

虽然传统企业电子商务化是大势所趋，但由于电子商务进入中国时间并不长，传统企业涉足电商还是存在很多经验上的局限性。除此之外，还面临着运营人才稀缺、技术落后和电商意识缺乏的困境。一个完整的电子商务流程包括商品展示、营销推广、订单处理、在线支付和物流仓储等一系列环节，企业除了搭建一个网上平台以外，还需要有信息化的管理系统将在线支付和商品物流打通。面对种种困境，电商外包成为传统企业触网的曲线战略。业界公认的电子商务外包的鼻祖 GSI Commerce，是美国领先的第三方电子商务外包服务企业，从 1999 年开始涉足电子商务外包业务。相比美国，国内电子商务外包近几年才开始兴起。经过数年的探索，今天的中国电子商务服务外包市场已经得到了一定的发展。然而对于当前的中国电子商务市场而言，大量传统行业的介入虽然一定程度上促进了行业的繁荣发展，但也为电子商务的正常化发展带来了一些问题，特别是众多传统行业里的中小企业，不顾自身状况过早介入电子商务行业，或将对自身的长足发展产生一定程度的破坏。

国内最大电子商务外包服务商——兴长信达的刘磊曾说到，本质上，大量传统行业向电子商务企业过渡是好事，除了能为自身带来实质性的业务开拓外，还能在不同程度上为行业发展起到铺垫作用。不过，有别于数字信息时代的企业模式，传统企业如何顺利并且全面地过渡到数字信息时代，这对于当前的众多中小传统行业而言是一种挑战。如表2-1、表2-2所示，传统厂商普遍对电子商务有一定的需求，其中品牌厂商相对于中小企业需求更为强烈。

表2-1 传统厂商需求分析

厂商类型	电子商务需求分析					
	电子商务战略咨询	独立电子商务平台设计与建设	第三方交易平台	电子商务培训	多渠道营销推广	网站运营托管
品牌厂商	有需求	有需求	有需求	有需求	有需求	有需求
中小企业	需求不强	需求不高	有需求	有需求	有一定需求，投入较低	有需求

表2-2 传统厂商网站运营托管需求分析

厂商类型	电子商务需求分析						
	商品拍照	订单处理	客户服务	面向终端消费者的仓储物流	网站运营	数据分析服务	客户管理服务
品牌厂商	有需求	有需求	有需求	有需求	有需求	有需求	有需求
中小企业	有需求	有需求	有需求	有需求	有需求	有需求	有需求

1. 传统行业贸然进入电子商务领域的挑战

大多传统中小企业在发展过程中，因为遵循着行业的发展模式，在一切程序均还未脱离传统行业思路的前提下，贸然介入电子商务领域时代，自然会遭遇更多不同于本行业的状况。如表2-3所示，电子商务外包服务中都存在一定的问题。数字信息时代以信息载体为介质，其对于每一位介入的成员都有一定的门槛要求。然而大多传统行业的中小企业却一直以遵循行业规矩为发展模式，这样的结果不仅不利于自身的发展，反而会在一定程度上带来行业的停滞。

表2-3 电子商务外包服务应用情况

厂商类型	电子商务外包服务应用情况
国外品牌厂商	有成熟的外包服务合作经验，比较容易介绍外包服务模式，寄望于通过电子商务开发国内市场
国内品牌厂商	尽管对外包服务有顾虑，但是因专业人才、运营经验、运营成本问题，电子商务起步阶段仍会选择电子商务外包，但是公司内部也会做独立运营的准备
小品牌厂商	会选择网络经销商和电子商务外包模式拓展电子商务

传统行业孤身闯入电子商务领域，其所引发的现象或将是导致自身战线被拉长。大多传统行业企业本身并没有数字信息时代的操作经验，而一旦涉入电子商务领域，大到战略规划，小到具体执行计划，一系列动作行为都要求企业必须抽出专门的人手来操作。太过于频繁的人员调动对于一般的中小企业而言，会导致企业的人力资源效用发挥不均，最终导致的结果是新的电子商务业务不但没有给企业带来盈利，反而还给企业本身的发展带来损伤。

再者，传统行业贸然进入电子商务领域的另一个挑战，来自于其思维和模式是否能跟上互联网发展的道路。据《2015 年度中国电子商务市场数据监测报告》数据指出，目前大多数传统行业在电子商务领域的实践过程中，都不约而同地存在着和互联网发展步伐相脱节的情况。2015 年度网络零售热点被投诉问题有：售后服务、发货迟缓、网络售假、退换货难、退款难、订单取消、网络诈骗、虚假发货、价格欺诈、货不对板等。2015 年度生活服务电商十大热点被投诉问题有：退款难、高额退票费、售后服务、随意冻结账户、订单取消、霸王条款、账号安全、退改签难、余额无法提现、发票问题等。

从整个电子商务行业的发展轨迹来看，传统企业纷纷触网已成为必然，而起到推动作用的外包企业也正成为他们的宠儿。这些外包服务商让传统企业进入电子商务市场成为了可能，并且将投资风险和运营成本降到最低。至此，电商外包开始成为行业发展的主流。

表 2-4　中国提供电子商务外包服务的主要厂商及业务定位

主要厂商	服务模式	服务对象	业界影响力
广州易积科技有限公司	为品牌商家提供电子商务外包	品牌商家	起步较晚，发展迅速
北京五洲在线电子商务有限公司	为品牌商家提供电子商务外包	开发国内市场的品牌厂商	尽管起步较晚，但是发展迅速
四海商舟（江苏泰电商技术服务有限公司）	外贸电子商务整体解决方案提供商	外向型企业	获 IDG 千万美元以上投资
北京兴长信达科技发展有限公司	品牌厂商全程电子商务外包	开发国内市场的品牌厂商	在国内起步最早，目前业务规模最大

2. 运营成本考验传统行业的电子商务运营能力

传统行业进军电子商务，还需要注意到的一点是电子商务的实际运营成本。从企业战略角度出发，传统行业开始投入电子商务运营项目，对企业原有的人力、财力、资金、渠道、物流、库存、市场等方面都需要重新进行组建。在这一系列的组建环节中，如果是实力相对较小的企业则完全可能会导致还未开始就结束的悲剧。即便是有一定实力的企业，在面对一系列的战略规划的重建时，如何确保每一个环节都能迅速而准确地得到实施，也对这些企业提出了严峻的挑战。

对于传统行业企业来说，除了面临这些业务流程重组的压力以外，如何满足消费者的细致需求，也同样决定着自身电商业务开展的成败，这也同样是企业需要注意的问题。随着互联网的发展，电子商务领域的竞争已经从早期简单的"价格、商品质量"等因素衍生成目前的"细节化服务"，消费者对于退款的速度以及物流的速度的要求越来越高。然而传统行业在这些"细节化服务"上做的却远远不够，如果不能迅速提升企业在这些方面的服务水平，则不可能在电子商务领域市场上得到长久的发展。在中国的互联网发展历史上，类似的案例数不胜数。

面对这样的一系列问题，传统行业在迈入电子商务的大门前犹豫不决。一方面他们深知电子商务将为企业带来新的利润增长是顺应时代潮流的必行之路，另一方面也对企业应如何开展电子商务深感担忧。如何在保证企业原有发展的同时开展企业电子商务业务，是当前大多传统行业企业期望得到解决的问题。电子商务服务外包的出现，从本质上解决了很多企业遇到的问题。从现状来看，随着资本的进入和行业自身的快速发展，电子商务外包已经成为一种新型的商业服务模式，很多传统企业已欣然接受了这一服务模式并取得了很好的成绩。例如诺基亚、摩托罗拉等世界500强的手机品牌都通过与电子商务外包服务商战略合作来借力发力，通过让专业的人做专业的事的方式开展本企业的电子商务业务。

2.2.3 电子商务服务外包的定义

电子商务服务外包是传统品牌企业以合同的方式委托专业电子商务服务商为企业提供部分或全部的电子商务运营服务或网络营销等服务。电子商务服务外包可以帮助企业有效地降低成本，获得更专业的服务，提高工作效率，满足企业对拓展电子商务战略的需求，是针对企业对电子商务的需求开展的一种商业服务。

电子商务外包是一种新的商业服务，电子商务本身是一个复杂的过程，需要技术与市场营销的双重支持，在网络日渐重要的当今社会，中小企业一方面迫切希望能通过网络开展电子商务，另一方面又受到经验少、专业人才缺乏和成本高企的限制。因此电子商务外包服务应运而生，企业以合同的方式委托专业电子商务服务商为企业提供部分或全部的信息技术、产品和服务功能，从企业到互联网上的"包装""宣传"和"销售"三个要点出发，提供以网站建设、网站推广和网上贸易为重点，相关服务为辅助的一系列服务。以电子商务网站外包为例，企业需要通过一个网站来推销自己，为避免花高成本和精力去组建一个属于自己的电子商务营销团队，企业应该会明智地寻找选择一个可以信赖的电子商务网站外包公司作为合作伙伴。有专业的团队扶持，企业就不用担心在电子商务这条路上摔跤。

电子商务服务外包内容：电子商务服务外包可总结为以下八大类服务：①电子商务战略咨询；②电子商务网站建设；③电子商务网站推广；④电子商务营销策划；⑤电子商务培训辅导；⑥电子商务运营托管；⑦电子商务 ERP 改造；⑧电子商务 CRM 改造。

电子商务服务外包过程：电子商务外包的整个过程一般分为确定要外包的电子商务业务、选择适合的电子商务外包服务商、开展电子商务外包业务、对电子商务外包业务的绩效进行评估四个阶段。除此以外，还有另一种过程划分的方式，传统企业也将需要外包的业务划分为电子商务战略咨询、电子商务策划、电子商务运营、电子商务管理、电子商务技术、电子商务营销六部分内容。电子商务服务外包的实质是企业把非核心业务的服务功能模块外包给专业的服务外包公司，以便更专注于本企业的核心业务，从而有效提高企业的核心竞争力。

2.2.4　电子商务服务外包的原则

电子商务服务外包业务要围绕企业的发展战略，努力实现电子商务战略的目的，因此要遵循以下基本原则：

（1）实用原则。电子商务服务外包业务要在实际的应用过程中发挥作用，切实可行。

（2）简明原则。电子商务服务外包业务流程一定要看得懂、分得清、用得着、学得会、行得通，流程规划的表格尽量简单。

（3）无边境原则。由于电子商务的发展特别快，后期可能需要更新的业务和功能会非常多，因此合作是电子商务服务外包业务中非常重要的功能。加强互动是外包设计的功能，加强协商是电子商务服务外包业务设计的优势，加强参与是电子商务服务外包设计的特点。

（4）上下融合原则。电子商务战略应当服从于总体企业战略，电子商务外包的整体设计也应该服从于企业的运营功能。外包规划要以从上到下为主。

（5）业务为主原则。电子商务的服务外包应该有所侧重，以业务外包为主，职能外包为辅。

（6）沟通高效的原则。电子商务的外包应该能为部门之间的沟通、决策与问题的解决提供高效沟通的能力。

2.3　电子商务服务外包的模式

根据企业与电子商务外包服务商签订的合同业务范围的大小，可以将电子商务外包模式分为部分外包和整体外包两种模式。

2.3.1　部分外包模式

部分外包模式，就是把电子商务战略咨询、电子商务策划、电子商务运营、电子商务管理、电子商务技术、电子商务营销六大业务中的其中一部分或者几部分外包给电子商务外包服务商，同时自身经营一部分电子商务业务的模式。目前，市场上比较常见的部分外包业务以电子商务运营、电子商务技术和电子商务营销三部分为主。相对而言，这种模式比较适合于想独立经营部分电子商务业务或者投入成本相对少的企业。

2.3.2 整体外包模式

整体外包模式，就是把电子商务战略咨询、电子商务策划、电子商务运营、电子商务管理、电子商务技术、电子商务营销六大业务的所有内容都外包给电子商务外包服务商，让其为企业提供一整套完整的、合适的电子商务解决方案的模式。也就是说，从一开始的战略规划、网站架构到实施时的运营管理、市场营销以至绩效评估，都由电子商务外包服务商一手经办。一般来说，这种模式比较适合于综合实力比较强大或者投入成本比较高的企业。

表2-5 国内典型电子商务外包企业及服务客户

公司	业务模式	服务客户
上海宝尊	品牌独立官方商城的搭建、运营、推广、销售、仓储、物流等服务；第三方平台旗舰店的搭建、运营、推广、销售、仓储、物流等服务；为品牌方提供过季货品清货网络平台，如淘特莱斯等	耐克、宏碁、飞利浦、露华浓、立顿、接吻猫等
易积	淘宝商城营销服务、淘宝商城旗舰店运营托管、在线客户服务、淘宝平台数据分析、淘宝商城专卖店授权合作、淘宝CRM	诺基亚、摩托罗拉、多普达、HTC、Clarks、百分之二服饰、柏仙多格、圣玛田、苏泊尔、罗技等
兴长信达	提供电子商务渠道规划、电子商务网站建设、营销规划、数据分析、商品管理、订单处理、客户管理、仓储、物流配送服务、客户服务/呼叫中心、ERP系统集成等全程电子商务服务	诺基亚、摩托罗拉、多普达、HTC、Clarks、百分之二服饰、柏仙多格、圣玛田、苏泊尔、罗技等
三十到五十	专注于"网络前端营销+线上渠道+后端IT信息处理+CRM+供应链"，定位于传统知名企业的电子商务外包运营商。主营业务包括：运动品牌的淘宝/拍拍外包服务；二三线市场的网上商城运营及代购实体店；传统企业的电子商务服务	百丽集团网上商城、TCL手机网上商城、鲁泰集团、恒安集团、五谷磨房等
四海商舟	海外电子商务营销服务、海外SNS服务、SEO、PPC付费点击广告	李宁、爱国者、德力西、青岛新链工具、凡客诚品等
五洲在线	定位于为品牌商家提供电子商务外包服务、协助品牌商家打通全球电子商务的销售链条和建设垂直领域电子商务渠道品牌的直复式营销公司，提供B2C电子商务运营外包	爱慕、天语、探路者等
上海商派	电子商务软件及服务提供商，提供品牌企业客户全网全程电子商务解决方案、中小企业电子商务解决方案、网络分销服务、淘宝商家服务、外贸商家服务等	李宁、Kappa、百事、百丽、蒙牛、麦包包等

2.4　电子商务服务外包的流程

电子商务服务外包实施流程一般可以划分为八个阶段或步骤(如图2-1所示):

① 咨询。电子商务外包公司向承包公司咨询电子商务外包的相关内容,包括管理模式的建立、服务商的选择、项目转移和实施的管理等,为客户提供电商外包流程的咨询服务。

② 需求调研。承包公司调研外包公司的电子商务业务的需求,帮助客户确定总体电商外包战略后,通过缜密的商务流程,确定外包公司对于电子商务外包的需求。

③ 签意向协议。双方当事人通过初步洽商,就各自的意愿达成一致认识而签定的书面文件,是双方进行实质性谈判的依据,是签订协议(合同)的前奏。

④ 方案初稿,包含对哪些内容进行外包,时间初步安排,所需的企业内部部门的合作,以及所需的相关资料等。

⑤ 方案细稿,包括具体的外包部分功能说明、界面设计、时间安排细则等。

⑥ 确定方案,由外包公司对方案细稿进行确定,双方达成一致方案。

⑦ 签合同,付款。

⑧ 方案实施。

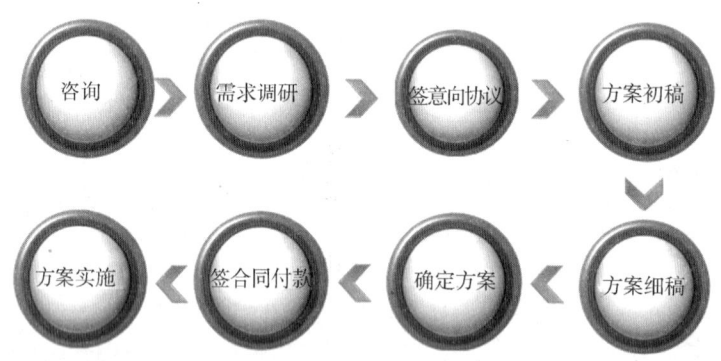

图2-1　电子商务服务外包的流程

运作实例2-1

合信科技电子商务服务外包案例

合信科技成立于2009年,是珠海第一家专业的电子商务服务外包商,秉承服务全球的公司理念,立志成为全球专业的互联网电子商务解决方案服务商。合信科技作为专业的互联网电子商务服务公司,竭诚向各界用户提供一站式电子商务配套服务,服务涉及电子商务产业链各个环节,涵盖企业电子商务外包(包括企业官方购物平台、淘宝网、天猫、京东网、当当网、拍拍网、一号店、国美商城、苏宁易购等购物平台),还有企业网站页面策划、企业产品推广营销在内的多个领域。衍生出网站专业推广、网站搜索排名提升、网站持续维护、客户专职服务团队、客户咨询专业解答等诸多细分服务,贴心关怀,全面关注每一位尊贵客户的需求和体验。合信科技以服务100家企业为当前目标,倾力打造属于自身的知名电子商务平台,以每一位客户的需求为使命、每一个项目的成功为目标,不断开拓、完善,勇于接受、敢于挑战,成立短短四年来,已经为全国多个行业的标杆企业建立起专业的电子商务网站。服务了一大批包括森林雅舍、苏贝尔等在内的知名企业,已在广州、深圳等地开设多个分部,在业内享有盛誉。表2-6是合信科技提供给一家企业电子商务服务外包的方案初稿。

表2-6 合信科技电子商务服务外包方案初稿

阶段	工作重点	承包企业	发包企业	阶段工作目标
第一阶段 (第1个月) 孵化期	店面视觉定位 产品规划 产品拍摄上架 普及商品知识	1. 根据客户产品特点,以专业角度提出店铺风格方案 2. 与客户沟通规划商品定位,并获得客户的确认 3. 进行产品拍摄修图、产品上架、优化 4. 进入店铺初期运作	1. 沟通并确认店面的风格及装修 2. 配合合信科技的经营计划,30~60件主打商品上架 3. 根据合信科技的建议,选择最少10款产品做不同时段的促销活动,以达到吸引客户之目的 4. 根据合信科技经营计划做好货物的库存准备及发货响应 5. 做好售后服务工作	店面装修完成 店面产品上架完成 开展初期推广,培养新客户黏度、忠诚度

续表 2-6

阶 段	工作重点	承包企业	发包企业	阶段工作目标
第二阶段（第2～3月）成长期	产品风格的确定 店面品牌的传播 站外品牌的传播 频道活动的主题	1. 收集客户对产品的反馈情况，且对产品作相应优化、调整 2. 进行店铺活动的策划 3. 积极参与淘宝网的活动，进一步传播店面品牌 4. 设定特惠套餐及促销产品，进一步吸引流量，引起客户的关注，提升销量	1. 配合合信科技的经营计划，准备及更新各产品线主打产品 2. 根据合信科技的建议，选择最少10款产品做不同时段促销活动，以达到吸引客户之目的 3. 根据合信科技经营计划做好货物的库存准备及发货响应 4. 做好售后服务工作 5. 配合合信科技争取各项资源，促使店铺成长	加强店铺的推广方案 刺激客户的再次访问 通过各种方式提高商品曝光率，促进成交 提高品牌成长机会
第三阶段（第4～6月）成熟期	品牌使命的挖掘 店面品牌的传播 转化率的提升 产品线的分隔	1. 总结第二阶段经营的经验，进一步提升商品影响力及店铺的知名度 2. 提升店面的销售业绩 3. 增配客服人员，强化团队战斗力	根据合信科技的建议，整合企业资源力，投入市场推广经费，进行市场推广	信誉达到四钻，B2C评分在4～6分以上 借助消费者之间的对抗，对品牌成长进一步完善 流量提升，转化率促进，争取利润最大化

思考题：

针对以上案例，总结合信科技电子商务服务外包的流程。

2.5 电子商务服务外包的必要性及注意事项

根据数据显示，2016年中国电商服务外包的市场容量达到2 000亿元左右，每年的增长率为30%～50%。但是中小企业在进军电子商务时仍面临多项难题：一是合适的电子商务人才难找。绝大多数的中小企业电子商务化的程度仅仅停留在建立一个企业网站,坐等客户上门,没有聘请专业的网络营销专家和电子商务人才,导致企业网站成为一个摆设。若企业想通过网站带来业务的话,必须合理利用网络,必须调研目标顾客在网络里的特点,这就需要招聘大量的专业人才。因而,可能造成企业支出和收入不成正比,会给企业增加投资浪费和财务负担。二是企业缺乏运作电子商务营销经验。因中小企业资金周转有限,用在网络里的营销推广费用很少,再加上没有配置合理的网络推广理念,导致中小企业电子商务发展停滞不前。若盲目地组建电子商务部,人力资源成本严重制约着企业网络营销的发展,再加之缺乏管理运作经验,往往使得众多中小企业在电子商务事业中持续亏损,严重挫伤企业主开拓新兴市场的信心。所以电子商务外包服务对中小企业来说,是一种亟需的服务。电子商务外包服务商通过设计、实施、日常运作到维护企业信息系统的全方位工作,可以使企业在运营不受干扰的情况下,进入到高效的电子商务领域。而企业成本相对低廉,只需支付月租型的管理费。当企业的业务量快速增长时,企业的系统可以平稳地进行扩展,企业可以安心从事自己的核心业务,从繁杂的信息技术建设中得到解脱。

2.5.1 电子商务服务外包的必要性

电子商务外包商在电子商务领域具备专业性,可以为企业提供网站策划建设、网站战略规划、网站维护以及网站营销和网络品牌建设等基础服务;电子商务专家和网络营销专家还为企业提供全程保姆式的电子商务服务,全面为企业开展网络营销业务,帮助企业在网络里选择适合企业发展的电子商务平台,并发布信息、管理信息,维护企业在网络里的形象,宣传企业产品。与企业自行组建电子商务部门相比,把电子商务外包给专门的外包商可以为企业带来以下几个方面的回报:

(1)削减开支,控制成本。

企业建立自己的电子商务团队投入非常高。在硬件投入方面,必须花费大量资金来购置各种设备、工具;在人才培训等软件方面,企业也需要不断地、长期地投入,这些措施都将加大企业经营成本和管理风险。如果将电子商务服务交给外包商,可以最大限度地利用专业团队的外脑资源,减少因人才聘用或流失而花费的精力、成本以及面临的压力,节省培训方面的开支,企业也就不必承担管理风险,不必浪费时间等待自己团队的磨合与成熟。

(2)提升流量和业绩。

电子商务外包商可以为企业积极地开拓网络市场,通过网络寻找企业的目标顾客,为企业带来定单,并建立起企业网络品牌。

(3)解决网络假货问题。

伴随着网络购物的兴起,网络售假已经不是什么新鲜事。网购市场假货泛滥,消费者一旦买到假货而又没有得到解决就会带来大量的负面传播,降低企业的品牌形象。电子商务和网络购物的假货问题成了企业家们的一块心病。电子商务外包企业对电子商务外包有专业的服务以外,还具有一项网络打假服务,他们拥有专业的市场调查团、打假律师团和打假执行团。企业把网络打假也托管给外包企业,同时也就可以解决线上与经销商之间的矛盾与网络假货问题。

2.5.2 电子商务服务外包的注意事项

(1)选择合适的外包商。目前有能力提供电子商务外包的企业非常有限,鱼龙混杂。中小企业在进行商务服务外包时,电子商务外包商选择的好坏直接关系到外包业务成功与否,所以要对电子商务外包商有个真实的了解,一般建议找 5～10 家电子商务外包商进行对比考量。选择外包商,主要有以下几个指标:①诊断策划能力;②整合控制能力;③执行管理能力。此外,还应全面考虑电子商务外包商的财务、信誉、服务质量以及是否熟悉业务、价格水平等条件,在审查好各方面因素后,认真签订外包合约,作为双方共同遵守及管理的依据。

(2)构建全新的经营理念。企业的经营理念要与当今开放、协调发展的潮流相适应。这要求主包企业的领导层要有战略眼光、追求变革的决心和相互信任的胸怀,主要包括:①树立顾客是经营中心的观念;②树立"双赢"的企业合作观念;③树立"快速反应"竞争理念。

(3)重组企业流程。"外包"需要对企业流程进行重组,确定一些业务由自己完成,另一些由外包商完成,要处理好内部流程和外部流程有效结合的问题。重组时,还要充分利用知识经济条件下的信息工具、信息网络,及时了解用户需求,方便快捷地进行企业间的动态合作。电子商务外包需要企业与外包商紧密联系,避免因沟通不及时导致的突发情况。

(4)提高和保持企业的核心能力。对实行外包的企业来讲,不仅要做到现有核心能力和承包企业核心能力的整合,更重要的是还要做到巩固和提升自己的核心能力。企业在外包服务的过程中,首先要对各项业务进行深入的调查、研究和分析,分清哪些是必须由企业亲自承担的核心业务,哪些是可以转移给外包商去做的非核心业务。企业只有确定了自身的核心竞争力,并在此基础上实施业务外包,利用外部资源获得互补性的核心能力,才可能获得真正的利益,进而增强企业的竞争地位。

(5)实行跨企业合作管理。电子商务外包因涉及其他企业,常相互发生摩擦,因此不同企业间的资源整合显得更为重要。双方要强调其目标一致性,考虑局部利益和整体利益的关系。并在实施过程中通过随时的协调、沟通达到局部利益与整体利益的一致。此外,还应建立诚实互信的关系,加强各方的合作与协调。通过双向式的学习获得知识交流,便于在各自的领域中发挥知识结构优势,进行创造性活动。

2.6 电子商务服务外包业的人才培养

根据《"十三五"国家信息化规划》,目前我国网民数达到 6.88 亿,互联网普及率达到 50.3%,互联网用户、宽带接入用户规模位居全球第一。2015 年信息产业收入规模达 17.1 万亿元,电子商务交易额达 21.8 万亿元,跃居全球第一。这标志着我国电子商务已经整体进入持续稳定增长的发展阶段。初步统计未来我国对电子商务人才的需求每年约 20 万人,而我国目前高校和各类培训机构每年输出的人才数量不到 10 万人。因此，企业应该随需而变，创新电子商务服务外包人才培养模式，以便培养出适合企业发展所需要的员工，最大化地发挥员工的能力，提升企业的效率。

1. 电子商务服务外包人才分类

电子商务是个朝阳行业，市场对于人才的需求具有多样性，需要的是不同层次、不同类别的电子商务人才。从知识、能力和素质结构来看，电子商务服务外包人才主要有工程技术型人才、商务运作型人才、综合管理型人才。工程技术型人才主要指信息技术领域中的技术开发人员，例如软件人员、硬件人员和网络管理人员；商务运作型人才主要从事企业网络营销、网上国际贸易、电子商务设计等工作；综合型人才主要从事企业电子商务整体规划和企业管理工作。对于企业来说，这三种类型的人才，都是掌握商务理论与实践及信息技术应用的复合型人才。

2. 我国电子商务服务外包人才培养的现状及存在问题

(1) 人才供需矛盾突出。

我国的电子商务服务外包人才市场一直存在供需矛盾，一方面每年都有大量的毕业生找不到专业对口的工作，另一方面企业难以找到合适的人才，电子商务专业旺盛的需求和低就业率形成了鲜明的矛盾。同时，我国电子商务服务外包也缺乏既懂得信息技术知识，又掌握金融、管理、商务、外语等各方面知识的复合型人才。这一系列因素都严重影响和制约我国电子商务服务外包的竞争力。例如 IBM 在 2005 年曾有意将一笔需要 1 万人做的年度项目订单发包到中国，但因为外包人才的短缺，最终订单落户印度，导致中国外包企业与国际订单擦身而过。

(2) 培养模式存误区。

社会培训机构注重课程的针对性和实用性，但主要以盈利为目的，并且培训的教师来自多个领域，师资力量参差不齐，培训过程中，难以将信息技术、商务、管理等知识有效地融合，造成培训效果大打折扣，往往导致员工有证无能，难以满足电子商务服务外包行业对复合型人才的要求。电子商务外包企业的内部培训模式，可使参与培训的员工熟悉服务外包的工作方式，并在具有服务外包项目经验丰富的工程师的授课下，参与实际的服务外包项目，在团队模式下培养整体的开发和协作技能，从而使员工获得最直接的项目工作技能、工作流程和交流方式。但是，企业内部培训成本过高，存在培训员工离职所造成的培训成本及职位缺失成本，成为服务外包企业内部培训的制约因素。

(3) 人才结构性失衡。

另一个不容忽视的现象是，我国电子商务服务外包人才的结构性失衡同样令人担忧。目前我国电子商务服务外包人才队伍的结构呈"两头小中间大"的橄榄型结构，不仅缺乏高层次的服务外包管理人才、高级项目经理，也缺少大量基础技术型人才(如从事电子商务网络平台设计、网站营销等)。而现有电子商务服务外包人才主要是处于二者之间的"中端人才"，这部分员工若转为高级项目经理或是服务外包战略规划师，经验和能力还不够；从事基础的技术型岗位，又会造成人力资源浪费。由于现有大学毕业生没有在前期制订好职业规划，接受服务外包企业的基层岗位，造成了我国电子商务服务外包产业基层人才的匮乏。

3. 电子商务服务外包创新人才培养模型

(1) 分析岗位，设置培训课程。

任何一个企业进行人力资源规划时，必须对岗位进行分析，而电子商务人才主要分布于信息技术服务、商业贸易流通和生产制造加工等企业领域。因此，企业应该根据自身所处的行业，针对企业的发展，对员工岗位进行分析，设置不同的培训课程。信息技术与服务领域主要是专门从事与电子商务应用有关的系统软件开发、提供电子商务解决方案、开展信息网络管理的专业IT公司。企业应该侧重于培养员工信息技术的开发能力，在设置培训课程时，应以数据库开发、电子商务网站设计及程序设计为主。在商业贸易流通领域中主要是从事企业网络营销与贸易、网络客户服务的商业企业。企业应侧重于培养员工的营销服务能力，在设置培训课程时，应以网络营销、市场调查及数据统计分析等课程为主。在生产制造加工领域中主要从事构建企业信息化系统、开展信息化管理、实施ERP系统应用等工作。企业应侧重于提升员工的信息化管理及运营能力，在设置培训课程时，应以管理信息系统、企业资源规划为主。

(2) 鼓励员工参与相关电子商务认证资质。

通过电子商务相关证书，表明获证者具备电子商务的基本知识，而且还有操作第三方电子商务平台的能力，熟悉网络营销，具备相应的商务管理能力。企业可以通过各种激励机制，鼓励员工参与相关电子商务认证。与此同时，在员工考核、评定职称等方面，可以与证书挂钩，以此鼓励员工不断提升自身知识和实践能力，通过考证来完善知识储备。

(3) 基于差异化的人才培养策略。

电子商务服务外包产业的合理人才结构应该是由高端人才、中端人才和基础人才所构成的"金字塔"型结构。对于处在"金字塔"不同位置的人才，因为素质能力的差异，企业应采用差异化的人才培养策略，针对不同的层次定位，分别制定相应的培养方案。

(4) 建立规范化培训机制，培养基础人才。

基础人才是电子商务服务外包企业的双手，他们是服务外包业务的实施者。电子商务中的服务功能模块需要大量的基础人才，很多模块对人才技能要求都不高，大专生甚至高职学校的学生，经过系统培训都可以胜任。鉴于此，企业应该通过建立规范化的培训机制，量化和明晰服务功能模块所需要的基本知识和技能，通过对新员工进行普遍性的基础培训，以此来适应企业对基础人才的需求。

(5) 内部培训中端人才。

中端人才是指专业基础扎实，并集技术技能、外语能力及商务管理技能于一身的复合型服务外包人才。企业对于中端人才的培养，应该在针对市场需求的基础上，结合公司的人力资源规划以及员工职业生涯设计，为员工设计不同的知识模块，主要包括：管理业务流程、数据处理技术、系统开发技术和方法、IT项目管理等。企业在培训员工的过程中，应该有效地将上述知识点融合起来，全方面地培养合格的电子商务服务外包人才。同时，为了避免人才的流失所造成的职位缺失成本和培训成本，企业应该设立有效的激励机制以及员工晋升的职业通道，并加强企业文化建设，以此增加员工对企业的认同感。

(6)引进高端人才。

高端电子商务外包人才是企业的领军人物,也是企业战略制定者和组织使命的构建者,主要负责开拓市场,参与国际电子商务服务外包竞争。相对于欧美等发达国家,我国的电子商务行业才刚刚起步,高端电子商务人才十分匮乏。刚毕业的大学生,很难达到这个层次。建议企业采用"外部引进"和"内部培养"的方式来满足对高端人才的需求,以此打造国际化、高素质的电子商务服务外包高端人才队伍。

2.7 电子商务服务外包业的发展趋势

伴随着电子商务服务外包的数量不断增多,影响力也不断增强,它的发展明显出现了向一般管理领域渗透的趋势。

2.7.1 电子商务服务外包业的发展趋势

(1)电子商务服务外包趋向全球化。

电子商务服务外包趋向全球化主要表现在国际间的电子商务服务外包项目合作日益增多、国际化的专业活动日益频繁、电子商务服务外包信息的国际共享。随着信息技术的高速发展,网上拥有的各行各业的智力资源和信息资源已经成为一种资本和生产力,也使人们运用互联网进行服务外包项目管理成为可能。近年来,某些跨国大公司组成了虚拟团队,进行着全球性的服务外包项目,虽然其成员分布在不同地区,但是他们的工作仍然是切实有效的。

(2)电子商务服务外包趋向多元化。

电子商务行业领域及服务类型的多样化,导致了各种各样的电子商务服务外包管理办法的出现,从而促进了电子商务服务外包的多元化发展。随着科技的发展,以往默默无闻的电子商务已经呈现风生水起的局势,电子商务服务外包所提供的服务也更加细致化,从运营到推广,从客服到物流,越来越多的环节都可以采用外包的方法来进行管理。而很多企业又根据自身的特点提出了一些创新管理模式,最后使得电子商务服务外包趋向多元化。

(3)电子商务服务外包趋向专业化。

电子商务服务外包趋向专业化突出表现在学历教育和非学历教育竞相发展、电子商务服务外包项目与电子商务服务外包管理学科的探索及专业化电子商务服务外包咨询机构的出现。在中国,这一现象尤为突出。目前各种类型的电子商务服务外包公司随处可见,同时,电子商务服务外包培训班也如同雨后春笋般出现,大大地促进了电子商务服务外包的人才培养,也使得所提供的服务更加专业化。

2.7.2 电子商务服务外包业的发展建议

电商服务外包业还处于起步阶段,并没有面临饱和的状态,相对于大量的传统企业,它还有很大需求。电子商务服务外包商需抓紧时机提升自我的业务能力。国内电商外包商的发展策略：

（1）重点培养某一商品品类，进而扩展到其它品类。

电商外包服务商们应首先根据自己的资源优势，专注于某一品类商品，摸索零售经验及提高服务能力，确定在这一品类领域中的优势；由于不同商品品类的毛利率不同，因此后续需要逐渐涉足其它品类商品，将优势不断扩展。

（2）由全包商向分包商转变。

随着传统企业电子商务的发展，传统企业在电子商务运营方面已经积累了一定的经验，会逐渐收回一些核心业务，加强对电子商务渠道的控制，减少对服务全包商的依赖，因此全包商业务的发展势必会受到一定的影响。但是，传统企业对外包服务的需求不会消失，反而需要更加专业的指导，专业的服务分包商将更能满足用户的需求。另外，在现阶段，国内真正具有实力的全包商数量很少，但是每家外包服务商基本上都会有自己在某一服务领域的独特优势。在用户需求转移及自身资源的限制下，分包商的业务会更加高效与专业，全包商向分包商转变将是一大趋势。

整个电商市场规模目前仍在不断扩大中，企业在选择电子商务外包的服务时也需要注意以下几点：

（1）全面规划电子商务外包业务。

企业在选择走电子商务道路时，应该重新审视一下自己的发展战略、业务流程和核心竞争力，弄清楚自己对电子商务的定位，是将电子商务作为一种扩展业务的方式还是将其看作自己未来重要的市场布局。此外，还需要重组一下企业的业务流程，弄清楚哪些业务是必须由自身运营的，哪些是准备外包给服务商的，并规划好与服务商的合作。在电子商务外包过程中，不能过分依赖服务商以至影响原有核心竞争力的发展。

（2）慎重选择电子商务外包服务商。

服务商是整个电子商务外包过程中的主要负责人和实施者，其综合实力的高低直接影响企业电子商务发展的好坏，因此在选择服务商时一定要非常慎重。选择服务商之前，应该先对其进行一个全面的评估，可以先全面了解其发展背景和规模，然后研究其在战略咨询、策划运营、管理营销等方面的能力，再着重了解其经营业绩和信誉度，最后评估一下其企业文化是否与自身企业文化相符合。在综合评估每一个服务商的实力和相互对比后，再选择其中一个作为自己的战略合作伙伴。

（3）持续整合线上与线下营销模式。

目前，传统企业的线上营销一般仍停留在采取低价促销的形式来吸引人流量，而产品线上的价格也的确需要与线下的价格有所区别才能吸引更多的购买者，但是问题随之而来：采用线上线下两套营销价格不仅会给原有的经销商带来一定的冲击，也可能会影响线下的销售额。因此，需要不断对线上与线下营销模式进行整合，尤其是价格体系。此外，线上的订单处理和在线客服也需要与线下的物流服务和售后服务等进行整合。

案例分析

2011年3月，在看到淘宝商城的巨大商机之后，青桐电商开始转向做淘宝商城外包业务，为淘宝商城用户提供一系列、一体化的托管解决方案。青桐电商的销售总监季俊在接受《每日经济新闻》记者采访时表示，现在每天都有很多客户咨询，跃跃欲试，公司非常看好这个市场。据季俊称，第一个月到第六个月是商家的起步阶段，基本上赚不到钱，第二年、第三年才能真正盈利。目前，青桐已经进入盈利阶段。实际上，对于中小电商服务商来说，起步艰难并不是进入这个市场唯一的障碍，真正的壁垒是传统商户并不了解电子商务外包是什么，需要慢慢普及。

根据《每日经济新闻》记者调查，在上海，像青桐公司这样的电子商务外包公司大大小小至少有50家，主要依靠销售佣金维生。与依附淘宝的中小外包商不同，大型外包商的收费更为多样化，如兴长信达就以基础服务费和销售奖励为主要盈利来源。四海商舟副总裁史云龙表示，公司的盈利模式主要是收取客户的服务费，且服务费的等级也有多种划分。根据服务模块不同，从单模块的服务到海外整体解决方案，服务费用从几万元至上百万元不等。

服务于综合性行业的赛五洲CEO汪雄海在接受《每日经济新闻》记者采访时表示，公司成立的前两年有单接单，之后调整为以珠宝、服装为核心，数码和有机保健食品为两翼的产业布局。汪雄海坦言，赛五洲目前的收费模式分为三个部分：第一部分是收取一定比例的定金，该定金会形成公司的现金流，定金幅度参照服务客户一到两个月的服务费而定。第二部分是服务费，这是企业最基本和核心的收费项目，根据客户不同的情况来收取。第三部分是营业分成，即帮客户完成一定销量后，会基于营业额来抽取一定的分成比例。这个比例根据行业不同的毛利率来设定，比如数码约为3%，服装为8%～10%，珠宝类为5%～8%。

鲁振旺认为，把单一品牌交给代运营企业运营，如果运作得好，销售额其实不少。代运营企业的货物基本上由品牌提供，待售出后再返款，不存在占资进货的压力，只要保持合理的现金流即可，但它们中间做的工作比较多，包括客服、物流等等。

(资料来源：http://b2b.toocle.com/detail--6056323.html)

分析：
案例对于企业开展电子商务服务外包有什么启示？

本章小结

广义的电子商务定义为，使用各种电子工具从事商务劳动或活动。这些电子工具包括从初级的电报、电话、广播、电视、传真到计算机、计算机网络、NII（国家信息基础结构——信息高速公路）、GII（全球信息基础结构）和Internet等现代系统。而商务活动是从泛商品（实物与非实物，商品与商品化的生产要素等）的需求活动到泛商品的合理、合法的消费除去典型的生产过程后的所有活动。狭义电子商务定义为，主要利用Internet从事商务劳动或活动。电子商务是在技术、经济高度发达的现代社会里，掌握信息技术和商务规则的人，系统化地运用电子工具，高效率、低成本地从事以商品交换为中心的各种活动的总称。电子商务有着全球性、商务性、低成本、电子化、服务性、协调性、集成性、可扩展性、安全性和便携性的特点。

电子商务服务外包是传统品牌企业以合同的方式委托专业电子商务服务商为企业提供部分或全部的电子商务运营服务或网络营销等服务。电子商务服务外包内容有：①电子商务战略咨询；②电子商务网站建设；③电子商务网站推广；④电子商务营销策划；⑤电子商务培训辅导；⑥电子商务运营托管；⑦电子商务 ERP 改造；⑧电子商务 CRM 改造。

电子商务服务外包的模式有部分外包和整体外包两种。电子商务服务外包的步骤主要有八步：①咨询；②需求调研；③签意向协议；④给出方案初稿；⑤确定方案细稿；⑥确定方案；⑦签订合同付款；⑧方案具体实施。电子商务服务外包的应用可以为中小企业削减开支，控制成本，提升流量和业绩，解决网络假货问题。企业对电子商务服务外包人才的培养可以通过分析岗位，设置培训课程，鼓励员工参与相关电子商务认证资质，基于差异化的人才培养策略，建立规范化培训机制，培养基础人才，内部培训中端人才，引进高端人才的方法进行落实。电子商务服务外包正朝着全球化、多元化、专业化的方向发展。电子商务企业需全面规划电子商务外包业务，慎重选择电子商务外包服务商，持续整合线上与线下营销模式。重点培养某一商品品类，进而扩展到其他品类，由全包商向分包商转变。

复习题

（1）什么是电子商务服务外包？
（2）电子商务服务外包有哪些优势？
（3）电子商务服务外包包括哪些步骤？
（4）你认为企业在进行电子商务服务外包时需要注意些什么？
（5）电子商务服务外包的发展趋势是怎样的？

3 电子商务网站建设服务外包

【学习目标】

通过本章的学习，要求掌握电子商务网站建设服务外包的概念、产生的原因及应用价值，熟悉电子商务网站建设服务外包业务，掌握电子商务网站建设服务外包的流程，并掌握电子商务网站建设外包可能遇到的风险。

【引入案例】

新加坡 Jupiter 公司商务网站制作

(1) 项目简介

项目名称：新加坡 Jupiter 公司企业网站系统。

客户方：新加坡 Jupiter 公司。

开发方：海口经济学院信息工程学院。为适应公司全球化发展的需要，客户方委托开发方在 Internet 上建立"新加坡 Jupiter 公司企业网站系统"，提供一个能很好地展示公司产品并能与潜在客户有一定沟通的平台。

(2) 项目需求分析

用户方提出新加坡 Jupiter 公司企业网站系统应分为五部分：公司简介、信息发布系统、产品展示系统等模块。"公司相关信息"部分是公司对外介绍自己形象的窗口。新加坡 Jupiter 公司企业网站系统的信息分为两种：①服务信息(services)，提供 Jupiter 公司的企业咨询。②解决方案(solutions)，提供相关行业的最新咨询。"产品展示系统"是网站中最核心的功能。该系统应能实现企业产品信息的动态管理。新加坡 Jupiter 公司的产品分为若干系列：如电子显示屏、卫星接收系统，每个系列下有多种产品。"产品展示系统"应能根据不同系列对各种产品进行分别展示和管理。在需求分析中应尽量地明确详细需求并与具体的功能模块对接，在这个过程中，尽可能地把客户引导到能具体实现的功能模块中，并要得到客户对这些功能模块的认可。

(3) 项目后台框架设计：包括留言信息、发布类信息、产品类信息、用户注册登录信息、角色管理。

(4) 主界面框架设计：该主页主要包括网站头部导航、公司简介、服务信息、精品展示、版权信息等部分。在商务网站制作中页面的修改会是比较频繁的。但网站一些类似主色调、主要页面框架、页面模块等主要元素要提前取得客户的确认签字。

(5) 竣工收款：

①工程验收：在做需求分析时最好能有阶段性成果验收。
- 网站页面测试；
- 网站后台测试；
- 上线测试。

②收款：现在国内各银行基本都可以直接转外汇，其中中国银行较为方便安全。

（资料来源：国际软件和信息类服务外包案例分析——新加坡Jupiter公司商务网站制作）

案例思考：

1. 结合案例思考电子商务网站外包有哪些过程？
2. 结合案例思考电子商务网站外包中可能遇到哪些风险？

3.1 电子商务网站

3.1.1 电子商务网站的定义

电子商务网站是企业、机构或政府在互联网上建立的门户，通过网站可以宣传企业形象，发布、展示商品信息，实现电子交易，并通过网络开展与商务活动有关的各种售前和售后服务，全面实现电子商务功能。

电子商务网站是企业从事电子商务活动的基本平台，有利于改进企业的业务流程，提高企业管理水平，更好地为客户服务。网站是否运营成功已经成为衡量一个企业综合素质的重要标志。电子商务网站通常被认为是：

- 企业在Internet上的门户；
- 企业电子商务系统的重要组成部分；
- 企业开展电子商务活动的基本手段；
- 企业与市场进行信息交换的平台；
- 企业与外界进行资源交换的平台。

总的来说，电子商务网站是企业通过现代信息手段从事商务活动的窗口，是企业电子商务系统运转的承担者和表现者。

电子商务离不开Internet，因此，在电子商务系统中，电子商务网站是最基础的设施。目前，在Internet上建立电子商务网站是实现电子商务的主要形式。电子商务网站在Internet上存放了大量的信息并提供相应的服务。通常人们通过Web浏览器访问不同的商务网站，就能进行一定的信息交互，比如查询产品信息、下订单、资金确认、查询物流信息等，进而完成一次全过程的商务活动。

电子商务网站又是企业树立形象和宣传企业的平台，是企业与用户交流及沟通的窗口，是买方和卖方信息交汇和传递的渠道，是企业或商家展示其产品与服务的舞台，是企业或商家体现其形象和经营战略的载体。电子商务网站一般都具有后台管理功能，能够对网站进行在线管理，如对产品图片和文字进行编辑、修改、删除和替换，及时发布公司最新动态和新产品。还能收集新老客户资料，进行等级管理，实现对一些保密资料的分级浏览等。为方便客户在线订购，可以开辟网上咨询订购系统，让客户像在超市一样把所有产品放入购物车进行网站在线订购；也可以开辟商务洽谈室，在线进行洽谈；还可以由公司设置一些主题进行网上调查或由访客提交一个主题来开展讨论。

对于企业来说，电子商务网站就是"工厂""公司""经销商"；对于商家来说，电子商务网站就是"商店""商场""门市部"；对于政府机构来说，电子商务网站就是"宣传窗""接待处""办公室"。

随着手机等移动设备上网功能的发展和完善，许多企业也选择在移动平台上建立电子商务网站。无论电子商务的实现平台如何变化，电子商务网站都是从事电子商务活动的基础设施。

3.1.2 电子商务网站建设的意义

电子商务涉及经济、市场、金融、管理、人力资源、商业与技术等各个方面。网上做生意正在成为一种新兴的贸易方式。有了电子商务网站这一贸易平台就相当于在互联网上建立了一座商城，需要每天去维护和完善它。当一个陌生的客户到来时，网站充当的是一个推销员的角色，代表的是企业品牌形象。

总的来说，企业实施电子商务网站建设的意义表现在以下几点：

（1）有利于大幅提升企业知名度及影响力，促进销售额的提升。

（2）有利于企业拓宽发展空间。大多数中小企业都是本土企业，规模小、雇员少、资金薄弱，只为当地用户提供产品和服务，辐射范围小。电子商务所具有的开放性和全球性特点，为中小企业的发展创造了更多的贸易机会，从而打开了一扇通往全国乃至世界市场的窗口。

（3）减少了各种中间环节，交易成本显著降低。

（4）加强了与客户的沟通和联系，提供更优质的服务。

（5）有利于快速掌握市场反馈信息，对产品进行相应调整。

（6）有利于兼并上下游企业，形成产业链延伸。

3.1.3 电子商务网站的功能

电子商务是未来企业主要的商业运营方式，而建立网站是企业通向电子商务的第一步，同时，网站又是企业进行宣传、产品展示推广、与客户沟通、信息互动的阵地，建立自己的网站有利于企业树立自己的网上品牌，对企业的长远发展、企业文化、企业品牌建设都有非常重要的意义。企业电子商务网站具体功能如下。

1）企业形象宣传功能

企业通过自己的电子商务网站可在全球范围同时做广告宣传，在Internet上宣传企业形象和发布各种商品信息，用户使用网络浏览器可以迅速找到所需的商品信息。与其他各种广告形式相比，在网上的广告成本最为低廉，而给顾客的信息量却最为丰富。

在宣传效果上,除了网站每天24小时面向全世界开放以外,在中国,网络宣传的对象通常是20~35岁的,有较高学历、较高收入的人。这些人现在是社会的中坚力量,未来一二十年仍将是社会的中坚。

2)信息编辑功能

企业在电子商务网站中不仅可以用文字、图片、动画等方式宣传自己的产品,而且可以介绍自己的企业,发布企业新闻,介绍企业领导,公布公司业绩,提供售后服务,举办产品技术介绍等。网站上的信息更新比传统媒介快,通常几分钟之内就可以做到内容更新,从而使企业在最短的时间内发布最新的消息。

3)咨询洽谈功能

企业在电子商务网站中可借助非实时的电子邮件、新闻组(news group)和实时的讨论组(chat)来了解市场和商品信息,洽谈交易事务。如有进一步的需求,还可以通过网上的白板会议(whiteboard conference)、公告板BBS来交流即时的信息。在网上的咨询和洽谈能超越人们面对面洽谈的限制,提供多种方便的异地交谈形式。

网上的资料全天候地向用户开放,用户只要使用电子商务网站提供的信息搜索与查询功能,就可以在电子商务数据库中轻松而快捷地找到所需的信息。

4)网上商品订购功能

企业在电子商务网站中通过Web服务器电子邮件的交互传送实现用户在网上的订购。企业的网上订购系统,通常都是在商品介绍的页面上提供的订购提示信息和订购交互式表格,并可以通过导航条实现所需功能。当用户填完订购单后,系统回复确认信息单表示订购信息已收悉。电子商务的用户订购信息采用加密的方式,使用户和商家的商业信息不会泄漏。

5)网上支付功能

电子商务网站还可以帮助企业实现网上支付功能,网上支付也是电子商务交易过程中的一个重要环节。用户和商家之间可采用信用卡、电子钱包、电子支票和电子现金等各种方式完成网上支付环节。网上支付借助于用户认证、数字签名、数据加密等技术措施提供了更高的安全性,同时为企业节省了资金。

6)用户信息管理功能

企业在电子商务网站中通过用户信息管理系统可以完成对网上交易活动全过程的人、财、物、用户及本企业内部各方面的协调和管理,实现人性化服务和管理。

7)服务传递功能

企业在电子商务网站中通过服务传递系统将客户订购的商品尽快地传递到已订货并付款的用户手中。对于有形的商品,服务传递系统可以对本地和异地的仓库在网络中进行物流的调配并通过快递业完成商品的传送;而无形的信息产品如软件、电子读物、信息服务等则立即从电子仓库中将商品通过网上直接传递到用户端。

8)销售业务信息管理功能

企业在电子商务网站中通过销售消息管理系统,可以及时地收集、加工处理、传递与利用相关的数据资料,并使这些信息有序而有效地流动起来,为组织内部的ERP、DSS、MIS等管理系统提供信息支持。

该功能按照商务模式的不同，包括的内容也是有区别的。例如，分公司销售业务管理功能包括订单处理、销售额统计、价格管理、货单管理、库存管理、商品维护管理、用户反馈等；经销商销售业务管理功能应包括订单查询、处理、进货统计、应付款查询等；配送商销售业务管理功能应包括库存查询、需求处理、收货处理、出货统计等。

总的来说，电子商务网站是进行电子商务活动和信息交流的枢纽，是企业或商家的门户，是企业开展网络营销的最主要工具，是体现电子商务个性化服务的平台。

3.1.4 电子商务网站的开发技术

电子商务网站的开发涉及客户端和服务端开发两方面。客户端开发技术有：
（1）HTML：超文本标记语言，是描述网页结构的表机型语言。
（2）CSS：用于增强控制网页的表现，并允许将网页结构和表现相分离的一种语言。
（3）JavaScript：可以在客户端提供浏览器与用户的交互，是描述网页行为的语言。

服务器端的开发技术称为 Web 后台编辑，也可认为是动态网页制作技术。目前主流的动态网页技术有 ASP、PHP、JSP、ASP.NET 等，下面分别来介绍。

（1）ASP（active server pages，动态服务器页面）是由微软公司推出的一种服务器端脚本的编程环境，可以混合使用 HTML、脚本语言以及服务器端组建创建动态、交互的 Web 服务器应用程序。ASP 在 Web 服务器端运行，运行后再将执行结果（HTML 代码）传送至客户端的浏览器。脚本（Script）是一种可以在 Web 服务器或浏览器端运行的程序，目前在 Web 编程上比较流行的脚本语言有 JavaScript 和 VBScript，一般采用 JavaScript 作为客户端脚本语言，VBScript 作为服务器脚本语言。ASP 程序还可以调用 ActiveX 组件来完成某些特殊功能，如创建和数据库的连接、访问数据库、创建和访问文件等，从而以简单的方式实现强大的交互功能。

ASP 技术最大的局限性是只能运行在 Windows 平台下，主要功能环境为 IIS Web 服务器，因此不能实现在跨平台 Web 服务器上工作，一般只适合一些中小型站点。

（2）PHP（hypertext processor，超文本预处理器），其语法借鉴了 C、Java、Perl 等语言。与其他的编程语言相比，PHP 是将程序嵌入到 HTML 文档中去执行，执行效率比完全生成 HTML 标记的 CGI 要高许多。PHP 还可以执行编译后代码，编译可以达到加密和优化代码运行，使代码运行更快。PHP 具有非常强大的功能，所有 CGI 功能 PHP 都能实现，而且支持几乎所有流行的数据库以及操作系统。

PHP 的优点是跨平台并且开放源代码，它可以运行在 UNIX、Linux 或 Windows 操作系统下，开发 PHP 时通常搭配 Apache Web 服务器和 MySQL 数据库。因此人们通常将 PHP 开发简称为 LAMP（即 Linux、Apache、MySQL、PHP）开发。

（3）JSP（Java server pages）是由 SUV 公司推出的 Web 服务器编程技术。JSP 实际上是 Java 程序片段和 JSP 标记嵌入到普通的 HTML 文档中，当客户端访问一个 JSP 网页时，将执行其中的程序片段，然后返回给客户端标准的 HTML 文档。与 ASP 技术不同的是：客户端每次访问 ASP 文件时，服务器都要对该文件解释，再将生成的标准 HTML 文档发送到客户端；而在 JSP 中，当第一次请求 JSP 文件时，该文件将被编译成 Servlet，然后再生成 HTML 文档发送给客户端，下一次再访问该文件时，如果文件没有修改过，就直接执行已经编译生成的 Servlet，然后生成 HTML 文档发送给客户端，由于以后每次都不需要再编译，因此执行效率会大大提高。JSP 另一个优点是可以跨平台，缺点是运行环境比较复杂，学习起来会困难一些。Tomcat 是常见的运行 JSP 的 Web 服务器软件。

(4) ASP.NET 也是一种建立动态 Web 应用程序的技术，它是.NET 框架的一部分，可以使用任何.NET 兼容的语言，如 Visual Basic.NET、C#等来编写 ASP.NET 应用程序。ASP.NET 应用程序最大的特点是程序与页面分离，也就是说它的程序代码可单独写在一个文件中，而不是嵌入到网页代码中。ASP.NET 需要运行在安装了.Net FrameWork 的 IIS 服务器上。

对于开发电子商务网站来说，如果只是开发小型的企业宣传网站或小型购物网站，可以选择 ASP 或 PHP 技术，但它们都不适合于开发大型电子商务网站，ASP 主要是存在安全性和执行速度方面的缺陷，PHP 主要是性能较低。如果特别注重跨平台、执行速度和安全性等因素，JSP 技术仍然是最好的选择，目前许多知名的电子商务网站都是采用 JSP 技术开发的。而采用 ASP.NET 开发的网站性能大致介于 ASP 和 JSP 之间。

为了改善用户体验，开发电子商务网站很多时候还需要用到无刷新(Ajax)技术，Ajax 技术可看成是客户端开发技术和服务器端开发技术的一种综合应用技术。

3.1.5 电子商务网站的部署

在电子商务网站制作完成后，接下来需要把网站发布到互联网上，让世界各地的浏览者都可以通过 Internet 访问。这称为网站的部署(deploy)，部署网站必须具有两个基本条件。

(1) 主机或主机空间。

所谓主机，在这里是指 Web 服务器。用户能浏览网站上的网页实际上是从远程的 Web 服务器上读取了一些内容，然后显示在本地计算机上的过程。因此如果要使网络能被访问就必须把网站的所有文件放置到 Web 服务器上。把网站放到 Web 服务器上有两种方法(通常使用第二种)。第一种是使用本机作为 Web 服务器。Web 服务器实际上就是安装有 Web 服务器软件(如 IIS)的电脑，可以在电脑上安装 IIS 使它成为一台 Web 服务器。但实际上，Web 服务器还必须有一个固定的公网 IP 地址，这样浏览者才能通过这个固定的 IP 地址访问到服务器使用宽带拨号上网的 IP 地址都是动态分配的，而不是固定的，因此如果把自己的电脑当成 Web 服务器用就会因为缺少固定的公网 IP 地址而不可行。另外，Web 服务器还必须 24 小时不间断开机运行，这对于个人电脑来说也是很难做到的。第二种是将网站上传到专门的 Web 服务器上。在 Internet 上，有很多主机服务提供商专门为中小网站提供服务器空间，只要将网站上传到这样的 Web 服务器上，就能够被浏览者访问了。虽然主机服务器提供商的每一台 Web 服务器上通常都放置了很多个网站，但是浏览者是感觉不到的，因此这种网站的存放方式又被称为"虚拟主机"。

(2) 域名。

由于使用"虚拟主机"方式存放的网站是不能通过 IP 地址访问到的(因为一个 IP 地址对应有很多个网站，输入 IP 地址后 Web 服务器并不知道请求的是哪个网站)，因此必须要申请一个域名，Web 服务器就可以通过域名信息来辨别请求的是哪个网站。而且只要输入域名就可以访问到网站，也便于浏览者记忆。

电子商务网站的具体部署方式依据网站类型和规模的不同而略有差异。一般情况下，企业特别是中小企业在建立电子商务网站时，并不一定要构建网络基础设施，可以租用虚拟主机服务商提供的服务器或服务器空间搭建自己的网站运行平台。

3.1.6 电子商务网站的构成要素

从本质上讲，电子商务网站的构建与一般网站并没有太大的差别，也需要申请域名、申请网站空间、制作网页和维护管理等流程，但作为企业在 Internet 上建立的具有商务功能的门户网站，应突出电子商务特色，在功能上突出电子商务的功能，在页面效果上突出商务的特点。因此，电子商务网站通常由前台网页和后台数据库等组成。前台网页接受客户的浏览、注册、登录和下订单，后台数据库可记录客户的有关资料、订单资料和商品资料。具体来说，电子商务网站主要有以下几个构成要素。

（1）网页。

每个网站都由许多网页文件组成。网页文件，即网站的源文件，网页之间以超链接相关联。电子商务网站的网页一般分为前台与后台两种，前台页面提供客户注册登录及商品分类，如同进入一家大的商店，让客户能够迅速找到想要的商品进行购物。后台页面则包括了管理员的维护工作，如商品的添加等。

（2）支付接口。

对于交易型电子商务网站来说，客户通过购物车选购商品，然后进行结算，确定付款方式、送货地点和时间等。当客户进行付款时，电子商务网站必须通过支付接口与银行的支付网关相连，使客户的付款能转到商家的银行账户上。

（3）数据库管理。

电子商务网站需要记录大量的商品信息、用户信息和订单信息，这必然需要数据库对这些信息进行管理，通过数据库管理还能使工作人员及时盘点商品，做好商品配货和商品配送工作。

3.2 电子商务网站外包服务

3.2.1 电子商务网站外包服务的概念

市场竞争的加剧，使专注自己的核心业务成为了企业最重要的生存法则之一。因此，电子商务网站外包服务以其有效降低成本、增强企业的核心竞争力等特性成了越来越多企业采取的一项重要的商业措施。美国著名的管理学者杜洛克曾预言："在十年至十五年之内，任何企业中仅做后台支持而不创造营业额的工作都应该外包出去。"在电子商务、网络营销蓬勃发展的背景下，越来越多企业选择了为自己的企业制作网站，一方面可以进行产品的推广，另一方面可以进行企业的形象宣传。可是，一般的企业缺少专业的网站建设人员，网站设计和网站维护都成问题。在这样的情况下，多数企业选择了把网站建设外包给第三方服务商，因此就诞生了电子商务网站外包服务。

电子商务网站外包是指把企业所需要的电子商务网站以合同的方式委托给专业的网站建设服务商制作并维护。电子商务网站外包服务形式包括：网站建设外包、网站项目外包、网站策划外包、网站维护外包、网页修改外包、网站开发外包、网站推广外包、网站托管等。

不同的企业在建立电子商务网站有着不同的目的和不同的服务对象，使得各种电子商务网站在规模、内容和风格上也会有很大的差别，这充分体现了各种电子商务网站的不同定位。下面是目前几种常见的网站形式的特点。

（1）门户网站。

所谓门户网站，是指只要用户登录这个网站，就可以得到该企业或商家提供的所有服务。目前，国内大多数著名企业都认识到了功能完善的门户网站的重要性。这些企业一般在其内部网络可以实现门户网站与管理信息系统的信息共享。这样，企业通过其门户网站把内部信息系统中可公开的信息与外部的客户和合作伙伴联系起来，就可以在更大的范围内方便地实现信息的整合和共享。这一类网站的需求企业一般本身是生产型企业，缺乏技术力量对网站进行建设，所以这类型企业进行电子商务网站外包的需求量也是最多的。

（2）商城网站。

商城网站通常也可以看成是网上商店，这类网站除了提供企业、商品和服务的有关信息外，其主要功能是开展 B2C 形式的商品交易活动和提供相应的交易服务。此类网站由于经营商品种类与服务方式的不同，又可分为以下几种不同的类型：网上超市、网上专卖店、网上售票、网上旅游服务等特殊交易网站等。这一类的网站往往是技术出身，具备完善的网站制作和维护的技术力量，所以很少进行网站的外包。

（3）中介网站。

中介网站主要用于为独立的卖家和买家提供交易平台，让其他企业或个人可以到此网站进行交易，并可收取一定的中介服务费或服务器存储空间租用费，用于中介网站的盈利。这一类的网站也都是由提供服务的企业本身来进行制作的。

（4）行业网站。

各行各业都可以根据需要建立自己的商务网站，以便更好地开展行业性的商务活动。不同的行业有不同的经营方式、经营项目和行业特点，因此所创建的商务网站在内容、形式和风格的定位上要有特色。

3.2.2　电子商务网站外包建设的方式

电子商务网站外包建设的方式主要有两种，模板网站和定制网站。

1. 模板网站

模板网站将已经成型的网站框架进行直接套用。套用后可以在后台进行设置网站的一些信息，把这个网站改变成自己需要的网站信息。另外还有一些公司把自己公司已经设计好的网站进行一些修改，再套用如修改风格、网站名称等信息，但大致格式及里面的代码并未改动,这种网站也可叫作模板网站。它们最大的特点就是省时、省力、操作简单。最为直接的模板网站就是向一些网站提供的自助建站和众所周知的博客。模板网站主要可以分为三类:

(1)成品模板网站。

在网站建设行业中,经常会听说自助建站、智能建站,即网站的提供商已经提供了模板以及该模板带有的一套网站系统,网站系统有可能是 ASP 的,有可能是 PHP 的,或者其他语言。确切地说,这类成品模板网站是可以无数次被使用,用户在购买了提供商的模板后只有使用权,不拥有版权,而网站的提供商拥有最终对网站模板以及系统源代码的版权。

(2)仿制型模板网站。

就是说在网站制作的过程中,在模板设计时参考其他现有的网站风格、色彩、布局。仿制型的模板网站既有自己的风格在里面,又有其他网站的模板风格,例如当当商城、京东商城的网上平台被很多模板设计商所参考,Ecshop、Shopex 的官方网站经常可以下载雷同的网站模板。根据这类模板制作出的网站叫做仿制型模板网站。

(3)手工模板网站。

和上面两种类型的网站一样,手工模板网站的模板是完全根据各个网站特定的风格来定制的。区别在于手工模板网站使用的客户拥有对模板的版权,而且一套模板只允许一个企业使用,如果其他的企业进行复制,属于侵权行为。

使用模板网站最大的坏处,就是对搜索引擎不友好。现在的搜索引擎对两个站出现一样的文章都会做出降权,更何况是两个相似的网站。其次就是对公司形象不重视,当客户在打开企业的网站时发现其已经和很多网站相似,那么客户对这个网站的印象会大打折扣。所以建议用户可以使用自助建站,但切不可把自助建站里的网站当独立网站进行推广。

2. 定制网站

定制网站是指针对企业进行重新策划、方案书写、重新设计、重新开发功能的网站制作,简而言之,就是根据企业的产品特点、宣传推广量身定做网站。套餐网站与模板网站后台功能都是事先开发好,无法更改;而定制网站是按客户要求进行开发。

定制网站的优点包括:

(1)网站所有权归属于客户。网站仅收取一次性的费用,但网站所有权归属于客户。客户日后便于维护自己的合法权益。

(2)独特的风格。网页的设计风格可依客户的需求量身打造。界面设计在吸引用户眼球方面扮演着举足轻重的角色。平庸的网站让人感觉乏味,而极具表现力的网站则让人眼前一亮,尤其在访问者访问几个平庸的网站后,更易产生强烈的对比,从而有力地强化网站对访问者的感官印象。

(3)合理的框架并融入优化技术。根据目标用户的需求而优化网站,这正是量身定制的网站设计的最大优势。这种优化设计,能够充分吸引、鼓励目标用户去深入访问网站并购买产品。

(4)良好的扩展性。很多模板网站在不能满足客户业务范围的同时还不容易去修改,这就给客户造成一定的损失。而定制网站是根据客户的产品、用户群、销售覆盖区域等情况量身制作,可以根据客户的情况作出调整,满足客户的业务需求。

(5)系统功能的定制性。在后端的管理系统功能上,可依客户的需求量身打造,使客户在管理上较为便利、有效率。

定制网站的制作流程主要分为五步。分别是:

(1)确定合作意向。客户通过电话、电子邮件或在线订单方式提出自己网站建设方面的基本需求。涉及内容包括:公司介绍、栏目描述、网站基本功能需求、基本设计要求等。建设公司提供解决方案和报价并回答客户的咨询,对客户的需求予以回复,提供实现方案和报价供客户参考和选择。

(2)签定合同。双方以面谈、电话或电子邮件等方式,针对项目内容和具体需求进行协商。双方认可后,签署《网站建设意向书》,预付项目预付款。

(3)项目分析。客户提供网站制作所有文字资料(电子稿)与图片素材。设计师与客户交流,了解客户的网站基本功能需求、基本设计要求等。根据其企业文化、产品市场定位,做好制作前的准备工作。

(4)设计制作。根据需求书进行网站整体风格及布局设计,并出具设计稿。客户审核并确认设计稿后制作首页及内容页的模板文件。

(5)客户验收。①所有网站文件统一上传到测试用服务器上,客户在规定的时间内上网浏览验收;②验收项目包括链接的准确性和有效性、页面是否真实还原设计稿、浏览器的兼容性、文字内容的正确性(以客户提供的电子文档为依据)、功能模块的有效性等;③验收合格,由客户签发《网站建设验收确认书》。客户按照《网站建设意向书》规定支付完网站维护的尾款。

3.3 电子商务网站外包的流程

企业进行电子商务网站外包,各承包企业会给出不同的建设流程,但大体的步骤框架是相同的,具体有以下几步:

(1)合作关系确定后客户提出要求。客户通过电话、QQ 等联系方式,或者通过面对面的方式,提出自己对于网站建设的基本要求,如栏目设置、自己喜欢的设计风格等。每个网站都需要设计自己的风格,需要美工人员对网站进行设计。

(2)网站建设的方案制定。根据企业的实际情况,制定最适合企业的网站建设方案,一切从企业的实际情况出发,设计出最适合客户的网站。要明确网站的定位,是为了宣传产品还是为了展示企业形象等。根据定位,制定相应的开发内容,如网站的功能、结构等。

(3)域名的注册。网站建设公司根据企业的需要,选择一些国际性和国内的域名供客户选择。一个好的域名是企业的品牌,可以便于用户记忆,还能增加网站的推广力度,所以客户选择域名时一定要细心、耐心、用心。

(4)网站系统功能。网站是一个用于信息交流的平台,因此,内容就是网站的灵魂，合理的内容和动态结构设计，能让企业网站推广和用户体验更上一层楼。网站外包公司通常会根据企业的需求，精心地规划好网站的信息发布系统和产品展示系统等一些互动功能。在选择网站程序时，需要考虑其通用性和二次开发。

（5）网站的内容整理。网站外包公司根据网站建设方案书，先由客户组织出一份与企业网站栏目相关的内容材料（电子文档和图片等），对相关文字和图片进行详细的处理、设计、排版、扫描、制作。这一过程需要客户给以积极的配合。同时网站需要不断更新内容，才能吸引浏览者。

（6）网页设计和制作：网站外包公司将网站的结构和内容完善好以后，接下来就是页面的设计和程序的开发。在开发的过程中企业也应与设计部门进行沟通，精心为企业网站设计好网站的每一个细节，这也是打造企业形象的一个重要影响因素。

（7）网站等待客户确定并发布网站：经过上述流程以后，网站基本制作完成，接下来是企业验收网站。企业满意后，网站外包公司会把网站相关程序文件上传到服务器，网站就正式开始运营了。

（8）网站后期推广和维护：企业有了网站后，接下来是网站的推广和维护。网站的推广和维护也是非常重要的一个环节。如果没有推广，网站就不会被用户所知；如果没有有效的流量，网站也不能发挥它应有的作用，所以网站外包公司通常还会提供全套的后期网站推广和维护。

第一，怎样策划一个适合企业的网站。在当下这个"看脸"的时代，企业官网的"颜面"很多时候成为用户考量一个企业靠谱与否的重要因素。调查显示，用户第一眼看的是网站整体外观风格，其次是内容和功能，所以网站外包建设方需要搭建一个设计感和内容度都很饱满的网站。

不管是服务类企业还是生产型企业，企业官网都要具有自己一定的风格和特色才可以把企业的宗旨和理念有力地予以诠释。因此，网站建设应当力求简单易记、形象生动、冲击力强、彰显力量。精心设计的 LOGO、匠心独具的标题、独具特色的背景图，这些往往能给用户带来惊喜，迅速地抓住用户的眼球，提升用户对企业的认可度。

第二，页面设计简洁美观。好的网页设计，网站的首页一定是非常简单清晰的。在进行网站建设时，首页只需要放一些最重要而且能够吸引人注意的信息，而那些不怎么重要的可以放到网站的内页，只需要在网站的首页有链接能够进去即可。网站首页就是一个网站的门面，要是门面都做得很难看，客户也不会继续关注企业的产品，因此首页要简洁、清晰、美观、大气，这样才能够吸引更多的访客。让目标受众轻松地开始网上信息之旅，应为网站所孜孜以求的重要目标之一。

第三，栏目分类清晰。企业官网首页是对企业所提供的产品与服务精心设计与组合的载体，能有效地引导用户快速查找到所需产品或服务，并实施单击浏览行为。因此，企业网站的首页建设应当设置清晰快捷的栏目分类，既不会让用户有不严肃的感觉，也不会让他们陷入信息迷潭，从而减少用户的流失。

第四，局部创新。在保持网站页面内容简介、分类清晰的情况下，网站的内容布局和总体风格可以大胆求新求变，以改变呆板、落伍形象，适应广大用户求新、求变、求奇、求特的心理，保持用户的持续兴趣。尤其是首屏，应根据阶段性工作部署，有针对性地适时做出部分调整。对 LOGO、Banner 以及文章图片等的位置，可以做出更加大胆的设计。

第五，网站内容用心。在内容建设方面，要做好几点：用心、新鲜、充实。用心，是指网站内容是经过制作者精心编排的，而不是随便从哪里摘抄和堆砌过来的。新鲜，是指网站内容要有新意，一些老掉牙的或是人尽皆知的东西大可不必放在页面上。充实，是指内容要考虑阅读者的需要，让读者能够找到对自己有用的东西。

3.4　电子商务网站外包的风险

对于电子商务网站建设的发包商而言，电子商务的网站并不是企业的核心业务，对其进行外包可以节约成本，获得经济效益。但是当企业选择服务外包时，企业和接包商之间实质就是一种委托代理关系，由于委托代理关系中的信息不对称和利益不一致将导致代理成本的产生，因此不可避免就会有外包风险。

（1）企业安全性风险。

企业将电子商务网站的建设业务外包出去，会使外包商有可能接触到一些敏感的企业信息和资料，造成商业机密的泄露，增加了安全性风险。同时，外包企业也有可能因日益依赖外包提供商的技术创新，而失去自己的创新动力。要对重点承包商进行全面考察，弄清楚以下问题：承包商是否真正理解自身需求，承包商是否有足够的能力解决自己的问题，承包商的资信、经营和财务状况是否会影响外包业务如期完成等，确保选择的承包商能高质量地完成企业的任务。要明确规定赔偿责任与争端解决程序，合同中应包含惩罚承包商未能提供约定服务级别的条款。要预测在成本结构改变的条件下可能发生的情况，通过明确的规定限制成本增加。另外，还应约定终止合同的权利和条件。

（2）信息交流不畅的风险。

企业选择外包的原因是为了利用外部更加专业化、高效率的竞争能力。但是必须以双方之间能有良好的沟通为前提，否则外包就不可能成功。外包合同的重新签订、中间产品的不合格、外包双方合同的突然中断，很大程度都是由于缺乏有效的沟通造成的。企业与承包商之间应该是一种基于承诺、彼此信任的关系。双方应通过双向交流，了解各自的企业文化，加强沟通与理解，消除习惯性防卫的行为，建立诚实互信的关系。企业在进行风险控制和处理的同时，需借助风险监理部门对外包进行全面策划。要着重分析外包的风险来源并估测其可能产生的后果，界定责任的承担者，并提出风险预警与控制的可行方案。

（3）外包公司面临技术泄露风险。

竞争的优势取决于资源的价值性、稀缺性、不可模仿性、不可替代性。在以知识为最宝贵资源的当今社会环境中，对技术的保护显得尤为重要。而企业在进行外包的过程中，就不可避免地要把自己的一些知识或技术转移出去，或者至少是给外界打开了一扇能够接近于核心知识的方便之门。有两种描述技术发展的类型：一是创新淘汰型，二是知识累积型。如果企业是属于知识累积型企业，它的知识泄露就会给自己的竞争带来极大的隐患,有可能使潜在的竞争对手一跃成为其有利的竞争对手。因此,在企业选择外包供应商时,不仅要对自己的知识产权进行保护,还要考察外包供应商的性质,注意和外包供应商在合作深度上的把握。

(4)服务不到位。

绝大多数网站建设公司提供的服务不到位。很多公司仅仅从技术角度为企业建网站,缺少后续运营管理和营销服务;外包公司为客户推荐的网站建设产品大多数都是从自身利益出发,通常不考虑是否适合客户,且单一片面,缺乏系统分析、专业管理和后续服务,往往收效甚微。

运作实例 3-1

公司外包的网站出了问题,身为公司信息部门主管的何经理最近有点烦。何经理所在的公司是一家制造行业的民营企业,主要生产管件、轴承等产品,由于地处东南沿海,何经理的老板对信息化工作很重视,眼看着一个个行业类网站如雨后春笋般建立起来,何经理的老板也想通过电子商务给企业带来一些新的销售渠道。虽然何经理所在的公司总体规模不大,但具体到管件和轴承等产品,这家公司在行业内的排名还是很靠前的,因此,在何经理建议做一个企业门户网站时,老板觉得,那样还不如直接做一个行业网站,只针对轴承行业。这样一来,不仅可以帮助自己的企业拓展业务,还能帮助同类企业。何经理的老板甚至还在想,行业网站做得好,说不定会给自己的企业带来新的盈利点。

不过,何经理所在的信息部仅有三个人,除了维护企业内部的 IT 系统和硬件之外,他们已经没有精力再做一个行业网站。做网站对于何经理来说,也是一个新的领域,他在技术上并不是很强。

做专业的事就要找专业的人。在网站建设上,何经理和老板经过多次沟通,决定把网站建设、运营、管理等全部外包,交其他公司或个人处理。但关于域名、空间等的选用,以及关于网站内容、版面的策划,再到对于市场的分析、目标群体的分析等方面,何经理他们并没有太多的想法,他们觉得,既然花了那么多钱,自己就不用投入太多的人力物力了。另外,何经理所在的公司有60%的产品都销往海外,公司主要针对海外客户。于是,何经理考虑到,一个好的网站就成了一个窗口,向海外客户展示企业产品、宣传企业理念、维护企业形象。而且国外不再通过文本的方式进行贸易,都是利用电子邮件的方式。

这样,网站成了与国外客户交流、贸易的最好方式。所以何经理在策划网站建设时,决定在做中文网站的同时推出一个英文版。2006年底,公司开始策划企业网站,并和国内一家提供网站服务的公司签订了合同,约定由该公司为他们建设一个中英文双语版网站,并支付了40多万元的服务费。这家网站服务公司承诺赠送在网易、SOHU、TOM 等网站的推广一年并提供.com 的域名一个,期限为三年。

可是，由于这家网络服务公司未按照约定及时进行网站的注册，就在双方签订合同没几天，原来这家公司承诺给何经理的.com的域名已经被别人抢注。在这种情况下，这家网络公司并没有与何经理商议变更合同的问题，就擅自为他们注册了.net的域名，并在该域名下制作网站。不仅如此，网站制作的进度也大大超出了他们最初的承诺，内容同样存在多处不完善的地方，英文版的超链接更是拖了半年多才完成。

何经理原本想通过一个行业网站推广自己的企业，进而为同行服务，可是外包的网站建设一波三折，让何经理有些灰心。他开始怀疑当初是不是不该建议老板做这样一个双语的行业网站？即使要做，他又该如何做，是不是完全外包给网络服务公司？

（资料来源：http：//news. 3158. cn/201107301/n536884085. html）

思考题：

1. 网站外包的过程中，何经理遇到了什么问题？
2. 如果你是何经理，你会怎么解决这些问题？

相关数据表明，90%以上的传统企业都没有网站建设的经验或技术能力，本着"做专业的事就要找专业的人"的原则，在电子商务网站建设上，对其进行外包是合理的。但是客观来讲，电子商务网站外包的风险还是同样存在的。例如上面案例中提到何经理将电子商务网站外包出去以后结果却不如人意。原因在于何经理犯了这么几个错误：①主观意识错了，"既然花了那么多钱，自己也就不用投入太多的人力物力了"，这种思想本来就是错的，对于电子商务网站外包应该有一定的风险意识。②电子商务外包项目开始时过于相信网站开发商的技术实力、服务水平和履约能力。这也是所有的错误中最严重的一个。③网站的建设、运营和维护应该分开。行业网站本身业务性就很强，而开发商只是技术能力强，对于美工、网站架构没有经验，何经理高估了外包公司的能力。④缺乏过程监督，没能按照何经理的要求进行网站域名的注册，出现这样的事情就应该及时制止和警告，防止事态恶化。⑤缺乏项目管理，对合同的执行过程缺乏沟通和约束。英文版延迟了半年才推出就反映了何经理因撒手不管而陷入被动。⑥如果预算允许，可以请监理公司来监督和把握项目进度。⑦关键还是要培养自己的人才，这样才不会受制于人。可以派一个公司内部员工全程与开发商一起开发程序，这样一举两得：一是降低沟通成本，二是为将来网站的维护培养了人才。

3.5　电子商务网站建设外包企业选择

网站建设外包企业很多，如何选择适合本企业的外包企业非常重要，以下列举了在选择外包企业时的主要考量因素。

1. 关于网站建设公司的资质考察

(1) 是否拥有独立、固定的办公场所。注意选择拥有公司办公场所的网站建设公司，固定办公场所是对一个网站建设公司实力的考察。现在网上很多声称是网站建设公司的个人或团体，连一个独立固定的办公场所都没有，对用户去现场考察都极力阻扰。一般来说，这样的公司都带有欺诈的成分。所以选择一个网站建设公司时，要对它进行实地考察。

(2) 是否具有网站建设案例和稳定的客户。对一个网站建设公司的考察，必须对其以前的网站建设案例进行查看，并且注意不是简单的网站截图查看，要对实际的网站进行考察，查看其案例的实际效果。另外考察其客户团体，是否拥有大量稳定的客户群，因为这些可以彰显一个网站建设公司的实力。

(3) 能否对网站进行有效的网络营销推广。网站建设本身其实对技术的要求并不高，更为重要的是对企业网站的整体设计和推广。所以，企业选择网站建设公司，该公司一定要具有充分网络营销经验，能对网站进行有效的推广并产生效益。网站的每一项工作都是围绕利益展开的，所以，建网站不是目的，网站建设能给企业带来利益才是最重要的。

2. 网站建设和维护应该注意的问题

(1) 网站建设阶段，网站建设公司应该有详细的网站设计方案，能够对相关问题进行调研后给出合理方案。网站建设之初这个阶段很重要，它要对以后问题进行展望和解除，在网站建设之初尽量排除所有的问题，并给出一个合理的网站建设方案。

(2) 网站建设完成后，要了解网站建设公司能否提供后期的维护，包括服务器空间的故障排除，网站数据的保护，后期网站故障的处理等。一个良好的网站建设公司，应该对他们服务的客户网站负责，进行360°维护。

除此以外，在选择适合的网站建设外包企业时也可以从以下几个方面来考量一家企业的实力和信誉。第一，企业以前的网站产品案例：网站的稳定性体现了一家公司的实力，产品的设计、产品的结构、产品的运行速度以及稳定性，都体现了一家技术公司的技术实力。因此选择外包公司时，可以根据他们以往的案例、以往服务过的项目，去衡量这家公司的技术实力，进而去判断是否选择合作。第二，价值观：价值观就是基于人的一定的思维感官之上而去做的一些认知、理解、判断的生理活动，也就是去认定一件事物，辨别是与非的一种思维方式，进而将人和事、物进行价值或者作用的相结合。没有价值观就没有好企业，选择外包公司也是如此。第三，服务：好的服务可以使客户心情舒坦和愉悦，从而更理性地去思考如何做产品，如何实现功能细节，如何做到更完美。外包公司应该根据市场、企业环境以及客户需求，为客户定制最适合的网络产品，而不是为了达成交易迎合客户需求，进而进行欺骗，拖延项目工期，造成企业在时间和财务上的损失。第四，理念：追求完美设计、完美产品。没有最好，只有更好。没有理念就没有灵魂，没有理念就没有好的产品，有理念的外包公司，更能做好产品。第五，售后：所有的服务交易都必须有售后，完美的售后可以让产品得到更好的后续运营。因此，在选择商家时，一定要注重售后的咨询。

【相关资料阅读】

电子商务网站外包委托制作合同样本

本合同由以下双方在广州签订：

甲方：   乙方：

地址：   地址：

甲乙双方经过友好协商，本着平等互利的原则，就甲方委托乙方进行的电子商务网站设计及程序开发事宜达成如下合同：

1. 委托制作及验收

1.1 甲方委托乙方进行的电子商务网站设计及建设须符合甲方要求的规格。

1.2 乙方设计的电子商务网站的页面及程序功能，需要得到甲方的确认。

1.3 乙方根据甲方提供的网站基本架构及网站功能进行开发设计。

1.4 乙方在网站维护期一年内定期向甲方提供网站运营状况分析报告：包括网站数据分析，销售数据分析。

1.5 乙方根据合同附件一《网站需求》进度和要求进行网站设计制作，并将进度表内所列之项目，交付予甲方进行审查。

1.6 乙方在项目验收期，需提供详细操作手册及使用指南。

1.7 根据甲方要求，乙方为甲方指定的人员提供技术指导和培训，乙方在甲方所在地免费为甲方提供不少于三个工作日的技术培训，具体培训次数、地点、主题、参加人员由甲方确定。

1.8 乙方根据合同附件二《技术维护条款》进行网站维护工作。

1.9 乙方在项目进入调试期前，向甲方提供项目验收报告。

1.10 甲方接到乙方关于本项目初步验收书面申请后，应在10个工作日内指派工程技术人员和代表与乙方共同进行初验测试，经测试符合约定的初验测试标准的，则由甲方签署乙方提交的全网初步验收报告和初验合格证书。

1.11 初验不合格，乙方应立即进行重新调试，直至测试结果符合约定的初验测试标准，由此产生的费用由乙方承担，并赔偿由此给甲方带来的损失。初验不合格10个工作日后，经乙方重新调试仍不能达到约定的初验测试标准的，甲方有权终止本合同，并要求赔偿。已经支付的价款、费用应当返还，并按照同期中国人民银行贷款利率计算并支付利息。

1.12 初验合格后，系统进入试运行阶段，试运行期为3个月。

1.13 试运行结束后，进行终验。终验由甲方指派的工程技术人员和代表与乙方共同进行。经终验测试符合约定的终验测试条件，由甲方签署终验合格证书。终验不合格，由乙方负责更正和修改，由此产生的费用由乙方承担，并赔偿由此给甲方带来的损失。乙方更正、修改后必须再次按照甲方验收要求进行终验。如果再次终验仍不合格，甲方有权终止本合同，并有权就所遭受的损失向乙方要求赔偿。已经支付的价款、费用应当返还，并按照同期中国人民银行贷款利率计算并支付利息。

1.14 因甲方要求改变设计方案或其他原因导致工期延误的，经甲方书面确认，工期应按照甲方确认的延误期间作相应顺延。

2. 版权归属

2.1 乙方向甲方提供的设计草稿、未最终采用的作品均为委托作品的一部分。

2.2 委托作品的全部著作权(包括发表权、署名权、修改权、保护作品完整权、使用权和获得报酬权等)完全属于甲方。

2.3 在向甲方提交委托作品之后,未经甲方书面同意,乙方不得留存委托作品的备份,也不得再以任何方式使用委托作品。

2.4 乙方在为第三方提供相同或类似制作服务时,不得以任何方式侵犯甲方对委托作品拥有的著作权。

3. 规格及费用

3.1 甲方在合同签定一个月内支付合同款的40%,即人民币×××元(×××元整)。

3.2 甲方在乙方提交电子商务网站正式验收后三十日内,向乙方支付此次项目合同款的50%,即人民币×××元(×××元整)。

3.3 电子商务网站正式上线日起一年后,甲方向乙方支付此次项目剩余款项,即人民币×××元(×××元整)。

3.4 以上款项总费用为人民币×××元(×××元整),以上费用为含税价格。

乙方账号: 公司名称:

开户行: 账号:

4. 商业秘密

4.1 任何一方对于因签署或履行本合同而了解或接触到的对方的商业秘密及其他机密资料和信息(以下简称"保密信息")均应保守秘密;非经对方书面同意,任何一方不得向第三方泄露、给予或转让该保密信息。

4.2 除本合同规定之工作所需外,未经对方事先同意,不得擅自使用、复制对方的商标、标志、商业信息、技术及其他资料。

5. 声明承诺与保证

5.1 乙方保证其提供给甲方的委托作品不侵害任何第三方的合法权益,也不违反任何法律法规,如因乙方违反上述保证而引起任何争议,乙方应负责解决。

5.2 乙方承诺,在未征得甲方书面同意前,乙方不得将本合同内容及委托作品的相关信息泄露给任何第三方。

6. 违约责任

6.1 甲乙双方应正当行使权利,履行义务,保证本合同的顺利履行。

6.2 任何一方违反本合同项下的任何规定,均应当承担违约责任;给对方造成损失的,应赔偿对方由此所遭受的直接和间接经济损失。

6.3 乙方应保证按照合同规定的进度交付制作成果,若逾期交付,每拖延一天甲方可向乙方加收延误款的0.5%为滞纳金。若因甲方原因(如未能按原计划提供应有的资料)而造成的延误,乙方不负其责任。

7. 合同期限与终止

7.1 本合同自双方签署盖章之日起生效,至本合同项下委托事项结束时终止。

7.2 任何一方可在另一方发生违约行为并在该违约方收到守约方关于违约行为已发生并存在的通知的七天之内仍未能对违约行为作出更正之时,通过向违约方发出一份通知的方式立即终止本合同,并赔偿守约方的损失。

7.3 本合同的提前终止不应影响双方于本合同提前终止日之前根据本合同已产生的权利和义务。

8. 争议解决与适用法律

8.1 如双方就本合同内容或其执行发生任何争议,双方应进行友好协商;协商不成时,任何一方均可向有管辖权的人民法院提起诉讼。

8.2 本合同的订立、执行和解释及争议的解决均应适用中国法律。

9. 其他条款

9.1 本合同的任何一方未能及时行使本合同项下的权利不应被视为放弃该权利,也不影响该方在将来行使该权利。

9.2 如果本合同中的任何条款无论因何种原因完全或部分无效或不具有执行力,或违反任何适用的法律,则该条款被视为删除。但本合同的其余条款仍应有效并且有约束力。

9.3 本合同一式两份,甲方执一份,乙方执一份,具有同等法律效力。本合同附件作为本合同不可分割的一部分,与本合同具有同等法律效力。

9.4 本合同未尽事宜由双方另行协商解决。

甲方: 乙方:

授权代表: 签字:

签署日期: 年 月 日 签署日期: 年 月 日

案例分析

湖南新五丰股份有限公司(以下简称"新五丰")成立于2001年6月26日,是以湖南省粮油食品进出口集团有限公司为主发起人,联合香港五丰行有限公司、澳门南光粮油食品有限公司、中国农业大学、中国农科院饲料研究所四家发起人以发起设立方式组建的股份制上市公司,证券代码为600975,证券名称为"新五丰"。新五丰经营范围为畜禽养殖,农业种植,研制、开发、生产、销售生物制品、有机复合肥、计算机软硬件(以上国家有专项规定的除外),投资食品加工业,管理顾问咨询业,自营和代理各类商品及技术的进出口业务(国家限定公司经营或禁止进出口的商品及技术除外),经营进料加工和"三来一补"业务,经营对销贸易和转口贸易。

新五丰成立仅三年,信息化建设也仅初具规模。由于新五丰的公司总部和各分公司地理分布较分散,为支持公司的生产经营,目前公司已在总公司和各分公司建立起办公局域网系统,部分有条件的分公司已通过广域网将各局域网相连。由于公司内部安全技术力量的缺乏,为保证财务系统安全,公司只好单独建立了独立运行的财务管理网络,专供财务部使用。同时为了宣传公司形象，新五丰还专门购置了服务器，建立了公司网站。

从整体上来讲，新五丰缺乏信息化建设的总体规划，公司内的信息化建设由各部门依据自身近期的需要去开发或购买相应的软件，既没有从长远进行考虑，也没有从公司整体上考虑系统之间的联系。因此新五丰认为利用外包补足其自身资源的不足，是公司高速进行信息化建设的较好出路。公司可以不再增加与战略导向不相适宜的人力资源及设备资源，同时可以用最新的资源满足组织的最新需求。

而在外包业务的选择上，公司决定要先把网站业务外包出去。新五丰是一个上市公司，很多股民希望通过公司的网站了解新五丰及其发展动态，但由于现在网站是公司自建及由自己维护，而公司行政部下的信息管理人员每天都事务缠身，同时又缺乏足够的力量对公司网站进行更新改进和维护，网站上的内容很久都难更新一次，使网站渐渐成为一个不活跃的网站，难以达到作为公司形象窗口的目的。因此公司决定将网站的更新业务外包给外包商，规定具体的网站更新时间，从而建立定时更新网站的机制，公司只要将有关资料和公司动态交给外包商，网站就可得到及时更新，使网站真正成为一个宣传公司形象的工具，充分发挥其公司窗口的作用。将网站的维护与管理外包出去后，原来进行网站管理和维护的管理人员被解放出来，可以将更多的精力投入到新五丰的关键性应用的开发中去，可使这些信息化管理人员拥有更多的成就感，从而凝聚和提高士气，降低人员的流动性。

由于其网站外包可带来明显的经济效益和管理效益，而且进行网站外包时外包边界非常容易确定，其职能与新五丰内部的其他职能联系较少，较容易控制，因此可将此项业务作为最先进行的外包业务。在积累一定经验后，再考虑外包其他设备维护、培训与教育和系统集成等较复杂的业务。在时机成熟时，才可考虑采用整体外包方式将新五丰的全部信息系统外包出去。

(资料来源：http://www.docin.com/p-966962193-f2.html)

分析：
电子商务网站外包能给企业带来哪些优势？

本章小结

电子商务网站是企业、机构或政府在互联网上建立的门户，通过网站可以宣传企业形象，发布、展示商品信息，实现电子交易，并通过网络开展与商务活动有关的各种售前和售后服务，全面实现电子商务功能。

电子商务网站外包是指把企业所需要的电子商务网站以合同的方式委托给专业的网站建设服务商制作并维护。电子商务网站外包服务形式包括：网站建设外包、网站项目外包、网站策划外包、网站维护外包、网页修改外包、网站开发外包、网站推广外包、网站托管等。电子商务外包的方式主要有两种，一种是模板网站，一种是定制网站。

电子商务网站外包的流程包括八个步骤：第一步，合作关系确定后客户提出要求；第二步，网站建设的方案制定；第三步，域名的注册；第四步，网站系统功能；第五步，网站的内容整理；第六步，网页设计和制作；第七步，网站等待客户确定并发布网站；第八步，网站后期推广和维护。

电子商务网站外包的风险主要体现在：企业安全性风险，信息交流不畅的风险，外包公司面临技术泄露风险，服务不到位等。

选择电子商务网站外包企业时，应认真考察外包企业的资质和构建网站、维护网站的能力，以防后期出现不必要的纠纷。

复习题

(1) 什么是电子商务网站外包服务？
(2) 电子商务网站外包服务有哪两种方式？各自的优缺点是什么？
(3) 请根据电子商务网站外包的流程，收集一个相关的案例。
(4) 简述电子商务网站外包的流程。
(5) 你认为电子商务网站外包的流程中哪个环节比较重要？
(6) 简述电子商务网站外包可能带来的风险。

4 网络营销外包

【学习目标】

通过本章的学习,要求掌握网络营销外包的概念、产生的原因及应用价值,熟悉网络营销外包业务,掌握网络营销外包的流程,并能够在"猪八戒"网上开展接包和发包工作。

【引入案例】

李老板的困惑

　　李老板原本是一位珠宝批发商,随着电子商务的普及,李老板想将传统的线下业务延伸到网上。为此,他特别注册成立了一家电商公司。公司由于刚刚成立,规模不大,只有5个人,一个经理、一个客服、一个美工、一个摄影,还有一个运营主管。公司在淘宝上开了C店,同时也购买了微商城的软件,两个营销渠道双管齐下。运营了一段时间,李老板发现了很多问题。首先,由于微商城的系统是直接花钱购买的,在运营的过程中,商城经常出现页面加载速度慢,链接返回不正确、系统不稳定等情况。由于缺乏技术人员,李老板也不知道如何解决这些问题,于是他选择了技术外包,将商城出现的现象转化为需求,在外包平台上发布任务。但在外包的过程中,新的问题又出现了。外包的钱给出去了,但效果并不好,而且外包人员说技术问题较多,需要加价,李老板也不知道会不会被对方所蒙骗。其次,由于缺乏专业的网络营销人员,李老板将公司微信公众号的运营外包给了专业的团队来做,这个团队每天倒是按照李老板的要求发文章、做推广,可是公众号带给微商城的流量很少,效果也比较差。另外,由于公司现有的人员不懂C店的运营操作,李老板一直想找个人专管C店的运营,前段时间以每个月8000元的工资聘请了一个运营人员,招聘时看重的就是这个运营人员的经验,可是两个多月过去了,除了刷单,C店出的真正的单几乎没有。在分析原因时,运营人员反倒责怪李老板的传统思想妨碍了他工作的开展。运营人员辞职后,李老板在招聘网上发了招聘信息,来应聘的人一看公司很小,都不愿意来。李老板想从现有的人员中去培养专业的网络运营人才,因为客服和美工都是学电商毕业的,但这些人员都是刚刚从大学毕业的,并没有真正有效的成功经验,课本上学的知识只是皮毛,他们也希望李老板能找个人带带他们。对此,李老板很是苦恼。

案例思考：
1. 李老板选择了外包，但效果为什么不好？
2. 如果你是李老板，如何解决这些困惑？

4.1 网络营销外包概述

4.1.1 网络营销外包的概念

网络营销是利用现代化信息技术进行的营销活动，基于 IT 业务的网络营销完全可以通过服务外包来实现。网络营销外包，顾名思义，是指把原本需要企业自己实施的网络营销工作以合同的方式委托给专业的网络营销服务商运营。企业根据自身的需求，由网络营销服务商为其提供包含电子商务平台网站建设、搜索引擎优化、微博营销、微信营销、整合营销推广、客户服务等一系列网络营销的全流程或部分环节。

通过将营销业务外包给专业的服务外包商，企业能够利用外部最优秀的专业化团队来承接其业务，从而使其专注核心业务，达到降低成本、提高效率、增强企业核心竞争力和提高环境应变能力的一种品牌管理模式。例如澳信房产 2011 年起与"牛蛙网"开展全网营销整体外包合作，利用网络营销来推广澳洲房产销售及投资移民业务。由"牛蛙网"帮他们承建了自动成交型网站，并对他们的电商团队进行了专业的培训，合作的第 1 年，澳信的网络业绩就突破了 1 亿元。2014 年，澳信在"牛蛙网"专家团队辅导下开始试水微信社群营销，结果在只有 1 名专员实施微信营销的基础上，仅用 6 个月就实现了用微信销售 11 套澳洲洋房，共达 4 200 万元的骄人业绩。全年网络销售业绩更突破了 5 亿元，成为海外房产投资行业第一品牌。

4.1.2 网络营销外包企业

1. 综合网络营销服务商

这类企业一般由具有电子商务基础技能的人组建，能完成一般电子商务需要的基础建设和基本工作，优点是可以帮助完全没有网络营销基础的企业较快搭建一些如简单网站建设、简单推广投放等工作。缺点是因一般对不同行业的了解不够深入，故做出的网站、推广方案都较为模式化、同质化。因此，适用于电子商务还未起步的企业，完成从无到有的转变，而较难后续深入推进以取得大的战果。一般建议从零起步做电子商务的中小企业，可以利用此类型服务，快速搭建基本的网站和交易流程，让互联网上有自己的身影。

2. 垂直行业服务外包企业

这类企业主要是为某一行业进行服务外包，主要成员是由有某种行业电子商务从业经验的人构成，优点是有行业经验，对某单个行业特征比较了解，且可以直接照搬以往经验，对熟悉的行业进行常规的套路化较深的网络营销，能完成较为体系化的网络营销工作。缺点是经验较为固化，只能为少数行业服务，局限性比较大，多集中在房地产、医疗、教育等规模化领域，更多新兴行业的经验积累不足，不能完全满足市场各行各业的需求。如果是对应垂直型行业，暂时不能建立自己的大型电子商务团队时，可寻找对应行业的专业服务公司，为自己搭建模式，并学习这些模式的操作过程。

4.1.3 网络营销外包产生的主要原因

1. 企业缺乏专业的营销人才

企业自身由于人才的缺乏，对网络推广的方法和知识认识不足，定位、模式、卖点不清晰，投入存在盲目性，必定造成资源浪费和成本高企，但外包服务公司的资源配备充分，而且清楚知道哪些网络推广方法才是真正适合企业的。

2. 组建专业团队的成本太高

网络营销的运营涉及互联网知识、营销知识、网络技术、写作能力、行业知识和运营经验，不是某一个专业人才就可以完成的任务，而是需要一个团队来协作完成。企业往往缺乏专业的团队，因为一个企业如果想组织这样一个团队，不但成本很高，而且有时会造成人力资源很大的浪费，最终难完成任务。例如这个团队里需要图片处理的专业技术人员，但图片处理的工作量远远不能填满这个人员的工作量，安排该人员做别的事情，又很浪费公司的成本。但如果是网络营销专业服务商，一个人员可以同时负责几家客户的图片处理工作，人员便被很好地利用了。

3. 网络营销专业服务商的运作效率更高

即便企业有资金组建专业的团队，但是团队资源和能力肯定比不上专业的网络营销服务商。网络营销服务商由于拥有专业的技术服务团队和丰富的实战经验，比企业自己成立服务部门的工作更加专业、高效。

4.1.4 网络营销外包模式的应用价值

1. 降低应用门槛

网络营销涉及多个交叉学科的知识，同时网络技术更新发展迅速，企业没有专业人才优势，网络营销能力不足，实施的成本高，难以取得理想的网络营销效果。网络营销外包模式能降低企业开展网络营销的门槛，由专业的网络营销服务商根据企业特点量身定制营销方案并负责具体实施，充分发挥网络营销服务商的技术和管理优势。企业不需要对原有的业务流程进行重组和优化，只要支付相应的营销费用，并负责评价网络营销的效果。这样企业可以集中精力发展核心业务，不必在网络营销领域投入过多精力。

2. 降低网络营销成本

企业开展网络营销需要网络营销人才以及资金的投入，同时一些营销方法如搜索引擎营销、网络广告等需要企业较大的投入，如果应用不当，具有一定的风险。网络营销外包模式能够降低企业的成本，企业不需要设置专门的岗位负责网络营销业务。同时，专业的网络营销服务商与 ISP、ICP 的议价能力较强，企业资金投入也比自行开展网络营销要低。

3. 提高网络营销效率

企业通过与网络营销服务商的合作，不仅节约网络营销的成本，而且能获得更为专业化的服务，确保企业网络营销高效、有序运行。网络营销外包服务商提供全程高质量的服务，包括营销方案制定、营销方案执行、订单处理、电子支付、客户售后服务等，企业只需要按照订单要求负责物流配送，即可高效地完成整个电子交易过程，而且物流服务也可外包给第三方物流公司。

4.2 网络营销外包业务

根据网络营销外包的内容不同，网络营销外包业务主要有微信营销外包、微博营销外包、搜索引擎营销外包、口碑营销外包、新闻稿发布外包以及整合营销外包。

4.2.1 微信营销外包

微信营销是企业利用微信朋友圈和公众号去挖掘用户需求，实现企业产品、服务及品牌营销的过程。微信外包的具体内容包括：微信朋友圈转发、微信投票、微信关注、微信图文推广、微信营销以及不同行业的微信直发套餐。根据微信外包的内容不同，服务外包商的收费也不同。常见的微信营销外包业务及收费如表4-1所示。

表4-1 微信营销外包业务及收费

微信营销外包业务	价 格	主要内容
微信朋友圈转发	90元/100次	微信图文、小视频等转发，直达用户，最快1小时内完成
微信投票	120元/300票	独立IP、独立账号，纯人工手动投票，最快1小时内完成
微信关注	140元/1000个	1000个微信用户关注，真实的微信用户关注，最快1小时内完成
微信图文推广	200元/次	文章阅读量10 000次 文章点赞次数1 000次 文章转发次数100次 最快完成时间为12小时
微信营销	520元/套	图文阅读10 000次，可分5次使用 原文阅读500次，可分5次使用 微信点赞1 000个，可分5次使用 图文转发200个，1次使用 微信加粉500个，真实粉丝

续表 4-1

微信营销外包业务	价 格	主要内容
IT 互联网类微信直发套餐	2 800 元/套	两个互联网公众大号直发，过百万粉丝 阅读量 10 000 次以上 多图文头条 IT 数码频道（1 406 115 个粉丝） 互联网特点资讯（1 136 026 个粉丝）
汽车类微信直发套餐	4 600 元/套	三个微商公众大号直发，过百万粉丝 阅读量 10 000 次以上 多图文头条 汽车资讯（1 221 512 个粉丝） 汽车看点（914 286 个粉丝） 汽车保养知识（899 535 个粉丝）
游戏类微信直发套餐	4 600 元/套	三个游戏公众大号直发，过百万粉丝 阅读量 10 000 次以上 多图文头条 手机游戏（821 683 个粉丝） 手机游戏精选（626 185 个粉丝） 手机游戏推荐（520 322 个粉丝）
财经新闻类微信直发套餐	5 600 元/套	三个财经新闻公众大号直发，近两百万粉丝 阅读量 20 000 次以上 多图文头条 今日财经（2 441 601 个粉丝） 财经天下（2 269 215 个粉丝） 财经新闻（1 616 326 个粉丝）
微信公众平台代运营	600 元/月	每天发布 1 条信息，一个月发布 26 天，共计 26 条；其中包括 26 条伪原创，更改标题、配图、修改水印 每篇文章转发 30 次或以上，累计 780 次以上（无截图） 每篇文章阅读量 300 次以上，累计 7 800 次点击（文章下方可看到） 每个月预计增加 500～1 000 个粉丝 基础自定义菜单装修，仅限图文模式、外链模式，由客户提供资料 自动回复设置，关键词回复设置少于 10 个

4.2.2 微博营销外包

微博营销是指通过微博平台为商家、个人等创造价值而执行的一种营销方式,也是指商家或个人通过微博平台发现并满足用户的各类需求的商业行为方式。微博营销外包的具体内容包括:微博外包运营托管、微博粉丝关注、微博达人转发以及微博"大V"转发。根据微博外包的内容不同,服务外包商的收费也不同。常见的微博营销外包业务及收费如表4-2所示。

表4-2 微博营销外包业务及收费

微博营销外包业务	价　格	主要内容
微博外包运营托管	560元/月	形象设定、微博策划、内容建设、活动策划、粉丝运营、微博推广
微博粉丝关注	99元/1 000个	1 000个粉丝关注 高质量真粉,部分为微博达人 粉丝有头像与博文 一般情况下不会掉粉
微博达人转发(体验套餐)	269元/次	微博图文、小视频等转发 1 000个普通转发 500个达人转发 最快1小时内完成
微博达人转发(标准套餐)	449元/次	微博图文、小视频等转发 2 000个普通转发 1 000个达人转发 最快1小时内完成
微博"大V"转发	399元/次	微博图文、小视频等转发 10个30万粉丝以上微博转发,赠送一个50万粉丝大号直发 最快1小时内完成

4.2.3 搜索引擎营销外包

搜索引擎营销指根据用户使用搜索引擎的方式,利用用户检索信息的机会尽可能将营销信息传递给目标用户。简单来说,搜索引擎营销就是基于搜索引擎平台的网络营销,利用人们对搜索引擎的依赖和使用习惯,在人们检索信息时将信息传递给目标客户。搜索引擎营销常见的方式有整站优化、搜索引擎营销管理和搜索引擎登录。常见的搜索引擎营销外包业务如表4-3所示。

表4-3 搜索引擎营销外包业务

搜索引擎营销外包业务	分类	主要内容
整站优化	网站代码优化	对程序代码进行等价变换（优化中间代码和脚本代码）
	网站结构优化	页面结构、数据调用、URL结构进行优化标准化
	网站导航优化	主导航醒目清晰、首页突出重要内容
	标签优化	告诉搜索引擎网站的关键字、主要内容、页面需要索引
整站优化	网站目录	目录结构越简单，搜索引擎访问就越容易，能很清楚地显示搜索引擎每个目录的内容
	网站地图	为搜索引擎蜘蛛提供可以浏览整个网站的链接
	图片优化	在图片标签中加入关键词是提升关键词密度的方法
	网站框架结构优化	让搜索引擎索引到更多的内容
	网站内容优化	内容是网站优化的灵魂，正文标题、正文内容天天更新
	友情链接优化	及时去除网站上被降权的网站，以免起到降权的效应
	关键字密度	关键字密度5%～15%
搜索引擎营销管理	目标客户分析	潜在客户、竞争对手、网站自身分析或调查
	导入导出链接优化	死链、内链、外链、反链、友情链接
	关键词筛选	根据搜索热度和公司的产品及客户的搜索习惯筛选
	跟踪与维护	根据排名的不断变化及访问量的数据变化，对方案及时调整
搜索引擎登录	各大主流搜索引擎登录	网站被优化后，即可提交到搜索引擎。在数千个搜索引擎中，一定让重要搜索引擎能够收录。为能够在这些搜索引擎上有好的排名，营销团队进行手工提交才有可能保证提交成功。所有主要的目录都要求细致的手工提交

4.2.4 口碑营销外包

口碑营销是指企业在品牌建立过程中，通过客户间的相互交流将自己的产品信息或者品牌传播开来。口碑营销外包的具体内容包括：论坛发帖、B2B/分类信息发帖、QQ

群推广、360/搜狗/互动百科创建、知道问答推广、百科词条创建。根据口碑营销外包的内容不同，服务外包商的收费也是不同的。常见的口碑营销外包业务及收费如表4-4所示。

表4-4 口碑营销外包业务及收费

口碑营销外包业务	价　格	主要内容
论坛发帖	90元/100帖	可选指定论坛及发布版面 纯手工发布 帖子可置顶加精 最快24小时内完成
B2B/分类信息发帖	140元/100帖	可选指定分类信息站点发布 纯手工发布 72小时内被删包补 最快24小时内完成
QQ群推广	179元/200群	可按QQ群类型精准推广 可按QQ群地区精准推广 最快1小时内完成
360/搜狗/互动百科创建	299元/个	可选360/搜狗/互动百科创建 创建不成功全额退款 最快3天内完成
知道问答推广	399元/100组	问题和回答由服务商提供 一问一答为一组，一共100组 72小时内被删包补
百科词条创建	999元/个	百度百科词条创建 创建不成功全额退款 最快3天内完成

4.2.5 新闻稿发布外包

新闻稿发布是指以新闻的形式传播，为企业品牌等做宣传推广的一种方式。多角度、多层面地诠释企业文化、品牌内涵、产品机理、利益承诺，传播行业资讯，引领消费时尚，指导购买决策。这种模式非常有利于引导市场消费，在较短时间内快速提升产品的知名度，塑造品牌的美誉度和公信力。常见的新闻稿发布外包业务及收费如表4-5所示。

表4-5 新闻稿发布外包业务及收费

新闻稿发布外包业务	价　格	主要内容
新闻稿发布	450元/5篇	可指定5个门户网站 新闻100%成活率 24小时内完成
行业新闻稿发布	1000元/5篇	可选新闻稿行业，如财经、时尚女人类、汽车类、家居类、科技类、娱乐类、教育类、健康类、游戏类
餐饮新闻稿	1200元/套	10大餐饮新闻网站（如中华饮食网、中华美食网、慧聪网餐饮等） 未发布成功退还相应款项 最快24小时内完成
财经新闻稿	1200元/套	10大财经新闻网站（如每日财经、光明网经济·全球财经网等） 未发布成功退还相应款项 最快24小时内完成
健康新闻稿	1200元/套	10大健康新闻网站（如39健康网、中国健康网等） 未发布成功退还相应款项 最快24小时内完成
汽车新闻稿	1400元/套	10大汽车新闻网站（如汽车点评网、易车网、59爱车网等） 未发布成功退还相应款项 最快24小时内完成
教育新闻稿	1400元/套	10大教育新闻网站（如搜狐教育、新浪教育、腾讯读书等） 未发布成功退还相应款项 最快24小时内完成
游戏新闻稿	1500元/套	10大游戏新闻网站（如腾讯游戏、游久网等） 未发布成功退还相应款项 最快24小时内完成
女性新闻稿	1500元/套	10大女性新闻网站（如伊秀女性网、新浪网时尚、风尚中国等） 未发布成功退还相应款项 最快24小时内完成

4.2.6 整合营销外包

整合营销是以消费者为核心重组企业行为和市场行为，综合协调地使用各种营销方式，以统一的目标和统一的传播形象，传递一致的产品信息，实现与消费者的双向沟通，迅速树立产品品牌在消费者心目中的地位，建立产品品牌与消费者长期密切的关系，更有效地达到广告传播和产品行销的目的。整合营销外包即企业将整合营销的业务外包给专业的公司来运作，外包的内容随外包公司及外包价格而有所不同。

以杭州萌祖网络科技有限公司为例，其品牌整合营销推广外包的业务有两个套餐，根据套餐的价格不同，其提供的外包业务的范围是不同的。

套餐 A：【12 000 元】

(1) 创建品牌百科，搜狗百科、互动百科，总共 2 个百科；乙方萌祖网络撰写百科文案+创建，打造搜索引擎品牌口碑以及品牌认可度。

(2) 根据品牌相关长尾词做百度、SOSO、360 问答，总共 300 组；乙方撰写 100 个问答文案，再发布三大平台，72 小时内删除包补（包存活）；提高品牌形象以及口碑。

(3) 乙方撰写新闻稿 10 篇、品牌稿件，发布到新闻门户网站，比如新浪、网易、搜狐、和讯、光明网、中国网、中华网等 50 篇。

(4) 乙方撰写论坛软文 4 篇，发布知名门户网站以及地方论坛，比如新浪、天涯、西祠胡同、搜狐、雅虎、猫扑等知名论坛 500 篇。带图 2 张以内，水军手工发布，包存活，72 小时内删除包补。知名热论坛打造热贴 10 个，阅读量总共 20 万次以上，保证在论坛首页 2 天。

(5) 分类信息推广，运用百科文案+新闻+软文；赶集网、58 同城、易登等各大分类信息网站发布 300 个，可以带电话、QQ、网址、微信；水军手工发布，包存活，72 小时内删除包补。

(6) 博客营销，运用新闻+软文，新浪、搜狐、天涯、网易等各大博客投放 300 篇，提高品牌形象，提升知名度，包存活，72 小时内删除包补。

(7) 运用新闻+软文，长尾词布局，产品、品牌、服务等相关信息，发布上传百度文库或者豆丁文库总共 20 个。

(8) 乙方撰写微博广告语一篇，微博"大 V"直发 5 个，1 000 次点赞，2 000 个评论，4 000 个达人转发，6 000 个普通转发，总计 10 000 个转发。

(9) 撰写微信稿 1 篇，三个相关微信公众账号/服务号进行微信推送，微信小号阅读量 10 000 次，小号点赞 2 000 次，乙方提供微信资源表，甲方自行选择；宣传+展现，提高品牌活动影响力。

套餐 B：【49 999 元】

(1) 创建品牌百科，搜狗百科、互动百科，总共 2 个百科；乙方萌祖网络撰写百科文案+创建，打造搜索引擎品牌口碑以及品牌认可度。

(2) 根据品牌相关长尾词做百度、SOSO、360 问答，总共 600 组；乙方撰写 200 个问答文案，一问三答，精品问答策划，再发布到三大平台，72 小时内删除包补（包存活）；提高品牌形象以及口碑。

(3)乙方撰写新闻稿40篇、品牌稿件，发布到新闻门户网站，比如新浪、网易、搜狐、和讯、光明网、中国网、中华网等250篇。

(4)乙方撰写论坛软文15篇，发布知名门户网站以及地方论坛，比如新浪、天涯、西祠胡同、搜狐、雅虎、猫扑等知名论坛2 000篇。带图2张以内，水军手工发布，包存活，72小时删除包补。知名热论坛打造热贴20个，阅读量总共200万次以上，保证在论坛首页2天。

(5)分类信息推广，运用百科文案＋新闻＋软文；赶集网、58同城、易登等各大分类信息网站发布1 000个，可以带电话、QQ、网址、微信；水军手工发布，包存活，72小时内删除包补。

(6)博客营销，运用新闻＋软文，新浪、搜狐、天涯、网易等各大博客投放1 500篇，提高品牌形象，提升知名度，包存活，72小时内删除包补。

(7)运用新闻＋软文，长尾词布局，产品、品牌、服务等相关信息，发布上传百度文库或者豆丁文库总共60篇。

(8)微博托管；乙方撰写微博广告语，周一至周六每周发布1条原创微博，并且进行维护，1月小计24篇，微博"大V"直发转发10个，50 000次点赞，8 000个评论，12 000个达人转发，50 000个普通转发，总计62 000个转发。

(9)微信托管；乙方撰写12篇微信稿件，每周进行一次多图文推送并且维护，8个相关微信公众账号/服务号进行微信推送推广，微信小号阅读量50 000次，小号点赞10 000次，乙方提供微信资源表，甲方自行选择；托管＋宣传＋展现，提高品牌活动影响力。

(10)赠送竞价托管(品牌起跑线、品牌专区、网盟、百度图片推广账号优化)；若甲方开通了竞价，乙方免费赠送竞价创意、优化设置；针对潜在消费者设置关键词、品牌词、业务长尾词，资深运营、高级品牌顾问一条龙服务。

以泽楷推广为例，泽楷推广成立于2006年，是一家跨网络、跨应用、跨媒体的专业互联网整合推广服务公司。经过10年的发展壮大，目前已成为全国互联网营销推广行业规模领先的公司，市场占有率和客户满意率连续多年位居"猪八戒"网前列。泽楷推广所提供的整合营销外包业务如下。

套餐A：【4 500元】

(1)创建品牌百科，搜狗百科、互动百科，总共2个百科；乙方泽楷推广撰写百科文案＋创建，打造搜索引擎品牌口碑以及品牌认可度。

(2)根据品牌相关长尾词做百度、SOSO、360问答，总共300组；乙方撰写100个问答文案，再发布三大平台，72小时内删除包补(包存活)；提高品牌形象以及口碑。

(3)乙方撰写新闻稿1篇，发布到新闻门户网站，比如新浪、网易、搜狐、和讯、光明网、中国网、中华网等5篇。

(4)乙方撰写论坛软文1篇，发布知名门户网站以及地方论坛，比如新浪、天涯、西祠胡同、搜狐、雅虎、猫扑等知名论坛500篇。带图2张以内，水军手工发布，会有一部分被删除，预计存活50%～60%。

(5)分类信息推广，运用百科文案＋新闻＋软文；赶集网、58同城、易登等各大分类信息网站发布300个，可以带电话、QQ、网址、微信；水军手工发布，会有一部分被删除，预计存活50%～60%。

（6）博客营销，运用新闻+软文，新浪、搜狐、天涯、网易等各大博客投放300篇，提高品牌形象，提升知名度。

（7）乙方撰写微博广告语1篇，微博"大V"直发1个，1 000个达人转发，2 000个普通转发，总计3 000个转发。

备注：化妆品、面膜、医疗等敏感行业需增加难度费用1 000元；此方案执行周期20天，论坛、分类信息会有一部分被删除，百科、新闻、问答、博客、微博包存活，整体包装效果是持续的，所有项目乙方会提交数据报表供甲方审核。

B套餐：【4 500元】（专业打造百度快照、百度口碑）

（1）根据品牌相关长尾词做百度、SOSO、360问答，总共300组；乙方撰写100个问答文案，再发布三大平台，72小时内删除包补（包存活）；提高品牌形象以及口碑。

（2）乙方泽楷推广撰写新闻稿4篇，发布到新闻门户网站，每篇稿件发布5个新闻门户，总计20个新闻门户，比如新浪、网易、搜狐滚动、光明网、中国网、中华网、搜狐焦点、慧聪网、中国新闻网、央视网、扬子晚报网、大洋网、TOM、21CN、凤凰网、中国日报网、京华网、大众网、北青网、中青网、市场导报网、消费日报等。

（3）乙方撰写论坛软文1篇，发布知名门户网站以及地方论坛，比如新浪、天涯、西祠胡同、搜狐、雅虎、猫扑等知名论坛500篇。带图2张以内，水军手工发布，会有一部分被删除，预计存活50%～60%。

（4）博客营销，运用新闻+软文，新浪、搜狐、天涯、网易等各大博客投放300篇，提高品牌形象，提升知名度。

C套餐：【4 500元】

（1）根据品牌相关长尾词做百度、SOSO、360问答，总共300组；乙方撰写100个问答文案，再发布三大平台，72小时内删除包补（包存活）；提高品牌形象以及口碑。

（2）乙方撰写新闻稿1篇，发布到新闻门户网站，比如新浪、网易、搜狐、和讯、光明网、中国网、中华网等5篇。

（4）乙方撰写论坛软文1篇，发布知名门户网站以及地方论坛，比如新浪、天涯、西祠胡同、搜狐、雅虎、猫扑等知名论坛500篇。带图2张以内，水军手工发布，会有一部分被删除，预计存活50%～60%。

（4）分类信息推广，运用百科文案+新闻+软文；赶集网、58同城、易登等各大分类信息网站发布300个，可以带电话、QQ、网址、微信；水军手工发布，会有一部分被删除，预计存活50%～60%。

（5）博客营销，运用新闻+软文，新浪、搜狐、天涯、网易等各大博客投放300篇，提高品牌形象，提升知名度。

（6）乙方撰写微博广告语1篇，微博"大V"直发1个，1 000个达人转发，2 000个普通转发，总计3 000个转发。

（7）乙方撰写QQ群广告语1篇，选择相关行业或者地区QQ群进行纯手工精准投放500个。发布完成之后，乙方提交500个截图供甲方审核。

（8）两个相关微信公众账号/服务号进行微信推送，乙方提供微信资源表，甲方自行选择；宣传+展现，提高品牌活动影响力。

运作实例 4-1

案例名称：陈理真道长微信平台义拍古琴

雇主名称：陈理真道长事务所

案例概述：陈理真道长在其公众号上做了一次义卖活动，义卖自己的手工古琴，将义卖所得款项全部捐献出来。这是一种正能量的行为。通过推广传播，打造良好形象。

设计理念：因为含有一定宗教成分，通过草根传播的意义就没有官方新闻的意义更好，所以外包服务商第一步给其定制了新闻营销。选择了比较有知名度的媒体做了一次投放。

实现过程：得到文案的当天，外包服务商就联系了客户所认定的新闻网站，一起提交了文案。最快的在当天晚上就发布了，第二天早上全部都完成发布，到了第二天下午百度都收录了其中大部分的新闻。搜索标题在百度首页就已经有了很多的链接，至此用很低的成本达到了相当好的宣传效果。

网易	陈理真道长微信平台义拍古琴	http://chongqing.163.com/16/0224/17/BGJS0HVT023316NA.html
新浪	陈理真道长微信平台义拍古琴	http://hlj.sina.com.cn/fashion/sy/2016-02-24/detail_fashion-ifxprucu3189737.shtml
搜狐	陈理真道长微信平台义拍古琴	http://mt.sohu.com/20160224/n438387825.shtml
中国日报网	陈理真道长微信平台义拍古琴	http://energy.chinadaily.cn/cm/kxun/2016/0224/54860.html
时尚生活	陈理真道长微信平台义拍古琴	http://www.show2010.net/Article/HTML/20160224170800_164468.shtml
华城新闻网	陈理真道长微信平台义拍古琴	http://hcxwws.com/news/2016/02244058.html
今日头条	陈理真道长微信平台义拍古琴	http://toutiao.com/i6254796924432417282/
中国新闻采编网	陈理真道长微信平台义拍古琴	http://chinanpn.com/article-878537-1.html
国华新闻网	陈理真道长微信平台义拍古琴	http://www.guohuanews.com/n/2016/difang_0224/111688.html

运作效果如图所示。

陈理真道长微信平台义拍古琴-搜狐

2016年2月24日 - 日前,白云观陈理真道长在他的微信公众平台(陈理真古琴clzguqin)、新浪微博(陈理真古琴http://weibo.com/u/1320451442)上发起的

mt.sohu.com/20160224/n... ▼ - 百度快照 - 81%好评

陈理真道长微信平台义拍古琴 - 商讯 - 第一新闻网

2016年2月24日 - 日前,白云观陈理真道长在他的微信公众平台(陈理真古琴clzguqin)、新浪微博(陈理真古琴http://weibo.com/u/1320451442)上发起的义拍活动圆满落下帷幕。...

www.firstnews.com.cn/n... ▼ - 百度快照 - 82%好评

陈理真道长微信平台义拍古琴 - 今日头条(TouTiao.com)

2016年2月24日 - 日前,白云观陈理真道长在他的微信公众平台(陈理真古琴clzguqin)、新浪微博(陈理真古琴http://weibo.com/u/1320451442)上发起的义拍活动圆满落下帷幕

toutiao.com/item/62547... ▼ - 百度快照 - 72%好评

...- Yidianzixun.com - 陈理真道长古琴公众号义拍公告

北京白云观陈理真道长发起名为清阳观建设义拍活动,所得资金全部用于清阳观建设,敬请大家关注支持,随手转发,功德无量。 义拍流程 1、敬请添加微信好友、清...

www.yidianzixun.com/ho... ▼₂ - 百度快照 - 73%好评

陈理真道长微信平台义拍古琴_华城新闻网

2016年2月24日 - 日前,白云观陈理真道长在他的微信公众平台(陈理真古琴clzguqin)、新浪微博(陈理真古琴http://weibo.com/u/1320451442)上发起的义拍活动圆满落下帷幕。...

hcxwws.com/news/2016/0... ▼ - 百度快照 - 评价

陈理真道长微信平台义拍古琴 - 地方 - 国华新闻网
2016年2月24日 - 日前,白云观陈理真道长在他的微信公众平台(陈理真古琴clzguqin)、新浪微博(陈理真古琴http://weibo.com/u/1320451442)上发起的义拍活动圆满落下帷幕。...
www.guohuanews.com/n/2... ▾ - 百度快照 - 评价

陈理真道长微信平台义拍古琴 - 今日头条(TouTiao.com)
2016年2月24日 - 日前,白云观陈理真道长在他的微信公众平台(陈理真古琴clzguqin)、新浪微博(陈理真古琴http://weibo.com/u/1320451442)上发起的义拍活动圆满落下帷幕
jh800.com/news/?i62547... ▾ - 百度快照 - 评价

陈理真道长微信平台义拍古琴 - 今日头条(TouTiao.com)
2016年2月24日 - 日前,白云观陈理真道长在他的微信公众平台(陈理真古琴clzguqin)、新浪微博(陈理真古琴http://weibo.com/u/1320451442)上发起的义拍活动圆满落下帷幕
toutiao.com/a625479348... ▾ - 百度快照 - 72%好评

(资料来源:http://www.zbj.com/yxtg/xpddf36908a.html)

思考题:

1. 如果让陈理真道长事务所自己发布新闻,会遇到哪些问题?
2. 新闻稿发布外包有何优势?

4.3 网络营销外包流程

网络营销外包流程,顾名思义,是企业实施网络营销外包所经历的整个过程,通常包括两个或两个以上的环节,环节与环节之间有严格的先后顺序界定,不同的环节有明确的责任,以便环节与环节之间相互衔接。任何企业的网络营销外包均始于识别问题、发现需求,终于实施和效果的评估。具体来说,一个完整的网络营销外包流程可以划分为如下几个环节(如图4-1所示)。

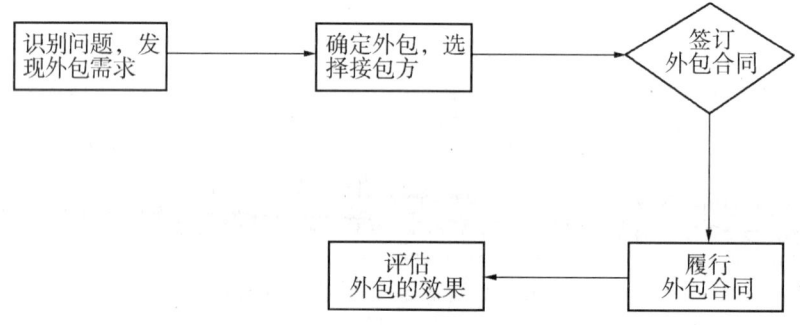

图4-1 网络营销外包流程

4.3.1 识别问题,发现外包需求

发包方的识别问题体现在两个方面。第一,通过外部的环境分析,如行业分析、竞

争对手分析以及消费者行为分析，发包方发现营销的必要性。第二，通过内部环境分析，发包方发现自身营销方面存在的不足：缺少专业的营销人才。需要招聘专业的人才或者借助专业的服务商来帮助企业完成营销方面的工作。但是考虑到招聘人才的时间和成本，发包方认为直接将营销业务外包出去更为有效，于是便产生了外包需求。

产生外包需求的前提条件是发包方知道什么是网络营销外包，网络营销外包能起什么作用，会给企业带来哪些效益，以及为什么会带来效益，否则就谈不上需要将自己的营销业务外包。

此外，在做内部环境分析时，发包方需要把自身完成某项网络营销业务的能力与同行业的其他企业进行对比得出自身的能力定位。发包方只有在明确自身能力定位的基础上，才能确定所需要的外部能力，明确哪些业务领域需要外包，从而将企业资源聚焦于自身的核心业务。

4.3.2 确定外包，选择接包方

发包方发现外包需求后，必须由企业的领导层决定是否外包，如果确定外包，接下来就是接包方的寻找和选择。寻找合适的接包方对于一个组织的外包活动是至关重要的一步，同时也是最难管理的一步。因为将企业内部业务流程的责任交给另一个公司伴随着一定的风险，即便它不是核心业务。

接包方选择的方法较多，每种方法都有其优劣之处，一般需要根据发包方对接包方的了解程度及企业需求等因素确定采用何种方法。目前大多数企业常用的方法可分为直观判断法和招标法。

1. 直观判断法

直观判断法是根据征询和调查所得的资料并结合相关人员的分析判断，对接包方进行详细分析、对比评价的一种方法。这种方法主要是倾听和采纳有外包经验的人员意见，或者直接由相关人员凭他们的经验做出判断。这种方式选择过程比较直观、简单，但是主观性太强，选择的结果科学性不强。一般来说，发包方可能与该接包方已有过合作经历，只需磋商具体的工作内容，或者说该接包方在业内享有盛誉，只要企业能够支付合理价格，项目成功的概率就比较大。

2. 招标法

所谓招标法就是由发包方提出招标条件，各招标接包方进行竞标，然后由企业决标，与提出最优的接包方签订合同或协议。招标法可以是公开招标，也可以是指定竞标。公开招标对投资者的资格不予限制；指定竞标则由企业预先选择若干个可能的接包方，再进行竞标和决标。招标方式比较复杂，竞争性强，发包方能在大范围内选择性价比最优的接包方，但手续较繁杂、时间长、机动性差，不能适应紧急项目外包的需要。有时发包方对投标者了解不够，双方未能充分协商，造成业务流程外包项目未能达到预期目标，不适用于选择战略合作伙伴。

无论采用何种方法去选择接包方，发包方都需要注意以下事项。

（1）专业营销团队。网络营销是专业性非常强的一个领域，发包方需要考虑到接包方是否专业，是一个人独立运作，还是拥有大量的专业人才和丰富的实践经验，才能帮助接包方更加高效、专业地完成网络营销任务。

（2）营销策划能力。能帮助接包方制定完善的全案营销策略，选择适合的传播渠道，让接包方以更低的成本投入获得更好的营销效果。企业由于经验匮乏，对网络推广方式的选择往往存在片面性和盲目性，避免在不清楚是否有效、适合自己的情况下，大量购买各种付费推广产品，结果投入与回报严重不成比例。

（3）团队执行力。策略与执行是网络营销推广能否取得良好效果的关键，发包方须考虑到接包方能否将策略制定的内容严格执行到位，做到严谨、周密、高效。通过对团队人员的高度整合，充分利用资源，贯彻策略意图，保质保量达成目标。

（4）持续优化及管理。为了将营销效果做到最好，发包方必须考虑到接包方能否帮助企业持续对推广效果进行跟踪监测，并针对存在的问题及时进行优化。通过系统分析、专业管理和持续跟踪，力争将营销效果做到最好。

4.3.3 签订外包合同

合同的内容由发包方和接包方一起拟定。在合同中需明确外包的业务，双方的权利和义务。发包方与接包方签合同时须注意以下几点：①主体资格，签订合同前审查接包方有无履行合同的资质和能力；②服务内容，注明外包服务的范围、服务最低标准、考核标准；③排他性，注明是否允许发包方或服务商与第三方合作；④责任承担，明确约定对第三方造成损害时的责任承担。

外包合同书范本

SEO 外包服务合同书

甲乙双方根据《中华人民共和国合同法》等法律的有关规定，本着平等自愿、诚实信用的原则，就 SEO 服务事宜达成一致，并签订合同条款以资共恪守履行。

甲方：（定作方）×××公司

乙方：（承揽方）深圳 SEO

签订地点： 　　　　　　　　　　签订日期：××××年××月××日

经甲、乙双方友好协商，就甲方所需 SEO 服务达成以下共识：

第一条：SEO 服务是指乙方通过针对甲方网站的网页内容以及 SEO 技术提高甲方网站的关键词在指定搜索引擎上的排名位置。

第二条：由于搜索引擎算法的改变具有不确定性，不排除甲方指定关键词在搜索结果中出现排名波动或者未出现在指示位置等暂时性的现象属于正常因素，若乙方服务期间如出现排名位置未在指定位置，则乙方可以对甲方进行延期补偿。

第三条：甲方的权利和义务

1. 提供专人与乙方进行联络，在网站优化期间，如果甲方需要更改关键词或对网站架构和内容进行修改，必须征得乙方的同意之后才能修改，否则乙方不承担任何责任。

2. 甲方必须保证网站内容的合法性和真实性，如因此引起纠纷，乙方不承担任何法律责任。

3. 合同签订后，甲方提供网站后台、FTP、服务器等各种必要的资料和授权乙方对网站进行必要的修改。甲方需要全力配合乙方的 SEO 优化需求，如有异议，双方可以协商解决。

4. 乙方将关键词按照日期优化到搜索引擎首页，甲方不能以任何理由拖欠乙方款项，按照合同的约定，及时支付费用。（注：按单个关键词排名到位时间，分别计算服务期限和结款期限）

5. 在 SEO 期间如果甲方需要对网站进行内容的更改或对网站重新设计改版须征得乙方同意，否则因此造成网站无法达到约定优化效果，后果将由甲方自行负责。

第四条：乙方的权利和义务

1. 对网站优化前期准备工作和网站修改应与甲方进行沟通，如需更改，必须要经过征求乙方的同意后才能更改。

2. 乙方在签定合同并收到首付款后，保证在一周内按合同的约定为甲方网站进行白帽 SEO 工作。

3. 在优化期间，如未征得乙方同意，甲方不得擅自改变网站外观。

4. 在要求的期限内，乙方完成网站的优化，并通知甲方进行验收。

5. 乙方针对甲方约定的关键词优化达标时应及时通知甲方，甲方也应即时通过互联网查看效果确认，如甲方未能即时确认，则该关键词的合同生效日以乙方发出通知的第二日为准。

第五条：验收标准

1. 合同签订后，乙方承诺将甲方网站×××在 1～3 个月内把指定网站关键词优化在约定搜索引擎达到首页，或者自然排名前 10，则视为达到验收标准。

一、项目工作内容　甲方提出优化的网站网址为：_____需要优化的关键字和价格：关键词（1～6），关键词_____。

搜索引擎类型：百度/谷歌　价格：_____（元）大写：_____。实现要求：以上关键词查询，甲方网站的网页内容出现在谷歌或百度网站自由查询结果的____页____名（注：一般是范围，0 代表整页）。

约定网站关键词在百度搜索引擎自然排名首页并维持超过 7 天，则视为达到验收标准（百度首页是指左侧投放付费广告后的前 10 名）。

第六条：支付方式

1. 合同价格×××元（人民币×××元整）。以现金支付或银行转账。

2. 收费方式：首付 50%，进入指定位置付 40%，稳定 1 个月后付剩余 10%。

优化生效期为本合同签订之日起，分三期支付：

第一期启动期：在本合同签订时，合同签署之日，收取合同总价的 40% 服务费总计（×××元）作为项目初期启动费用，服务期自项目初期启动费用支付之日开始。

第二期优化期：关键词排名达到甲方要求的百度首页后 7 日内支付合同总额费用的 40% 共计×××（元）；（优化周期 3～6 个月）到期后排名未到指定位置，乙方不需要退还 40% 首付款，但也不得再收未达到指定排名关键词的 60% 尾款。除此，双方也可以协商延期。

第三期维护期：以维护费进行结算，在关键词稳定1个月后支付该关键词约定的剩余费用。由于不可控因素或搜索引擎算法调整导致关键词排名不稳定，一个月未在指定位置，甲方有权提出终止合同，或者视该关键词当月无效，将消失的时间补上。如果因此产生费用纠纷问题，只以第三期服务费用进行判定标准。

注：如果客户未在约定时间内付款，则每超过一天就缩短半个月的服务期，超过15天未付款的则可认为客户方已单方解除合约，服务方有权对网站的优化效果作出任何处理。

第七条：违约责任

1. 乙方在签订本合同后，证实无法向甲方提供规定的服务，甲方有权与乙方中止合同，并拒绝付款。

2. 任何一方有证据表明对方已经、正在或将要违约，可以提出中止履行本合同，但应及时通知对方。若对方继续不履行、履行不当或者违反本合同，该方可以解除本合同并要求对方以合同额赔偿损失。

3. 因地震、火灾等自然灾害、战争、罢工、停电、政府行为等造成双方不能履行本合同义务，双方通过书面的形式通知对方，本合同即告中止。

第八条：保密条款

1. 双方应严格保守在合作过程中所了解的对方的商业及技术机密，否则应对因此造成的损失承担赔偿和刑事责任。

第九条：以上条款如有未尽事宜，经甲、乙双方协商后加以补充，附件有效。

第十条：合同期限：自_____年__月__日至_____年__月__日。

第十一条：合同金额：_____元/年。

第十二条：本合同壹式贰份，具有同等法律效应。甲乙双方各执壹份。

甲方：网站推广、SEO服务、网站优化外包方(盖章)

甲方代表：（签名或盖章）

日期：_____年__月__日

乙方：深圳SEO(盖章)

乙方代表：（签名或盖章）

日期：_____年__月__日

（资料来源：http://www.rbt.cn/html/waibao/15640.html）

4.3.4 履行外包合同

外包合同的履行是发包方和接包方全面、适当地完成合同规定的义务，使双方的权利得以完全实现。通常认为，合同双方在履行合同时应遵循适当履行原则和诚实信用原则。

1. 适当履行原则

适当履行原则也叫全面正确原则，是指合同双方应依合同约定的标的、质量、数量，由适当主体在适当的期限、地点，以适当的方式，全面完成合同义务的原则。对于网络营销外包合同而言，如果是离线交付，债务人必须依约发货或者由债权人自提；如果是在线交付，交付方应给予对方合理检验的机会，应保证交付的质量。

2. 诚实信用原则

诚实信用原则也叫协作履行原则，是指在合同履行过程中，双方当事人应互相合作共同完成合同义务的原则。当事人要互通情况，互相照顾，及时向对方介绍履行的情况。具体而言，协作履行包括：债务人履行合同债务时，债权人应适当受领给付；债务人履行合同债务时，债权人应给予适当的便利条件；债务人因故不能履行或不能完全履行合同义务时，债权人应该积极采取措施，防止损失扩大。

4.3.5 评估外包的效果

外包的效果通常需要一些量化的指标来衡量，如网站的访问量、企业在互联网上的曝光率、外包后企业增加的业务咨询量和产品或服务的实际销售量、企业形象的知名度、客户的转化率等。一般建议发包方在外包合同中明确提出这些指标，防止花了钱没有效果的现象出现。具体而言，外包评估指标因外包业务的不同而有所不同。

以搜索引擎优化外包而言，评估搜索引擎优化外包的效果指标主要有：

1. 被搜索引擎收录

网站被搜索引擎收录，是网站上线初期最基本的指标，没有收录，其他都是空谈。一般百度收录时间在 3～15 天，快时当天或者隔天可收录。

2. 网站子页面收录的数量与速度

网站被搜索引擎收录的数量与速度直接反映了网站的权重，优化的操作手法是否对搜索引擎友好。收录数量的增加，可以带来长尾词的流量，长期积累可以带来非常可观的转化率。

3. 外链数量与首页快照更新率、PR 值、alexa 排名

通常企业都较少关注 PR 值与 alexa 排名，但是外链数量与首页快照更新率是非常关键的一项指标，一般快照 3 天内为佳。外链增加不要过猛，也不要忽多忽少，应该平稳增加。使用群发软件增加外链，这种方法对网站以后的隐患是很大的，不建议使用。

4. 关键词排名

这是企业最为关心的一个指标，也是大部分优化外包效果评估的标准。如果只关注关键词排名，那么很容易陷入搜索引擎优化作弊中而无法自拔。当优化人员把网站排名做上去之后，企业付了款，结果没几天网站的收录就被清除得一条不剩，这样的例子比比皆是。关键词排名固然重要，但是不能一味追求排名。

5. 网站流量

如果使用正当网站优化手段，那么网站的流量就不能只是靠目标关键词，大部分应该是长尾关键词。当然这个对于新站比较苛刻，但对于网站后期的优化，是一项很重要的指标。

运作实例 4-2

企业网络营销如何评估外包公司推广效果

网络营销的出现让现实与虚拟的合作成为可能。为了能更好地利用这一全新的商业模式,无论是大中企业还是微小企业都在积极开展网络营销活动,以提升品牌的核心竞争力。然而企业网络营销是一项团队工作,单靠一两个人之力是无法顺利开展的,所以企业要想做好网络营销就一定要建立一个完善的网络营销体系。很多实力不足的企业首先想到的就是营销外包,但这样真的行得通吗?

记者在做最近一期的网络营销专题采访过程中发现,大企业通常会通过自建网络营销团队的方式来开展企业的网络营销工作,而一些中小企业,特别是一些新兴企业在网络营销方面还处在"摸着石头过河"的尝试探索阶段,他们会因为人才、技术、理念、经验以及资金等多方面原因,将网络营销这项特殊的工作外包给一些网络营销公司来做,而如何查看营销效果就成了他们需要面对的巨大难题!

刘志伟先生是一家外贸箱包公司的市场部负责人,他在接受采访时告诉记者,公司是在 2013 年才正式开始采用线上线下相结合的营销模式运营,可以说在这一行起步比较晚。之前公司的线下推广做得还算不赖,在中小企业市场中也小有名气。可随着越来越多同行的出现,他们的竞争压力越来越大,不得不拓展新的消费市场,而网络就是最好的端口。其实早在 2012 年初,公司就已经开始着手开辟网络市场,但由于当时缺乏网络营销经验以及没有找到理想的推广人才、资金不足等因素,在运行一段时间后就"自然流产"了,直至 2013 年才开始重新投入运营。"这次我们没有再打算组建团队,因为对我们这样的微小企业来说,单单人事开支一项就足以压得我们喘不过气来,加上网络营销市场的人才匮乏,想组建一个高能力、高效率的团队并不是一件容易的事,所以这次我们走的是外包路线,就是将这一环节交给外包公司来做,我们出钱,他们执行,不过如何去查看效果又成了我们要面对的新难题。在一切未知的情况下,想要洞察运营效果几乎是不可能的事情,就连每月 3 万元外包经费的具体流向都不得而知,只能是走一步看一步。"

(资料来源:http://www.tuicool.com/articles/Z7JjU3a)

思考题:

针对刘先生的现实情况,请给他一些建议。

4.4 网络营销外包平台——"猪八戒"网

4.4.1 简介

重庆猪八戒网络有限公司,是中国领先的服务众包①平台,自2006年成立以来,始终立足服务交易,致力让企业及个人享受诚信服务,助力中小微企业的成长与发展。服务涵盖平面设计、开发建站、营销推广、文案策划、动画视频、工业设计、建筑设计、装修设计八大主打类目以及六百细分品类(首页界面如图4-2所示),为创业者提供一站式的企业全生命周期服务。

图4-2 "猪八戒"网首页

"猪八戒"网目前拥有500万家中外雇主,1 000万家服务商,2015年平台交易额达75亿元,市场占有率超过80%。

"猪八戒"网积累十年的海量交易数据后,全面创新商业模式,以"数据海洋+钻井平台"为战略,先后拓展八戒知识产权、八戒金融、八戒工程、八戒印刷等钻井业务,同时"猪八戒"网在各地设立"猪八戒"众创空间,积极推动"百城双创",不断完善服务生态体系。

2015年6月,"猪八戒"网获得赛伯乐集团和重庆国有企业的26亿元C轮投资,目

---

① 众包:指的是一个公司或机构把过去由员工执行的工作任务,以自由自愿的形式外包给非特定的(而且通常是大型的)大众网络的做法。

前估值达 110 亿元。"猪八戒"网在十年的创业历程中,秉承商业价值与社会价值并重的发展理念,不断得到各级政府和机构的关注与扶持,同时也获得多项殊荣,成为中国著名的互联网品牌企业。

4.4.2 雇主

"猪八戒"网上的雇主即发包方,发包方找服务商的方式有两种:一种是直接雇佣,另外一种是由发包方在平台上发布需求,由众多服务商去投标。

1. 直接雇佣

直接雇佣是指发包方有了需求后,可通过频道、搜索等渠道快速找到合适的服务商,让服务商替发包方解决需求。对多个服务商比较选择后,确定最终的服务商,详细描述需求内容。服务商按照发包方的要求完成任务,发包方付款并在平台上进行评价,具体流程如图 4-3 所示。

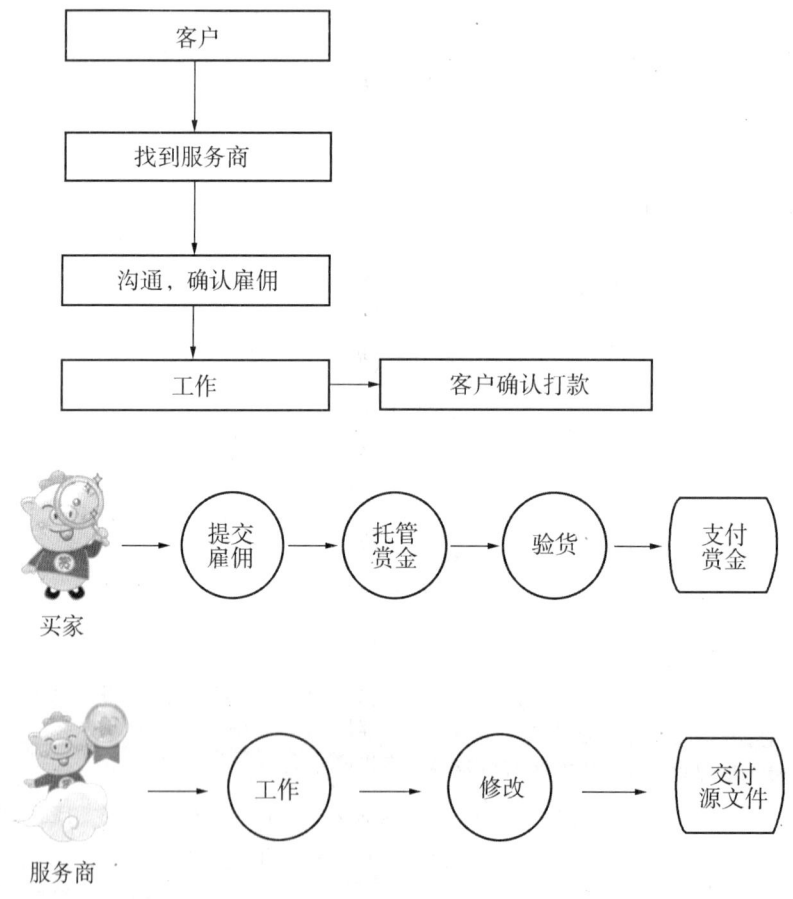

图 4-3 直接雇佣

2. 发布需求

第一步:选择类目。如果是网络营销的外包,可直接选择"营销/推广/策划、SEO"

的大类目(如图4-4所示),然后从"广告投放/开户、线下推广、网络推广、SEO优化、网络营销"子类目中挑选自己想要的外包业务。

图4-4 选择类目

第二步:描述需求(如图4-5所示)。发包方先简单描述需求内容,然后再具体描述业务要求。好的描述能让服务商更容易理解发包方的需求。描述可参考平台上提供的一些模板。例如,如果是知道/问答类需求,可在需求中明确需要发布的平台(百度知道/360回答/搜狗问问等)、数量(多少组)、单价(多少元一组)、要求标准(是否要求收录,问答是否带链接方式,一问一答还是一问多答)及时间(希望多久完成)。

图4-5 描述需求

第三步：设置需求赏金（如图4-6所示）。网络营销服务外包有两种交易模式，一种是招标，另一种是计件。招标是由众多服务商主动报价，适合周期较长、工作较复杂的项目类需求，需要找人单独服务，发布需求后，服务商会对发包方的需求报价，由发包方挑选一个合适的一对一服务，设置托管赏金。在设置赏金时，分为有明确预算和无明确预算两种。有明确预算，可将金额使用分期托管；无明确预算，可查看服务商的报价。托管赏金后，服务商工作，发包方验收、付款及评价。计件的需求赏金是按照单价和数量来计算的。计件的交易模式适合微博、论坛、QQ群推广、市场调查、短信祝福类需求，需要众多人重复做一件简单的事情。托管赏金后，服务商完成任务并交稿（上传证据），发包方选择合适的稿件，付款给服务商。合格一个，支付一个，余额100%退回。每个服务商最多可以交10个稿件。

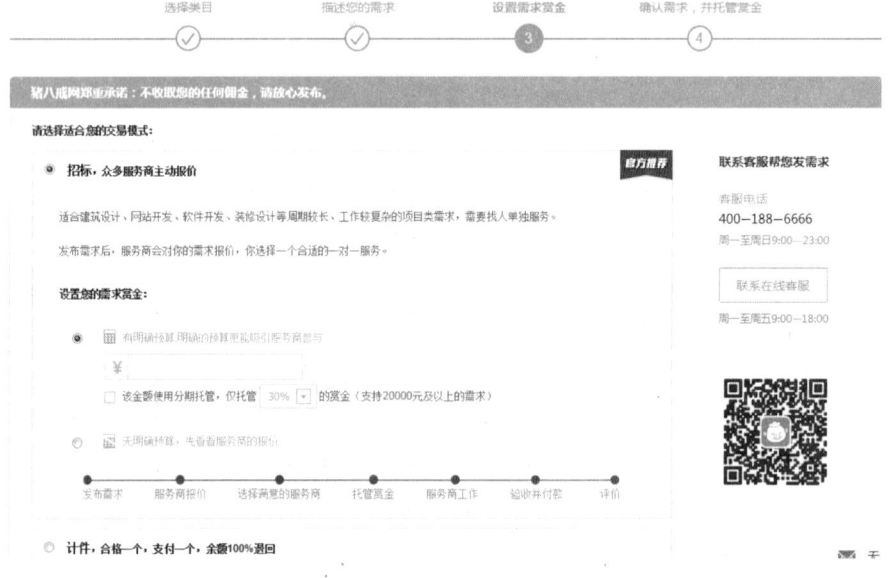

图4-6 设置需求赏金

此外，发包方还可以确定完成的时间，并对服务商提一些要求，要求服务商提供"保证完成"服务及"保证推广效果"服务。"保证完成"服务是指服务商保证按时完成并修改到满意为止，若违背承诺，发包方可获双倍赔付；"保证推广效果"服务是指服务商保证推广效果，若违背承诺，发包方可获双倍赔付。双倍赔付由服务商的保证金赔付和服务商需退还的交易款项两部分共同构成。具体指的是，当服务商与发包方通过"猪八戒"网进行交易后，如服务商未履行保障承诺而导致发包方权益受损，且在发包方直接要求服务商处理未果的情况下，"猪八戒"网有权根据相关证据材料和规则判定服务商是否应履行赔付义务。如是，则"猪八戒"网有权自服务商的保证金中直接扣划相应金额赔付给发包方，同时需要向发包方退还相应的交易款项。

第四步，确认需求，并托管赏金。为什么要托管赏金？首先，托管后的需求可以吸引更多优秀服务商参与。平台上80%以上的发包方选择了提前托管赏金。其次，交易有担保,托管的赏金将冻结在发包方账户中,满意后再支付给服务商。最后,退款有保证,若找不到合适的服务商,无条件全额退款。

4.4.3 服务商

服务商是凭借自身技能与专业知识,在"猪八戒"网上为雇主解决设计、开发、策划等需求从而获得报酬的专业人才、团队和机构。想要成为服务商,首先需要注册账号进行免费开店,拥有自己的店铺入驻擅长的类目并发布出售自己的服务,具体流程如图4-7所示。

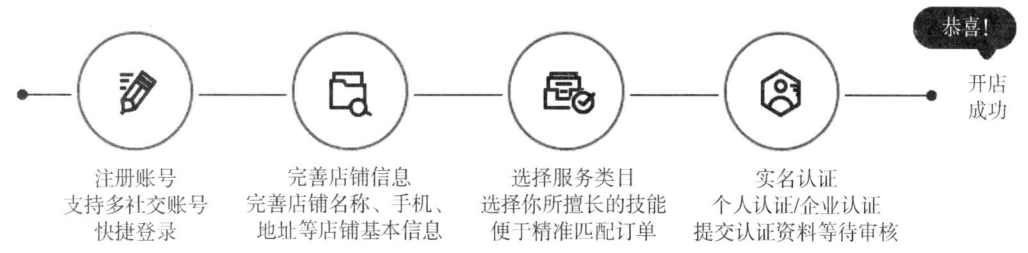

图4-7 服务商开店流程

成为服务商后,需要了解"猪八戒"网的五种交易模式和规则,找到适合自己的模式,就可以在"猪八戒"网上提供外包服务。

(1)招标,即和其他服务商一起投标,由雇主选择最满意的投标方案进行合作。
(2)雇佣,直接雇佣服务商进行合作。
(3)比稿,和其他服务商一起交稿,雇主选择最满意的一稿完成交付。
(4)审件,雇主需要多个稿件,服务商交稿,由雇主选择合格稿件。
(5)出售服务,雇主进入店铺购买服务进行合作。

运作实例4-3

近日,深圳市一家从事塑胶模具制造的公司通过全国最大在线服务交易平台"猪八戒"网发布了一则"公司取名"的需求。公司负责人潘先生告诉记者,他是第一次通过网络外包的形式筹备公司初建事宜。

首次网络外包服务获惊喜

"这是我开的第二家公司。之前公司筹备事宜都交给了线下一家做设计的公司,虽然完成情况不错,但是价格太高,又缺乏选择性。所以第二家公司的筹备就想换一种形式。一个从事动漫产业的朋友在了解我的想法后,就向我推荐了'猪八戒'网",潘先生对记者说。

据潘先生介绍,因为自己是第一次从网上外包服务,所以心里一点把握都没有。多亏"猪八戒"网客服人员的帮助,才让自己成功发布了任务。"一开始,我把模式都搞错了,任务发布3天了,都没收到任何稿件。在网站客服人员的帮助下,我又重新发布了任务。客服人员不但态度好,而且给我讲了很多发布需求时需要注意的问题,经过他们的讲解,我有一种从新手晋升为专家的快感。让我最开心的是,中标服务商是个全才,不但会为公司起名,还擅长LOGO设计及企业策划。在和服务商沟通的过程中,我很欣赏他对设计及策划方面的独到见解,他之前设计的作品风格也很合我的口味,我就随即把公司LOGO设计及策划板块都外包给了他。为了感谢我对他的信任,小伙子在保证作品质量的前提下,还给了我很大优惠",潘先生高兴地说。

一赚到底的秘籍

中标服务商"心怡创意策划工作室"在接受记者采访时表示,他们专门从事起名、LOGO设计及企业策划服务。作为陪伴"猪八戒"网一起成长的元老级服务商,他们很感谢"猪八戒"网这个平台。

"这次能得到客户的青睐,完成一站式服务,首先,靠的是不断学习和思考,多参加'猪八戒'培训班,多到圈子揣摩高手作品,学习中标经验;其次,要多和买家沟通,这样才能精准定位买家需求,需求了然于心,任务自然就顺风顺水了;最后,每段时间都要及时总结成功的经验和失败的教训,这样才能加速自己的进步",工作室负责人魏先生对记者说。

在采访中,魏先生并没有告诉记者他的中标名称及名称由来。魏先生表示,他只有经过商家同意,才会透露,这是他的职业操守。

(资料来源:http://www.thethirdmedia.com/Article/201302/show313192c77p1.html)

思考题:

1. 本案例中发包方是谁,接包方是谁?
2. 本案例所涉及的交易模式是什么?

案例分析

××公司是江西本地一家做网络整合营销的服务商,运营"煌上煌"社交媒体已经有两年多的时间了。"煌上煌"是一个有着21年历史的酱卤品牌,也是首支酱卤A股。主要售卖的是酱卤肉制品,销售渠道以门店及电商为主。目前,"煌上煌"微博粉丝50万、微信7万。以下为××公司在"契约实战分享"群与网友的互动分享。

日常发布篇

性格定位,御姐范

作为有着21年历史的酱卤品牌,"煌上煌"给消费者的印象就是老传统、老字号,所以在最初运营它的账号时,我们也在思考着如何让老字号品牌适应年轻化的互联网。经过几番探索,我们找到了"煌上煌"最贴切的形象——"煌姐"。21年的酱卤老字号,家乡的口味,陪伴成长的记忆深深地烙印在江西人心中,有着御姐范的"煌姐"才应该是"煌上煌"该有的网络形象。她麻辣、她"治愈"、她展现着御姐的十足风范。这也吸引了很多粉丝愿意主动分享买到的"煌上煌"产品，和"煌姐"分享自己的故事。我们小编曾经在微信上发起过"给煌姐说个故事"的活动，收到了很多粉丝长篇的回复。

活动篇

作为品牌的社交媒体平台，主要就是靠活动来吸引粉丝关注活跃互动。我们平均每个月策划一次活动，碰到一些节日节点会有大型的活动。以下是我们今年做的一个较大的活动。

激情世界杯　尽享"煌上煌"

世界杯期间，各种品牌争相借势世界杯。传播势头最猛的一个是饮料行业，另一个是食品行业。我们也帮助"煌上煌"策划了一系列的世界杯活动。

首先，通过大奖吸引粉丝每日回访微信平台。我们设置了微信刮刮卡游戏，吸引粉丝每天登录"煌上煌"官方微信刮走奖品。我们还搭建了一个猜球页面供粉丝进行猜球，引来粉丝持续地关注账号信息。

其次，制造"美女宅急送"爆点事件，引燃线上讨论。结合微信线上预定产品，线下美女派送，活动落地在南昌本地，一周内预定量超过200份。活动当天，我们组织了10位足球宝贝深夜进行产品派送。将拍摄的素材进行现场微直播，线上引发话题讨论。

尝鲜O2O

去年在力推支付宝钱包时，"煌上煌"参与了一次"吃鸭舌头一分钱"的活动。通过社交媒体和支付宝、天猫的媒体资源进行了推广，活动期内，消费者到省内外30家"煌上煌"直营店用手机拍摄门店二维码，使用支付宝钱包购买指定商品可享1分钱特价。这次算是联合支付宝做的一次O2O尝鲜活动。

品牌公关篇

四月飞雪，"煌姐"的危机公关

说到品牌公关，社交媒体成了品牌发声的最佳工具。当品牌遇到负面舆情时，也是化解误会，争取话语权的平台。给大家分享一下去年四月我们处理舆情的一个案例。某网友在微博上爆料"'煌上煌'某店老板打死偷吃的母猫"，这事件引起网友讨论与转载关注，一时之间"煌上煌"成了网友口诛笔伐的对象。

我们第一时间做出的反应就是表态承诺会将此事彻查，然后派出了工作人员去现场调查。调查的结果是母猫早就死了，后来因不知何原因被人移到了"煌上煌"门店附近，再有网友拍照发布上微博才有了此次事件。既然是一个误会，那么我们就诙谐幽默地解释给粉丝们听，于是小编写了一篇《四月飞雪，姐比窦娥还冤》的长微博将事件澄清化解了。

上市两周年活动

"煌上煌"上市两周年这一节点，我们做了一些品牌公关推广的活动。也是借助社交平台为品牌发声，从正面去宣传品牌实力。

首先，我们借助50张创意海报，将"煌上煌"的品牌信息展示出来。其次，通过微信游戏导流天猫店，玩游戏可以获得天猫优惠券，消费者可以凭优惠券去天猫进行下单购买，游戏上线2周时间内，转化率为2.5%。此外，我们还举办了一场线下品牌秀，运用了微信摇一摇、微信打印机等增粉利器。

以上是我们的一些运营经验,谈不上能够给大家带来借鉴经验,希望可以和大家一起聊聊品牌如何做好自媒体平台。下面"契约实战分享"群的伙伴开始激烈的提问:

问:你们运营团队有多少人,是"煌上煌"外包给你们的吗?

答:是的,我们全权代理他们的社交媒体平台,和杜蕾斯的模式差不多,社交平台都由我们来运营。运营这个项目的人有4~5个,一个项目经理,两个内容编辑加客服,一个设计,一个技术。技术和设计会兼顾其他的项目,其他的人员是固定的。

问:团队成员有KPI吗?除了技术美工,另外三人的工作怎么合理分配,除了有活动、日常发内容以外,就是推广了吗?

答:我们员工考核还没有引入KPI,但是在分工上还是有进一步细分的。项目经理负责对接客户和协调媒介资源,内容采编一个偏策划和文案,一个偏客服和执行。我们平台接到的很多加盟信息都会由客服处理,除此之外,还会监测舆情。

问:你们运营的产品的主战场在哪里?在江西吗?你们怎么向他们收费的?根据策划报价吗?

答:是的,"煌上煌"是江西本地的一个老字号,这些年也在全国设有门店。根据策划报价,我们按全年收取运营费用50万元,微博、微信、官方网站一起运营。

问:50万元全款给你们的标准(比如KPI)是什么?有销量的任务吗?

答:KPI主要就是粉丝数——50万的粉丝数。50万元的费用不够用,我们就在节日节点策划活动,多要些资源来推广(比如前面提到的世界杯和上市两周年活动就是另外提的),另外收取其他费用。暂时没有销量任务,他们自己在做天猫,明年他们也许会加上这个指标。

问:每月一次的活动也是另计费的吗?你们每次活动的成本是多少?每次能带来多少粉丝?

答:每月一次是含在运营当中的。要看活动的规模,如果是小活动,类似"最粉丝""有奖转发"这样的活动,活动成本就是运营的成本。如果是大活动,就说不准,因为有投放和线下执行。

问:你们微信的阅读量大概是多少?现在每天增加多少个粉丝?

答:我们阅读数都不算高,但是有活动的时候互动量却不错。讲讲最近做的上市两周年的案子。

我们是在微博、微信平台一起推的,当时做了个"股市向上冲"的游戏,每天都有2 000左右的增粉,游戏还做了个导流天猫的环节,在最后会根据分数派发天猫券,转化率2.5%。就是一次小小的尝试,客户没有给我们设定销量指标。值得一提的是,我们当时有个线下品牌秀,搞了微信摇一摇、扫码和打印机,当晚比平时多800个左右的粉丝。

问:摇一摇是怎么操作的?

答:首先要关注官方账号,才能进入摇一摇界面,然后主持人会引导大家摇动手机,按排名领奖品。线下活动增加粉丝的效果还是不错的,当时现场摆放了2台微信打印机,做了2次摇一摇,还有一些二维码堆头可以扫码领奖品,吸引了很多人。

问：你们主要和客户的什么部门对接，活动执行之类的如何推进呢？

答：我们和营销部门对接，方案通过了就由我们完成执行，当中会涉及他们需要配合的地方就由营销部门去协调。

问：为什么你们不上微信的店铺？微社区你们做了吗？

答：我们是订阅号，没开通微信支付，所以现在只有微店。微社区倒是做了，还做过几次活动，但黏性不高，有奖品有活动就热闹，这方面的运营还要多多向群里学习。

（资料来源：http://www.vccoo.com/v/32dced）

分析：

如何做好微信代运营工作？

本章小结

网络营销外包指把原本需要企业自己实施的网络营销工作以合同的方式委托给专业的网络营销服务商运营。企业根据自身的需求，由网络营销服务商为其提供包含电子商务平台网站建设、搜索引擎优化、微博营销、微信营销、整合营销推广、客户服务等一系列网络营销的全流程或部分环节。通过网络营销外包，电子商务企业能够降低应用门槛、降低营销成本、提高营销效率并获得专业的营销服务。

根据网络营销外包的内容不同，网络营销外包业务主要有微信营销外包、微博营销外包、搜索引擎营销外包、口碑营销外包、新闻稿发布外包以及整合营销外包。每种外包业务因为具体的内容不同收费也不一样，在本章中有详细论述。

网络营销外包的流程包括五个步骤：第一步，识别问题，发现外包需求；第二步，确定外包，选择接包方；第三步，签订外包合同；第四步，履行外包合同；第五步，评估外包的效果。目前比较知名的网络营销外包平台有"猪八戒"网，"猪八戒"网上的雇主即发包方，发包方找服务商的方式有两种：一种是直接雇佣，另一种是由发包方在平台上发布需求，由众多服务商去投标。

复习题

(1) 网络营销外包的原因有哪些？

(2) 网络营销外包的业务类型有哪些？

(3) 请根据网络营销外包的业务类型，收集一个相关的案例。

(4) 简述网络营销外包的流程。

(5) 你认为网络营销外包的流程中哪个环节比较重要？

(6) 简述"猪八戒"平台外包的两种方式。

5 电子商务物流外包

【学习目标】

通过本章的学习，要求了解电子商务物流的运作模式、熟悉电子商务物流外包的概念、特征及作用；重点掌握电子商务物流外包的业务、流程，以及电子商务物流外包流程管理的内容。

【引入案例】

惠普公司物流的外包

中国惠普公司是进入中国的第一家计算机合资企业。从1985—1997年年初，惠普公司先后在北京、上海、广州、成都等地建立了面积小于150平方米的库房。由于惠普公司员工自己进行所有的库房具体操作，且库房设在昂贵的公司办公室，库房租金及操作成本一直居高不下。

当时国内航空、铁路、公路运输能力及服务水平都很差。计算机维修备件大多是由工程师先从库房取出，然后带往用户现场，或由公司派专人递送，成本高、速度慢。而且一旦用户计算机出现故障，就须停机两至三天等待维修，给用户带来很大损失。因此，这种服务备件管理模式难以满足客户的需要，阻碍了公司服务业务的发展及产品市场的开拓。

为改变这种不利状况，中国惠普公司在美国总部物流专家的帮助下，于1997年4月成立了物流业务外包项目小组，对中国当时物流企业的服务能力及水平进行全面的考察了解，深入分析惠普自营物流业务和外包物流业务的优势和障碍。

经过半年多认真细致的工作，1997年10月项目小组决定，把物流运输业务及物流仓储业务外包，而公司物流部门则专心于物流战略规划、备件计划、备件采购和全国物流网络建设等核心业务。随后，根据备件物流管理种类多、数量大、规格不一、生命周期长的特点及供应商的选择原则，项目小组对物流供应商的管理水平、技术能力、覆盖范围、价格、服务水平、服务考核体系、企业信誉、信息系统等方面，进行了全面评定，并于1998年2月最终选定了物流运输供应商及物流仓储供应商。

尽管当时的物流企业管理水平、服务水平、工作效率还比较低，但是通过物流业务外包，惠普公司的业务得到了迅速发展。维修备件从惠普办公室的库房全部移至交通便利、价格便宜的供应商库房，企业库房成本迅速降低，运输成本大幅下降，物流运输速度比外包前大大加快，初步建立了覆盖全国的物流网络。从1998年初至2000年底，惠普公司计算机服务备件的覆盖范围从5个主要城市迅速扩大到全国所有的大城市，业务量增长了3倍。

进入2001年，随着国内物流企业管理、服务水平的提高以及惠普公司业务的进一步发展，惠普公司备件物流外包水平也进入到更高的阶段。

为了降低风险并保持物流供应商之间的适度竞争，惠普公司以长江为界选择了两家供应商，分别经营长江以南、长江以北的业务。根据供应商的服务水平、价格水平、反应速度，惠普对供应商实行动态的比较、选择和淘汰机制，以提高整个物流服务能力，提升物流服务的竞争优势。为了激励、鞭策供应商，惠普公司建立了科学的物流供应商业绩考评体系，准确公正地反映供应商的业务水平，及时做出奖罚。为了和供应商共享利益，共同发展，惠普公司与供应商建立了长期、稳定、双赢的战略合作伙伴关系，从战略高度去认识、管理物流供应商。

至此，惠普公司的计算机备件服务水平有了质的飞跃：备件服务范围覆盖了全国所有的大中城市及一部分小城市；根据用户的需要建立了快速的运输网络能够为用户提供快至2小时的备件服务。

2002年初，在惠普公司物流信息平台支持下，一个范围覆盖全国、反应迅速、成本领先、管理先进、服务水平超前的计算机维修备件物流网络，搭建成功。通过该平台，惠普公司培养了一支由惠普公司员工和物流供应商成员组成的高水平的专业物流队伍，不断为计算机客户提供优质的服务，赢得高度称赞，连续在国家级计算机售后服务评比中名列第一，成为售后服务最好的企业。

同时，中国惠普公司利用其先进的物流平台，开始对外承接物流咨询、设计服务及物流服务承包项目，帮助一些企业迅速将物流服务扩展至全国，为它们节省投资，缩短建立网络时间，降低了物流成本，提升了服务水平，增强了这些企业的市场竞争力，也进一步降低了惠普公司的物流运作成本。从惠普公司的成功经验可以看出，物流业务的外包，可以借助专业物流公司的资源，迅速扩大企业物流服务范围，提高服务水平，降低运行成本，培养物流管理队伍。同时，利用物流平台，还可以承接公司之外的物流业务，增加物流收入，从而有力地促进公司核心产品的销售，提高企业的核心竞争力。

（资料来源：http://blog.sina.com.cn/s/blog_ 7885476f0100vg15.html）

思考题：
1. 惠普公司为什么要将物流业务外包出去？
2. 通过物流外包，惠普获得了哪些优势？

5.1 电子商务物流概述

5.1.1 电子商务物流的概念

中国的物流术语标准将物流定义为：物品从供应地向接收地的实体流动过程中，根据实际需要，将运输、储存、采购、装卸搬运、包装、流通加工、配送、信息处理等功能有机结合起来实现用户要求的过程。电子商务物流通常是指基于信息流、商流、资金流网络化的物资或服务的配送活动，包括信息产品或服务的网络配送和实体商品的物理配送。在大多数电子商务交易中，除了少数商品和服务可以通过计算机网络以直接传输的方式完成配送之外，绝大部分以实体形式存在的商品都必须通过传统的物流方式进行传输。因此，如果没有高效的电子化物流管理，电子商务不过是一句空话。

5.1.2 物流在电子商务中的作用

电子商务通过快捷、高效的信息处理手段可以比较容易地解决信息流、商流和资金流的问题，而将实物商品及时地配送到客户手中，即完成商品的空间转移进行物流配送才标志着一次电子商务交易过程的结束。没有物流，对实物电子商务来讲只能是一张空头支票。缺少了现代化的物流，生产与商务将难以顺利进行。

实现物流现代化是高效率电子商务的保证。没有高水平与完善的物流系统，电子商务也许能降低交易费用，但却无法降低物流成本，提高整个商务的效率，电子商务所产生的效益将大打折扣。物流系统的效率高低直接关联到电子商务的效率问题，而物流效率的高低很大一部分取决于物流管理的现代化。物流管理现代化的目标是实现物流系统的整体优化。物流现代化最重要的部分是物流信息化，物流信息化是电子商务物流的基本要求，是企业信息化的重要组成部分，表现为物流信息的商品化、物流信息传递的标准化和市场化、物流信息储存的数字化等。物流信息化能更好地协调生产与销售、运输、储存等环节的联系，对优化供货程序、缩短物流时间及降低库存都具有十分重要的意义。

物流是实现"以客户为中心"企业战略的根本保证。电子商务的出现，在最大程度上方便了最终客户。他们不必再跑到拥挤的商业街，一家又一家地挑选自己所需的商品，而只要坐在家里，在互联网上搜索、查看、挑选，就可以完成他们的购物过程。可是如果他们所购的商品迟迟不能送到，或者商家所送的商品并非自己所购，那消费者还会选择网上购物吗？可见，物流是电子商务中实现"以客户为中心"理念的最终保证，缺少了现代物流的支持，实物电子商务给客户带来的购物便捷性就等于零。

5.1.3 电子商务物流运作模式

电子商务物流运作模式主要包括自营物流、第三方物流、物流联盟和第四方物流。

1. 自营物流模式

自营物流，既包括传统大型制造型企业或批发型企业（如海尔）利用其传统的商务物流、系统完成网上电子商务业务的物流活动，也包括新兴的电子商务企业（如京东）投入巨资自行组建的物流系统。对于大型制造商而言，由于其在长期的传统商务中已经建立起初具规模的营销网络和物流配送体系，在开展电子商务时只需将其体系加以改进、完善，就可满足电子商务条件下对物流配送的要求。对于电子商务企业而言，选择采用自营物流模式的公司大都具有雄厚的资金和较大的业务规模。在第三方物流不能满足其成本控制目标和客户服务要求的情况下，他们通常选择自行建立适应业务需要的、畅通、高效的物流系统，从而保证电子商务交易的最后一个环节，也是最关键的一个环节，以保质保量地完成整个商务过程。

通常，适合开展自营物流的企业应具有以下特征：规模较大，资金比较雄厚，货物配送量巨大；业务集中在企业所在城市，送货方式比较单一；拥有覆盖面很广的代理、分销、连锁店，且企业业务集中在其覆盖范围内。

2. 第三方物流模式

第三方物流（third party logistics，3PL），又称物流代理。第三方物流服务，通常以发货人和专业物流代理商之间的正式合同为条件，这一合同明确规定了服务费用、期限及相互责任等事项，所以也称为"合同制物流"。从广义的角度以及物流运行的角度看，第三方物流不仅包括了一切物流活动，还包括了发货人可以从专业物流代理商处得到的其他一些有价值的增值服务。

如果物流在企业电子商务发展战略中地位并不是很重要，且该企业自身物流管理能力也比较欠缺，采用第三方物流模式是最佳选择，它能够大幅度降低成本，提高服务水平。对中小企业而言，一方面物流业资金占用率高、回收期长，而中小企业本身的规模和资金都相对有限，无力组建自己的物流体系；另一方面企业又必须依靠高效的物流活动来支持生产的正常运转，因此第三方物流是其理想的选择。由于当前我国电子商务企业以中小企业为主，第三方物流是当前主流的运作模式。

3. 物流联盟模式

物流联盟是自营物流和第三方物流相结合的一种混合模式，物流联盟各组成企业利用电子商务提供的网络通信技术，建立信息共享平台，组成动态物流联盟。联盟企业之间具有很强的依赖性，各自应当明确自身在整个物流联盟中的优势及担当的角色，减少内部的对抗和冲突，分工明晰，使供应商把注意力集中在提供客户指定的服务上，最终提高企业的竞争力和竞争效率，满足企业跨地区、全方位物流服务的要求。

一般而言，组建物流联盟，开展共同配送的企业应遵循功能互补、平等自愿、互惠互利、协调一致几大原则。值得注意的是，企业在组建联盟的过程中，要避免行政的干预，谨防出现"拉郎配"。此外，参加联盟的企业应汇集、交换或统一物流资源以谋取共同利益；但同时，合作企业仍应保持各自的独立性。

4. 第四方物流模式

第四方物流（fourth party logistics）并不实际承担具体的物流运作活动，它为电子商务企业提供物流解决方案。第四方物流是1998年美国埃森哲咨询公司率先提出的，第四方物流是一个供应链的集成商,是供需双方及第三方物流的领导力量,通过组合与管理组织自身拥有的及互补性服务提供商的资源、能力和技术以提供广泛的供应链解决方案。

第四方物流提供的服务主要包括供应链管理再建、业务流程再造等。在整个供应链中,第四方物流影响了第三方物流提供商、电子商务企业、网络服务提供商、运输企业等大批服务提供者。作为具有领导能力的物流提供商,它可以提供对整个供应链的影响力,提供综合的供应链解决方案,也为其顾客带来更大的价值。显然,在解决企业物流的基础上,第四方物流解决了整合社会资源、解决物流信息充分共享、社会物流资源充分利用问题。

运作实例 5-1

当当模式 PK 自建模式,物流开放平台掀起 PK 战

电子商务蓬勃发展的同时,由于各种原因,物流快递追随力不足,一度成为网络零售的发展瓶颈。于是各家各出奇招,与京东、苏宁、凡客为代表的自建物流体系和以阿里巴巴为代表的共建物流平台模式不同,当当模式的核心是自建仓储构筑全国物流的关键节点,城际运输和同城配送,采取开放协同、外包整合策略,形成物流、数据和管理的统一,在速度、效率、成本和服务标准上建立用户体验优先的共同价值链。

此前,京东建设的物流中心项目"亚洲一号"数度成为话题焦点,但"1号店"运营副总裁王海晖曾暗讽京东"亚洲一号",称建设巨大物流中心是错误的,其在成本和效率上不划算。在当当网副总裁段宇看来:"当当网配送环节成本结构主要在劳动密集型的人力成本和整个的固定资产大量投入两方面。同样在城际,全国定点班车的满载率是成本核心指标。京东的货量如果做到全国1 800个城市专开班车,下行满载率也就20%,相当于80%都空着,力拼三四级城市烧钱会更快。我们在送货团队的成本上,利用通达体系的几十万的快递队伍,利用他们自有的先进管理经验和管理方式,当当网送货服务只有30个人来实施2013年将近1亿个包裹的运转。"

与其他B2C电商(如京东)自建物流模式不同,当当网采用"仓储自建+城际同城外部合作"模式,自建仓储构筑全国物流的节点,城际运输和同城配送则与申通、圆通、韵达、中通合作。

当当网全国仓储高级总监任强表示,通过与快递公司的合作,当当网可以省去400万~500万单规模的配送成本。据当当网官方提供的数据,当当网物流配送比自建快递成本低30%。在一线城市,当当网物流成本每单不超过4元,这一数据是竞争对手的70%。低成本下,当当网借助大型快递、运输公司跨省的班车体系,平均提速1.1天。同时,当当网将与中铁总公司开展电商专列合作,利用全国1 000多条高铁线路,以更低成本实现跨省当日递,例如从北京运抵广州不超过24小时,成本预计比航空低10%以上。

此外,三四线市场庞大的城市数量以及自建物流的周期难以满足目前的井喷需求,

效率无法与成熟的社会化物流相比。

段宇认为，自建物流是电商渠道下沉到三四线城市的噩梦。抛弃自建物流模式，当当网与四家快递公司的合作可以打通物流价值链，从而实现比自建模式速度更快的渠道下沉。目前送货城市已突破1 800个。

（资料来源：http://coi.mofcom.gov.cn/article/y/qyyq/201604/20160401295053.shtml 与 http://tech.qq.com/a/20140703/062050.htm 合并修改）

思考题：
1. 自营物流模式有什么缺点？
2. 当当采用的是哪种物流运作模式，这种物流模式有何优点？

5.2 电子商务物流外包概述

5.2.1 电子商务物流外包的概念

物流业务外包指企业为集中资源、节省管理费用、增强核心竞争能力，将其物流业务以合同的方式委托给专业的物流公司运作。

电子商务物流是由电子商务引发的各种商品和相关商业要素的物流过程，是电子商务实现最终经济价值不可或缺的重要组成部分。电子商务物流与传统物流的主要区别在于这种物流是在电子化前端信息支持的基础上进行的，但是电子商务物流作业流程不是简单的物流电子化过程，而是在运输、保管、配送、装卸、包装等作业中引入各种电子信息技术，形成与商务平台的精准配合，以期在自动化及效率化的基础上实现物流作业流程的再造。

电子商务物流服务外包即电子商务企业为了增强核心竞争力而将自己非核心的物流服务业务外包给专业的第三方物流服务商运作。按照供应链的理论，将不是自己核心业务的业务外包给从事该业务的专业公司去做，这样从原材料供应商到生产，再到产品的销售等各个环节的各种职能，都是由在某一领域具有专长或核心竞争力的专业公司互相协调和配合来完成，这样所形成的供应链具有最大的竞争力。电子商务的品种繁多，每天有几万或几十万票的货物需要在仓库内分拣后再配送到最终用户手中，目前，除了大型的电子商务企业，例如当当、京东、亚马逊有自营物流之外，绝大多数的电商企业出于成本和专业性的考虑都会选择使用第三方物流服务。

5.2.2 电子商务物流外包的特征

物流外包，通过将非核心的物流业务整体"外包"给专业的物流外包供应商，企业可以进一步降低经营的成本，提高效率，加强自身的核心能力。作为一种新型的物流运行方式，它拥有自身的特征。

1. 关系契约化

首先，物流外包是通过契约形式来规范物流经营者与物流消费者之间关系的。物流经营者依据契约的要求，提供多功能以至全方位一体化物流服务，并以契约来管理所提供的全部物流服务活动及其过程。其次，物流外包企业发展物流联盟也是通过契约的形式来明确各物流联盟参加者之间权责利相互关系的。

2. 服务个性化

首先，不同的物流消费者对物流服务要求是不同的，第三方物流需要根据不同物流消费者在企业形象、业务流程、产品特征、顾客需求特征、竞争需要等方面的不同要求，提供针对性强的个性化的物流服务和增值服务。其次，从事物流外包的物流经营者也因为市场竞争、物流资源和物流能力的影响需要形成核心业务，不断强化所提供物流服务的个性化和特色化，以增强物流市场的竞争能力。

3. 功能专业化

物流外包企业所提供的是专业的物流服务。从物流设计、物流操作过程、物流技术工具、物流设施到物流管理必须体现专门化和专业水平，这既是物流消费者的需要，也是物流外包企业自身发展的基本要求。

4. 管理系统化

物流外包企业应具有系统的物流功能，是物流外包产生和发展的基本要求，物流外包企业需要建立现代管理系统才能满足运营和发展的基本要求。

5. 信息网络化

信息技术是物流外包发展的基础。物流服务过程中，信息技术发展实现了信息的实时共享，促进了物流管理的科学化，极大地提高了物流的效率和效益。

5.2.3 电子商务物流外包的作用

电子商务具有一个很重要的特征就是跨越了地理位置的限制，来自全国乃至全球各地的用户在企业的网上店铺买东西，企业不可能自己招人去一一配送，尤其对于中小企业来说，这是一件不太现实的事情。当前大部分电子商务企业都会选择与第三方物流公司合作配送产品，自建仓储物流并不是容易的事，即便对于一些电商巨头而言，实施起来也会面临很大压力。

1. 减少营运成本

自建物流渠道意味着大量的资金投入，动辄十几亿甚至几十亿元的预算，令许多中小型电子商务企业望而却步。作为全球最大的电子商务网站，亚马逊自2004年收购卓越网进入中国市场以来，为了构建一个完善的物流体系迄今已投入了几十亿元，预算翻倍的背后难掩其入不敷出的尴尬。如果实行物流外包的话，电子商务企业每年只需支付一定的费用，即可享受到第三方物流提供的专业化服务，避免了对固定资产的投资。同时第三方物流企业可以凭借自建物流不可比拟的规模经济优势，缓解电子商务企业的资金压力、降低其物流成本。

2. 获得更专业的服务

对电子商务企业而言，物流行业是一个全新的领域，信息的滞后和技术的局限必然会导致效率低下、成本增加。较之自建的物流系统，第三方物流企业拥有更为广泛的信息网络和更加高效的服务团队，在开展物流业务方面也更有经验。因此电商企业可充分利用第三方物流企业的专业化优势，通过内外部资源的整合助力企业发展，增强企业的核心竞争力。

3. 聚焦核心业务

电子商务企业的人、财、物等资源毕竟是有限的，跨界经营模式虽然有利于分散风险，但不利于企业做大、做强。面对电子商务行业不断深化和加剧的竞争，将有限的精力和资源集中于企业的核心业务，而将非核心的物流环节交由专业的第三方物流公司，将更为节约和高效，同时也符合社会分工专业化的大趋势。以销售快销品为主的e国购物网为例，其因为在自建物流的同时无法兼顾价格，累及了企业的核心业务，于是几个月后就在B2C电子商务领域消失了。

4. 降低物流风险

通过物流外包合同的签署，电子商务企业与第三方物流公司便建立起了战略合作关系。随着物流外包业务的开展，第三方物流企业将逐步介入到电子商务企业的采购、生产、营销、客服等各个环节，同时电商企业也会对第三方物流企业的物流活动实施有效监督和管理，合作双方通过相互渗透、相互制约的方式，共同承担企业内部经营管理和外部市场开拓的风险，追求利益的最大化。

5. 提升企业形象

在电子商务环境下，物流供应商与客户之间是战略伙伴或者联盟的关系，他们站在客户的立场上，从客户的角度出发管理物流业务，通过全球信息网络完全地控制了客户的供应链管理，这势必减少了物流的复杂性。他们通过遍布的运送网络大大缩短了客户的交货期，帮助客户改进服务，树立自己的品牌形象。他们为客户指定低成本高效率的物流方案，使其在同行业中脱颖而出，为企业在竞争中取胜创造了有利的条件。

6. 提高企业运作的柔性

企业将物流业务外包给第三方物流公司，由于大量的非核心业务都由合作伙伴来完成，物流外包企业可以精简机构。金字塔状的总公司、子公司的组织结构，让位于更加灵活的对信息流有高度应变性的扁平式结构，从而解决由于规模膨胀而造成的组织反应迟钝、缺乏创新精神的问题，这种组织结构将随着电子商务的快速发展而越来越有生命力。

此外，与自营物流相比，物流外包在为电子商务企业提供便利的同时，也会给企业带来诸多的不利。最大的缺点在于电子商务企业不能直接控制物流流程，不能保证供货的准确性和及时性，不能保证顾客服务的质量。如果企业选择的物流合作伙伴提供的服务较差，会直接影响到企业在网上的信誉。在淘宝上经常可以看到有些小店因为物流太慢或快递员的态度恶劣而收到买家的差评。

5.2.4　电子商务物流外包层次

1. 物流基本业务外包

物流基本业务外包是指电子商务企业将自己的物流基本业务外包给专业的第三方物流商来运作。第三方物流供应商是指为企业提供全部或部分物流服务的外部供应商。供应商提供的物流服务一般包括运输、仓储管理、配送等。在此过程中第三方物流供应商既非生产方,又非销售方,而是从生产到销售的整个物流过程中进行服务的第三方,它一般不拥有商品,而只是为客户提供仓储、配送等物流服务。

由于电子商务对物流配送的效率要求较高,前期建立自建物流系统投入较大,加之很多电子商务企业都是中小企业,资金和人手都缺乏,目前大多数的中小电子商务企业物流外包的层次都停留在仓储配送外包层次。由于第三方物流在国内发展时间较短,目前第三方物流公司在二次包装、配送流程、配送时间、优先配送、服务态度、送货速度、代收款返还等多方面的表现无法跟上电子商务的快速发展。

2. 物流解决方案外包

物流解决方案外包是指电子商务企业将物流规划、物流咨询、物流信息系统、供应链管理等活动外包给专业的第四方物流商来运作。第四方物流商把接受到的物流任务通过系统优化分解,再分配给若干个第三方物流公司由它们分别完成。在整个物流供应链中,第四方物流是第三方物流的管理和集成者,不是物流的利益方,而是通过拥有的信息技术、整合能力以及其他资源提供一套完整的供应链解决方案,以此获取一定的利润。它是帮助企业实现降低成本和有效整合资源,并且依靠优秀的第三方物流供应商、技术供应商、管理咨询以及其他增值服务商,专门为各方提供物流规划、咨询、物流信息系统、供应链管理等活动。第四方并不实际承担具体的物流运作活动,为客户提供独特的和广泛的供应链解决方案。只有在供应链管理技术发育成熟,供应链/物流管理人才充裕、企业组织变革管理的能力较好,同时整个物流的基础设施先进、企业规模较大的情况下,才能承担起第四方物流的服务。因此,目前电子商务物流外包的层次仍然停留在物流基本业务外包层次。

运作实例 5-2

配送成本成最大短板 短距离 B2C 恐倒于"最后一公里"

如果运营成本得不到降低,过于强调"快速配送"的商业模式必然难以持续。2月22日,提供一小时送达服务的网上书店"快书包"正式开通其在亚马逊中国的"店中店"。这是"快书包"继2011年年底先后入驻阿里巴巴旗下的天猫(原淘宝商城)和聚划算(团购平台)、当当之后,开设的第4家网上"店中店"。

"快书包"CEO 徐智明向记者表示,开设网上"店中店"是为了吸引流量。据他透露,公司下一步目标是进驻京东。目前,该书店接受北京、上海、西安、成都、长沙、杭州和深圳国内七座城市配送区域内的订单,并提供下单后一小时送货上门的服务。

在部分业内人士看来,"快书包"仿佛是这个被称为短距离 B2C 行业内的一个"另类"——同一圈子内的西米网、七十二变零食网,以及曾红极一时的"e国一小时"等均因不堪高额运营成本的压力,或转型或倒闭。在最早兴起短距离商务的美国,该行业的现状也是一片惨淡。行业开山鼻祖 Kozmo 倒闭,Webvan 在拿到风投机构大约 10 亿美元的融资后盛极而衰,存活了 18 个月就关门大吉。

1997年,在线仓储和送货服务商Kozmo在纽约成立。为了实现"一小时送达"的承诺,Kozmo在纽约聘请了大批单车送货员。当时,其服务令消费者倍感新鲜:不管是一根雪糕,还是一张电影DVD碟片,只需要在线订购,Kozmo肯定会在一小时内送货上门,且不收取快递费。这令它很快拥有了许多的客户。当年,Kozmo获得了2.8亿美元的风投,并与星巴克签订了1.5亿美元的促销合同,就连金融巨头摩根大通都看好它,称之为"消费者必不可少的一项资源"。在业务鼎盛时期,它扩展到美国7个城市,旗下快递员超过1 000人。但是物流、客单价低等问题成了Kozmo的拦路虎。当许多客户只为订购售价不高的一包薯片或一瓶可乐而使用Kozmo时,它的日子开始难过了。虽然后期该网站作出最低消费的限制,但也无法阻止该公司在2001年陨落。Kozmo的昙花一现似乎预示了后来者的命运。1999年,比Kozmo稍晚成立的在线食品杂货店Webvan,通过IPO筹集到了3.75亿美元巨资,高峰时其股价达30美元,市值12亿美元。但它的问题同样出现在物流上。扩展至9个城市后,食品杂货的薄利无法弥补建造仓库、配送中心以及快递车队的庞大开支,Webvan成立18个月就不得不和市场说"拜拜"。华尔街的投资人士指出,Webvan不愁没有客户,但均单额无法提高使它无力支撑高昂的物流费用。在中国,"e国一小时"也仿制了Kozmo模式,而两者由盛转衰的路径也惊人地相似。2000年它迅速蹿红,在北京拥有几十个超市与存储仓,自建的物流队伍在最高峰时有500多人。就连当时的《人民日报》都报导了这个网站的盛况。但这种"鼠标+自行车"模式最终也归于沉静。短距离电商们无法平衡成本和收入,所以,创办于2008年的西米网不得不于2011年10月关闭。刘源坦承,囿于配送问题,网站一直无法快速扩张。但这一切似乎都无法阻止徐智明的决心,他认为现今的网络环境与消费习惯与十年前大有不同。

(资料来源:http://info.10000link.com/newsdetail.aspx?doc=2012033190060)

思考题:
1. Kozmo为什么会倒闭?
2. 从此案例中,你得到什么启示?

5.3 电子商务物流外包业务及流程

电子商务的每一笔交易都包含四种流程,即信息流、商流、资金流和物流。电子商务物流流程的一般模式如图5-1所示,图中四个主要模块分别代表参与电子商务流程的四类主体,即客户(企业及消费者)、电子商务平台、供应商和物流服务提供商。其中电子商务平台和物流服务商是联结客户与供应商的桥梁,即先由电子商务平台完成客户与供应商的信息沟通,再由物流服务商完成供应商与客户的实物交付。同时,体现电子商务物流重要特色的内容是物流服务商与电子商务平台也通过信息交换扩展服务内容，提升服务效率，增加整个流程的准时性和可视化程度。由此可见，电子商务物流外包的业务主要有仓储业务外包以及配送业务外包。

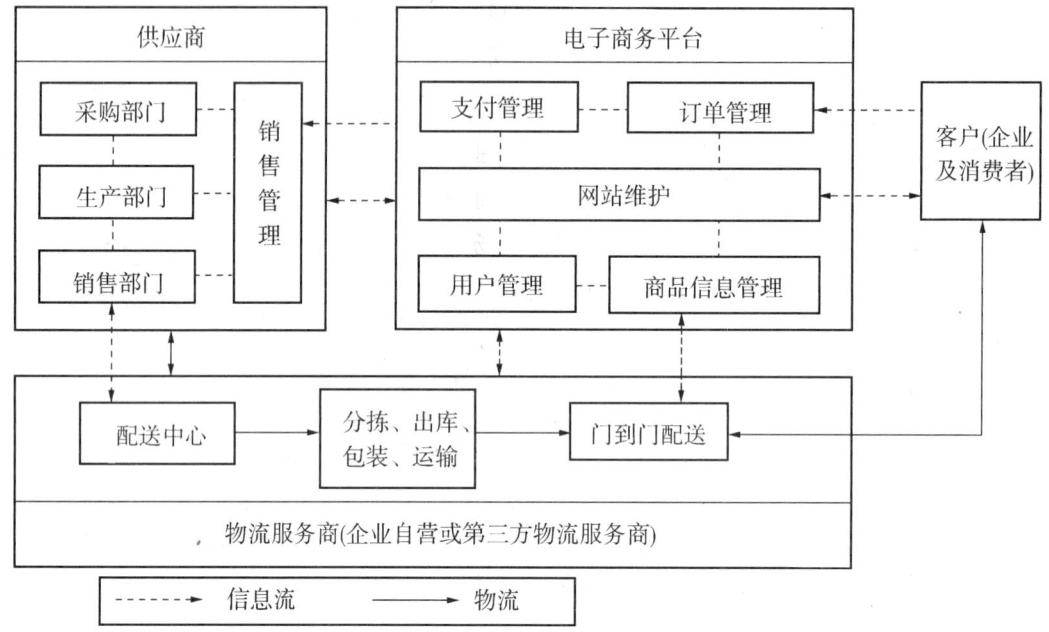

图5－1 电子商务物流流程的一般模式

5.3.1 仓储业务外包

"仓"也称为仓库，为存放物品的建筑物和场地，具有存放和保护物品的功能；"储"表示收存以备使用，具有收存、保管、交付使用的意思，当适用有形物品时也称为储存。"仓储"则为利用仓库存放，储存未及时使用的物品的行为。生产集中性与消费分散性、生产季节性与消费常年性是市场经济中两个客观存在的矛盾。商品的仓储是解决这两个矛盾的必然选择。

仓储在物流过程中占有重要地位，仓储通过改变物的时间状态，克服产需之间的时间差异而在物流中获得了时间效用。仓储业务外包是指电子商务企业为了降低仓储成本、解决仓储管理难、提高仓储管理效率而将仓储业务外包给专业的仓储服务提供商来运作。

1. 仓储服务提供商

目前市场上各类仓储服务提供商多种多样。专注于电商行业的仓储服务提供商大致分为三类：

(1) 从传统物流行业转型做电商仓储服务，如中外运、中远、嘉里大通。这类服务商背后资金实力雄厚，有很强的专业背景。但传统仓储企业专注的是B2B领域，而在B2C领域还需要精耕细作，尤其要加深对电商的理解。

（2）一些电商味比较浓的仓储服务商，如百世、网仓、标杆、发网、五洲、贝宁等。这类服务商对电商理解非常深刻，仓内作业一开始就专注于B2C领域，但多数还没形成全国的分仓体系，无法为商家提供全面系统的仓储服务。

（3）由通达等快递体系转型而来的仓储服务提供商。这类服务商前几年从快递转型做仓储服务，从聚划算活动类业务入手，积累了一部分电商仓储操作经验，现在逐步朝专业化仓库发展，代表如圆通新龙、天天、中通、申通，在北上广等城市依靠分拨中心提供的仓储服务。这类服务商在专业性上不如前两者，但其成本优势明显，非常适合快进快出的活动类业务，能解决商家在大促活动场景下自身物流弹性不足的问题。

2. 选择外包仓储的成本、效率考量

作为从事电子商务的商家，他们的仓储服务是否该选择外包呢？在什么情况下该选择外包？

一般而言，商家选择仓储服务外包多数是基于成本、效率的考量。比如"双十一"时，商家自己的常备服务能力不足以满足短时间内的发货要求，会选择临时把仓储服务外包给第三方。又或者某个商家发展壮大时，发现自建仓储越来越重，占用了大量的人工和成本，而外包出去则相对省心，自己可轻装上阵，做好前端的营销工作，获取更多的订单。

因为订单波动幅度和仓储管理难度与成本有极大的关系。从这个角度来看，订单波动幅度和成本是仓储是否外包的核心考量指标。

当订单波动幅度较低，即订单量稳定时，商家应当选择自建仓储服务。那些淘宝的小卖家多数是这种选择，日订单量在几百单上下，SKU规模不大，自己能对订单、商品、库存进行比较好的管控。淘宝上绝大多数自己备货的小商家都在这个行列。

当订单波动幅度较高时，商家可能需要花比较大的成本和人力来应对物流波峰。比如"双十一"时，海量订单产生，自建物流的商家要雇佣临时工，场地、人员、设施设备、快递资源等都要做应急准备，否则很可能会发生发不出货、发错货或者发出货后被堵在快递环节等问题。为了适应这种弹性变化，商家可以选择部分外包（即把某些热销SKU外包给第三方仓储服务提供商）或者临时外包。临时外包多见于聚划算或者"双十一"等大促场景下，商家把要上活动的商品临时存入外包仓率，由外包仓库提供活动期间的仓储服务。活动结束后即退仓。

自建仓储的大商家，主要是那些店铺规模与物流能力同步发展的大卖家，以及对仓储外包持审慎态度的大卖家。代表如韩都衣舍、麦包包、三只松鼠等等。这类商家自身规模庞大，对物流服务的要求很高。其在物流方面的投入也非一般商家可比，这种投入使得商家的物流能力能够很好地满足其店铺规模的扩张。另外，有些商家非常看重自身的货权和数据，一定要把控在自己手里才觉得安心。这两类商家都会选择大投入自建仓储。

而部分外包则适合品类SKU比较少且比较稳定（不会频繁上新品），商品销量比较稳定，补货周期比较稳定的商家。这些商家可以通过分仓获得较高的订单时效和较低的配送成本。商家可以按照渠道、SKU等维度把部分商品外包给分仓仓库。这样商家自有仓库和外包分仓形成一套分仓体系，共同为商家的店铺提供物流服务。代表类目如小家电、美妆、洗护、家居、奶粉等。

自建仓储的商家有可能逐步过渡到部分外包、全部外包或临时外包。衡量是否选择部分外包和全部外包的标准主要是仓储建设难度和成本。各类目情况不同，商家的投入力度也不尽相同。

这里提个象征性的数字概念："双2000"。即2 000个常备SKU或者日均2 000单。前者代表仓内操作难度，SKU越多，仓内操作难度越大。后者代表仓内投入成本，订单量越大，成本投入越大。当然，还有很多其他因素会影响这两个指标，如库存周转率、SKU特性（存储条件、占地面积等）、各地用工成本、仓租成本等，这里不一一赘述。

衡量是否选择临时外包的标准主要是单量弹性，当瞬间单量超出日常单量5倍以上且超过2 000单时，仓库可以选择临时外包给快递仓，以解决自己弹性不足的问题。当然，上述数字只是一个参考，商家还要结合自己的实际情况来选择。

而只有当订单波动幅度大，且仓储管理难度与成本大幅上升时，商家才需要选择一个专业的外包仓库，获得全链路的物流服务。

上述外包场景对应的业务场景如下：

活动类入仓业务可以解决商家爆发性的发货能力要求与日常运作能力不匹配的问题。"三通一达"从两年前就开始涉足此类业务，在北京、上海、广州、杭州、深圳、成都等卖家集中地建立了针对聚划算等活动类业务的仓储服务。这类服务的特点是SKU少、快进快出。

从活动类业务入手转为日常零售类业务有助于建立商家和仓库之间的信任关系。在活动类入仓场景中，商家通过相对简单的活动类场景和仓库建立信任关系，通过尝试，有可能会选择全部入仓或者部分入仓，与仓库建立起长期的合作关系。其中的代表如百世，通过"双十一"为茵曼提供物流服务，最终成为茵曼的仓储服务提供商。

而那些规模与物流能力同步发展的自建物流的大商家，在自建物流的成本和管理难度达到一定的极限后，在选择更好的物流解决方案或者提升自身物流能力的同时，有可能选择全部或者部分外包。对那些SKU多、频繁上新的服饰类目商家尤其如此。

3. 仓储外包服务注意事项

电子商务企业在选择仓储外包服务时的要点，需要从成本、仓库服务能力、信息化水平等因素综合考量。具体来说，可以分为以下几点。

（1）成本：不能单看快递的成本，还要结合自身的产品特性，如库存周转率、产品存储要求等来看综合的物流成本。

（2）仓库服务能力与质量：很多仓库的承诺以及之前的成功案例未必适合自己，商家在与仓库建立合作关系之前，必须请仓库做全面的调研和分析，提供详尽的解决方案。

（3）客服响应速度：不同于自建物流，选择仓储外包后，商家和仓库的日常沟通由内部沟通变为外部沟通。如果仓库的客服响应不及时，会给商家的售后带来极大的影响。

（4）仓库信息化水平：专业的仓库才能提供专业的服务，专业化的仓库往往需要一套高水平的WMS系统来支撑日常运作。此外，商家自己的ERP系统和仓库的WMS系统交互也非常重要，否则即便仓库的服务和系统再专业，也会因为两套系统之间的交互问题而影响数据的及时性、有效性，从而大大影响仓储外包的效果。

（5）仓库的改进动力和能力：物流是一项琐碎的工作，发现问题，积极解决。但这还不够，外包仓库需要有主动改进问题的动力和能力。不但要改进仓内出现的各类问题，还要改善和商家联动时出现的各类问题。

总体而言，选择仓储外包，对于商家是一项慎重的决定，好的仓储外包能给商家带来整体供应链链路效率的提升，不但能提高商家的物流能力，降低商家的物流成本，减少物流异常，提升客户满意度，还能帮助商家做好供应商管控，做好供应链各环节数据分析，提高库存周转率，等等。

运作实例5-3

玩转电商轻模式：仓储物流外包总动员

2013年的"双十一"当天，阿卡销售额冲到1.09亿元，成为女装类目最大的黑马。而这销售业绩，受益于阿卡对其供应链管理和仓储的升级，通过将仓储外包给第三方，提高工作效率，"双十一"备货1.8亿元。而仓储物流的改善，在这次的"双十一"只是一个小小的爆发。

物流能力的强弱对于商家能否在渠道市场上取胜起着至关重要的作用。特别是库存高企的今天，越来越多的商家尝试与第三方物流合作以强化库存周转效率。但大部分的卖家还在纠结到底是该自建仓储物流还是外包，自建的话如何解决资金、人员招聘、选址等各种麻烦，看到众多电商界的兄弟姐妹被仓储物流问题折磨，蚊米觉得：或许，轻模式运营大行其道的今天，改变大包大揽的习惯，将仓库外包是个不错的选择。

第三方仓储物流，你懂多少？

事实上，已经有不少品牌商家把自身的仓储物流业务外包出去，例如特步，将自身的仓储物流业务外包给第三方，从产品入库到出库，当中的管理程序均由第三方公司去完成，只要指定一个工作人员每月对这部分仓储运作情况及时跟踪与总结即可。而鸿星尔克也把其电子商务业务中的仓储和配送环节交由第三方进行仓储一体化管理。

近几年，电商也开始重视这一块，茵曼、诺奇等一些大卖家开始将这块业务外包出去,以降低单位成本和提高效率,并以需求带动物流企业提升专业服务能力。某品牌物流部经理算了一笔账,"按公司去年所有物流业务费用1300多万元计算,如果全部采用外包,可以节省近250万元,可以减少包括仓储、人员管理等费用接近19%。"

另外一些电商企业选择通过建分仓、买进设备等自建仓储物流系统,但是却面临仓库寻址买地、招人、ERP升级磨合,以及巨额设备闲置浪费的困扰。究其原因,多数是因为电商企业对物流仓储外包公司了解不够深入,包括其业务模式、操作流程等业务能力,以及对信息安全风险的担忧。

目前,随着电子商务的发展出现了专门为电商服务的第三方仓储物流公司。比较早的一批像五洲在线、发网、百世物流等,解决了一部分电商的仓储物流瓶颈问题,迅速成长起来,但也因为超预期的快速发展造成运营及项目人员的缺乏等问题,导致服务质量下降。总体来看,目前的第三方电商仓储服务发展进入一个转型期,需要规模升级、服务升级。

而后出现的一些新的第三方仓储物流公司,开始更加注重设备系统端的投入,提升服务的品质以寻求差异化发展,比如近期备受关注的中联网仓,通过高自动化设备以及定制化的系统,来提高工作效率,同时研究出"傻瓜式"的标准化操作流程,提前完成转型,成为国内第三方电商仓储物流服务的新标准。

选择仓储物流外包,意义何在?

我们通过最直接的案例成本算一笔账,以平均日单量300~400单的某服装电商公司为例:

自营物流成本(每月)

仓库租金:$1\,000\,m^2 \times 20\,元/m^2 = 20\,000\,元$

人员工资:8人×3 500元/人(工人)+5 500元(主管)=33 500元

系统分摊:约2 300元

行政费用:约2 500元

公司管理成本:3 350元

总计成本:61 650元

第三方仓储物流服务公司收费(每月)

仓库租金:0.42元/件×40 000件=16 800元

正常操作费用:3.31元/单×400单×30=39 720元

逆向操作费用:3.5元/单×400单×30×6%=2 520元

总体成本:59 040元

可以看到,自营物流成本为61 650元/月,外包收费为59 040元/月,总体成本减少相差2 610元,使用第三方可以降低4.2%费用。

对于品牌公司来说,通过使用第三方公司,最显而易见的是可以降低自身运营的管理成本和资产投入，降低自身运营的风险，同时提高服务效率降低成本也就是更好地走上"轻模式"。这可以通过美国供应链及采购协会的数据来印证——通过应用第三方可以降低约13%的资本投入，降低成本3.7%。而提升客户体验、完善后端供应链管理所带来的隐性利润提升，是无法仅仅用数值去体现的。

（资料来源：http://www.tmtpost.com/100394.html）

思考题：
案例中的电子商务企业为什么要把仓储业务外包出去？

5.3.2 配送业务外包

从配送活动的实施过程上看，配送包括两个方面的活动："配"是指对货物进行集中、分拣和组配；"送"是以各种不同的方式将货物运达至指定地点或用户手中。配送的活动主要有备货、储存、分拣及配货、配装、配送运输及送达服务。配送业务外包即将这些具体的配送活动外包给专业的物流服务商来运作。

1. 配送业务类型

（1）备货：备货是配送的准备工作或基础工作，备货工作包括筹集资源、订货或购货、集货、进货及有关的质量检查、结算、交接等。配送的优势之一就是可以集中用户的需求进行一定规模的备货。备货是决定配送成败的初期工作，如果备货成本太高，会大大降低配送的效益。

（2）储存：配送中的储存有储备及暂存两种形态。配送储备是按一定时期的配送经营要求，形成的对配送的资源保证。这种类型的储备数量较大，储备结构也较完善，视货源及到货情况，可以有计划地确定周转储备及保险储备结构及数量。配送储备保证有时在配送中心附近单独设库解决。另一种储存形态是暂存，是在具体执行日配送时，按分拣配货要求，在理货场地所做的少量储存准备。由于总体储存效益取决于储存总量，因此，这部分暂存数量只会对工作方便与否造成影响，而不会影响储存的总效益，因而在数量上控制并不严格。

还有另一种形式的暂存，即是分拣、配货之后，形成的发送货载的暂存，这个暂存主要是调节配货与送货的节奏，暂存时间不长。

（3）分拣及配货：分拣及配货是配送不同于其他物流形式的功能要素，也是配送成败的一项重要支持性工作。分拣及配货是完善送货、支持送货的准备性工作，是不同配送企业在送货时进行竞争和提高自身经济效益的必然延伸，也可说是送货向高级形式发展的必然要求。有了分拣及配货即可大大提高送货服务水平，所以，分拣及配货是决定整个配送系统水平的关键。

（4）配装：在单个用户配送数量不能达到车辆的有效载运负荷时，就存在如何集中不同用户的配送货物，进行搭配装运以充分利用运能、运力的问题，这就需要配装。和一般送货不同之处在于，通过配装送货可以大大提高送货水平及降低送货成本，所以，配装是配送系统中有现代特点的功能要素，也是现代配送不同于传统送货的重要区别之处。

（5）配送运输：配送运输属于运输的末端运输、干线运输。它和一般运输形态的主要区别在于：配送运输是较短距离、较小规模、额度较高的运输形式。一般城市交通路线较复杂，如何组合最佳路线、如何使配装路线有效搭配等，是配送运输需要考虑的重点，也是难度较大的工作。

（6）送达服务：配好的货运输到用户处还不算配送工作完结，这是因为货物送达和用户接货还有可能出现不协调，使配送前功尽弃。因此，要圆满地实现运到货物的移交，并有效、方便地处理相关手续和完成结算，还应确定卸货地点、卸货方式等。送达服务也是配送独具的特殊性。

2. 配送业务外包的原则和数量

（1）外包原则。大多数地区对到达配送作业进行了部分或全部外包，各外包方都是分公司经过严格筛选、审查、培训后与之签订合作协议的。决定是否采用外包最重要的因素之一是成本核算。简单的配送、单线运输外包并不是真正意义上的第三方物流外包。外包方的加盟确实增强了配送实例，缓解配送压力，提高了配送时效。实践表明，配送作业可以外包，但配送管理不能外包。关键岗位（配送调度、统计分析、信息查询、电话通知、库房管理）不能由外包方担任，更不能采取"一包了之"的做法。

（2）分包量。外包第三方物流是一种必然趋势。但是，把公司的运作基础环节外包，必然面临较高的风险，更不能将企业最核心、最重要、直接影响公司生产和生存与否的业务全部外包。然而，外包送货只要以成本为最重要的决策依据即可。至于最终是否走到完全外包，这个问题很难有明确的结论，如果公司把为顾客提供服务中的准时、准确和产品可得性等方面作为自己的一个核心竞争力，那么就不须采取完全外包。

5.3.3 电子商务物流外包业务流程

1. 仓储业务外包流程

在仓储业务外包流程中，企业要依据如下步骤进行具体操作，如图5-2所示。

（1）企业要向仓储服务公司去电进行咨询，同时还要将自身企业的内容包括申报货物的特性、数量、管理方式以及所需要的面积告知仓储服务公司。

（2）依据自己的需求信息来与仓储服务提供商商定价格，既要保持一定的低成本，又要实现自己的要求。

（3）与选定的仓储服务公司签订合作协议，明示合作方式、仓库面积数量及付费方式等。

（4）仓储服务商按照指令计划安排好库位，企业就可以发货入库并与仓库做好货物责任交接。

（5）监督仓储服务提供商按照本企业的运输部信息对货物进行出入库安排。

（6）企业要在月终时进行库存盘点，并且让仓储服务商出具双方确认清单。

（7）企业的单证部要收取清单，并以此由财务部门进行账款结算。

企业在与仓库服务提供商签订合同后，就要办理入库手续，经过必要的签字与审批后监督仓库服务提供商建立台账，并与仓库服务提供商进行商议制定仓储方案，经过审

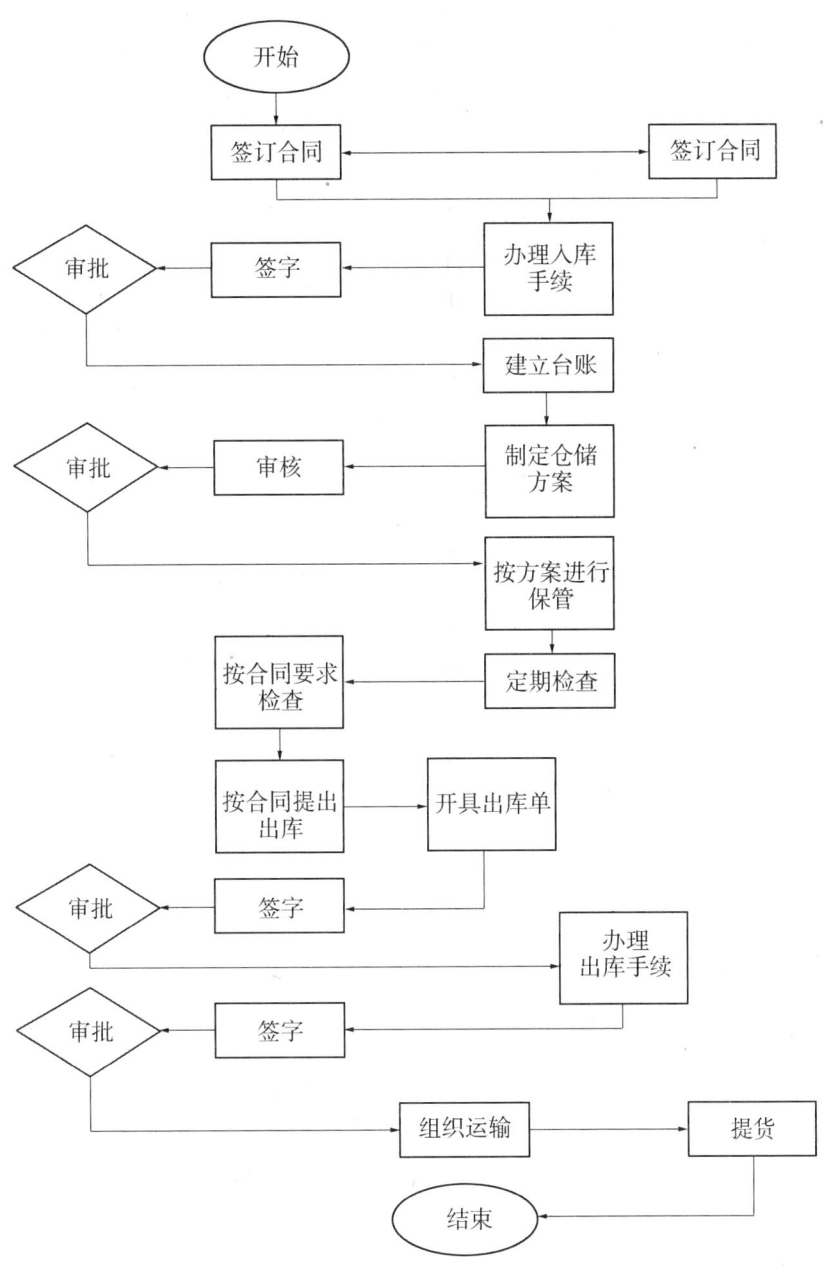

图 5-2 仓储业务外包流程

核与审批后由仓储服务提供商进行仓储保管,同时企业需要对仓储服务提供商进行一定的定期检查,而后按照合同进行检查与提货出库,在提货出库时要开具出库单,经过签字与审批后开始办理出库手续,经签字审批后组织运输并且提出自己的货物,再依据自己的客户市场进行分派。

2. 配送业务外包流程

企业在选择配送业务外包(具体流程如图 5-3 所示)时,通常需要分六部分进行考虑。

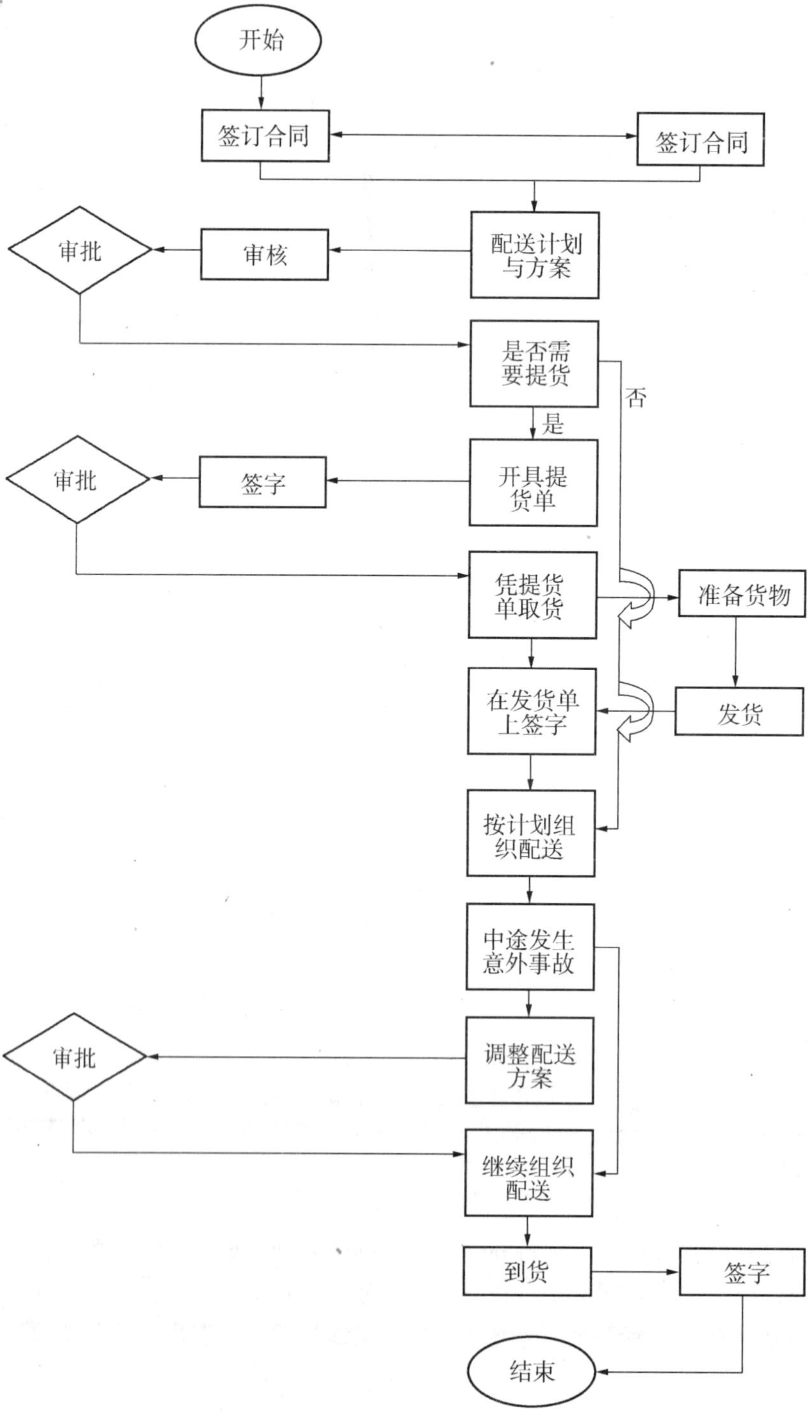

图 5-3 配送业务外包流程

(1)企业需要考核被选择物流企业的信誉度(这样做可以减少企业中间环节不必要的损失),也要了解自己是属于哪个层次的客户类型。

(2)指定一套合适的市场营销方案,也就是根据自己货品的特性需求而选择最佳的方法。

(3)订立运输合同。

(4)选择最为适合的运输工具及其路线,有利于节省成本。

(5)核算运费及杂费。

(6)运输保险(为了保证货物的利益不受损失,必须要保存好重要的单据)。

在企业选择合适的配送服务提供商后就要签订合同。依据合同,双方共同制定一份适合于企业的配送计划与方案。在经过二次审核及审批之后,企业考虑是否需要提货等内容,如果不需要提货,就按组织计划直接进行配送;如果需要,那么企业要先开具提货单,经过签字审批后开始提取货物。这时要准备货物,然后发放,并填好出货单以作凭证。最后开始按计划进行配送,在配送过程中如果没有发生意外即顺利进行下一环节,如果出现问题就要进行配送方案的调整,经过审批后继续进行配送。到货后业务流程才算真正的结束。

运作实例5-4

唯品会:从供应链到服务链整合

唯品会中80%的商品走的都是EMS,在这种情况下,如果运送地是偏远山区的话,配送就是一个绝对赔本的事情,有时候运费就占了100多元。4万平方米的佛山南海普洛斯物流园,是唯品会目前最大的仓储中心。听说不久要建个更大的。

"今年年底佛山的扩仓应该可以交付使用了,到时候可以解决现在华南爆仓的问题。"唯品会副总裁唐倚智对《第一财经日报》说,从全球电商企业经验看,量级达到一定程度时必须考虑自建仓库。

有同样想法的企业众多。京东手握1800亩土地,亚马逊有70个足球场那么大的仓储中心,电商都喜欢"拿地"。

2011年9月,唯品会昆山淀山湖物流园正式运营,库容达2.4万多平方米,主要面向华东地区。4个月后,其成都西南物流中心、北京华北物流园也投入使用。这意味着,唯品会可以覆盖本土四大区域,消费者两天内就可收到商品,过去可要5~7天。年内,其武汉、沈阳两大仓库也将建成。

唐倚智认为,自建仓储、缩短物流半径是电商企业"服务链"竞争最重要的一环,要提到"战略"高度去部署,不应外包。在拿到红杉和DCM两轮合计7000万美元融资后,公司便开始实施全国分仓战略,并对仓储系统进行改造。

为提升佛山仓储物流中心响应速度,唯品会以2万元/台的价格引进一批速度最快的打印机;记者现场看到,仓库另一端,刚上马的环形分拣货流水线正在运行,分拣货效率提升了30%。"包装机也会在近期投入使用,按照工人平均每月4000元的工资计算,新的包装机每个月可以节省6个人的费用。"唐倚智介绍。

根据唯品会上市披露的信息,2011年全年仓储物流费用占营业额的19.9%,前三季度的仓储物流费用均超过20%。

比起外包或者与第三方合作,虽然自建仓库需要投入更大的资金,但在唯品会负责人看来尤为重要。

"选择自建模式比较科学,首先,目前市场上的资源较为紧缺,马上找到现成合适的地点显得不现实。其次,现成的仓库不一定适合电商企业进行自动化建设,需要经过改造,改造的成本和时间需要考虑在内。"唐倚智表示,从长远物流仓库投资回报时间来看,物流物业成本的回本期在8年左右,自建并不一定是亏本的买卖。

他认为分仓可以减少时间与商品包装承受的耗损,省去了快递公司在中转仓库一个来回的"卸+分+装"、偏远量少地区等待拼车的环节,落地配公司与电商的捆绑战略合作上也会得以加深,这样服务就有保障。

在唯品会,90%以上的订单都是走第三方物流配送,自建物流配送似乎在短期内难以实现。在上海等订单相对集中的城市,唯品会也有自己的物流配送队伍,但是对于相对分散的订单现状,找优质的配送商合作似乎是唯一的解决办法。

(资料来源:http://info.10000link.com/newsdetail.aspx?doc=2012050390005)

思考题:
自建物流相对于外包物流有什么样的优势?

5.4 电子商务物流外包流程管理

5.4.1 电子商务物流服务外包需求分析

企业中并不是所有的物流需求都可转化为物流外包需求,物流外包需求只是物流需求中能够转化为社会化需求的部分,即通过供需方之外的社会化和专业化物流组织完成的物流活动。它包括当前需求和潜在需求,其中物流企业能够挖掘出来,将来可以转化为社会化物流需求的部分,便是物流服务外包的潜在需求。企业进行物流服务外包是以本企业核心能力的识别和加强为基础的。由于物流在各个企业中的定位有所差异,因而物流在企业中的重要性也有所区别,占的比重有多有少,成本有高有低,因此,物流服务外包后给企业带来的收益也不尽相同。随着电子商务的发展,电子商务物流服务外包需求呈现如下的特征。

1. 物流服务需求更个性化、多功能化、增值化和社会化

与传统的把物流分割成包装、运输、仓储、装卸等若干个独立的环节,由不同的企

业单独完成的做法不同，电子商务的物流要求物流企业提供全方位的服务，既包括仓储、运输服务，还包括配货、分发和各种客户需要的配套服务，使物流成为连接生产企业与用户的重要环节。电子商务的物流要求把物流的各个环节作为一个完整的系统进行统筹协调、合理规划，使物流服务的功能多样化，提供增值性的物流服务，而不仅仅是传统的物流服务，以更好地满足客户的需求。

随着电子商务的发展，物流服务的社会化趋势越来越明显。以往无论是实力雄厚的大企业，还是三五十人的小企业，一般都由企业自身承担物流职能，导致物流的高成本、低效率。在电子商务条件下，特别是对小企业而言，在网上订购、网络支付实现后，关键的问题就是物流配送。如果完全依靠自己的力量来完成肯定力不从心，在面对跨地区、跨国界的用户时，更显得束手无策。因此物流的社会化即实现物流业务外包是电子商务物流运作的发展趋势。

2. 电子商务的物流服务更强调时效性与低成本性

企业实施电子商务物流外包的目的是降低成本、节约开支，把有限的财力、人力、物力用在科研开发与技术创新上，进而提高自己的核心竞争力。如果外包策略运用得当，企业不仅能够获得成本节约，降低经营的风险，还能够使自己的经营更加灵活，并且与资源供应商产生一种协同效应，从而实现用有限的资源控制更多资源的目的。但是如果应用不得当，效果会适得其反。因此，企业在采取物流服务外包战略时，必须考虑到物流服务商能否以最快的速度将产品配送给客户，能够真正地获得成本节约。

3. 电子商务物流服务更需要实施供应链管理与信息化管理

在电子商务环境下，物流的运作是以信息为中心的，信息不仅决定了物流的运动方向，也决定了物流的运作方式。在实际运作过程中，通过网络上的信息传递，可以有效地实现对物流的实施控制，实现物流的合理化。例如，在电子商务中，利用电子商务的信息网络，尽可能地通过信息沟通，将实物仓库暂时用信息代替，即将信息作为虚拟库存。常常采用的方法是建立需求端数据收集系统，在供应链的不同环节采用 EDI 交换数据，为用户提供网上 Web 服务，便于数据实时更新和浏览查询。一些生产厂商和其经销商、物流服务商公用数据库，共享库存信息等，目的都是尽量减少实物库存，但并不降低供货服务水平。

4. 电子商务物流服务外包更要求确定需求范围

企业要对物流服务运作问题进行深刻剖析，一旦确定了服务外包的需求，就需要对解决的问题或是要强化的机会进行确认，尽可能地对物流服务外包需求进行良好的界定，对于准确而有效地实施物流服务外包有着重要的作用。

在确定物流服务外包需求以及外包边界时主要可以从 4 个方面进行考虑。

（1）对需要外包的服务职能及需求数量进行界定，如配送、仓储、包装等。

（2）对物流服务外包的活动进行描述性的界定，如装卸规程、包装规格等。

（3）对物流服务外包的绩效或者服务水平的界定，如：订货间隔期、准时交付率、交付的一致性以及货损货差和运送错误等。

（4）对物流服务供应商能力进行界定，如除了提供基本的配送或仓储等服务外，物流服务供应商是否能提供一揽子集成服务及快速反应，服务创新、流程再造的设计和管理等增值服务。

通过对上述因素的考虑，企业首先就要明确物流服务外包的需求，确定物流服务外包的服务边界，只有这样，在评估、选择供应商阶段才能够更有针对性。

5.4.2 实施电子商务物流服务外包的决策

电子商务企业实施物流服务外包是一个非常复杂的过程，它能够给企业带来新的发展机会，但是决策的失误将可能导致企业核心能力和竞争优势的丧失。企业在做决策时应考虑到是否需要外包、外包的内容和物流服务外包伙伴。

1. 是否需要外包

电子商务企业在考虑物流服务是否外包时，应考虑企业自身的战略、所处的竞争环境、企业的状况及外包的经济等因素。具体可以体现在4个方面。

（1）企业规模。一般而言，大中型企业在资金实力、规模上都具有一定的优势，有能力自建物流体系，并且可以根据自身的实际需要，制定适合企业发展的物流计划，保证物流服务质量；而小企业受到人员、资金和管理资源的限制，采用物流服务外包是比较合理的选择。

（2）企业的核心能力。如果只有物流是企业的核心能力，企业才应该进行物流自营。如果物流不是企业的核心能力，那么企业就应该整合利用外部资源，实施物流服务外包。

（3）企业物流服务活动的性质和地位。企业的物流服务活动的规模比较小，频率数量都比较少，而且操作简单，这时企业就可以考虑进行服务外包；如果物流活动复杂多样、范围较广、环节众多、网络严密，而且具有相当大的特殊性，那么就需要慎重考虑。

（4）物流市场的外部环境。企业在考虑物流市场的外部环境时，主要应该考虑市场是否成熟、是否有足够合适的服务提供商可供选择等。

2. 物流服务外包的内容

企业可以根据具体情况决定是否将物流服务活动全部或部分外包。将企业物流服务全部外包是指企业将全部物流活动交给外部组织承担，而部分外包是指将部分物流服务交给外部的第三方物流企业。如果企业的物流活动属于以下两种情况，企业就可以考虑将物流服务部分外包：一是企业拥有一定的物流能力，但是随着企业的发展壮大，企业原有的物流能力不能完全地满足自身的需要，企业可以考虑将自身不足以完成的物流服务交给外部组织进行承担；二是企业的物流能力虽然可以满足企业的需要，但是考虑某些物流服务业务不是企业的核心能力，那么就可以考虑将非核心的活动交给外部组织承担。

物流服务外包的活动主要分为常规性的物流外包服务、增值性的物流外包服务和逆向物流外包服务。常规性的物流外包服务就是提供物流的几大基本功能要素，即提供仓储配送服务，它主要依靠物流设施、设备、器具等硬件来完成，是资产和劳动密集型的服务，并且具有标准化的特征。增值性的物流外包服务是指第三方物流服务商根据客户的需要，为客户提供超出常规服务方法所提供的服务。逆向物流服务外包是将客户手中用过的、损坏的或是不满意的产品和包装进行回收，直至最终处理的外包，它是正向物流的补充和扩展。

3. 物流服务外包伙伴

选择物流外包伙伴是电子商务企业实施物流决策需要重点考虑的一个问题。首先，企业需要对外包的潜在物流服务供应商进行调查、分析与评价，调查物流服务供应商的管理状况、战略导向、信息技术支持能力、自身的可塑性与兼容性、行业运营经验等，评价其从事物流服务活动的成本状况，评价其长期的发展能力、信誉度等，尤其是对于物流服务供应商的承诺和报价，企业务必认真分析衡量。报价应该根据物流服务供应商自身的成本进行确定，而非依据市场价格，报价不仅仅是一个总数，更应该包括各项作业的成本明细。

5.4.3 选择物流服务商

电子商务企业在选择物流服务商时，应关注以下几个重要的维度。

1. 完善的内部管理标准

电子商务企业在选择合作方时可以要求对方出示其内部管理文件，虽然目前的第三方物流公司都已经通过 ISO 9001 认证，但真正的文件之间仍存在一定的层级，商家可以要求对方提供各个层级的某一个文件查看，比如《作业指导书》《标准作业手册》《商业流程设计说明》等。通过这些文件可以看出该第三方的内部操作是否细致，内部做事的标准是否合理。

2. 合理的报价避免隐性收费

目前电商的收费模式有两类，一类是按操作量进行收费（入库按件收费、发货按单及按件收费、存储按件收费、退货按件收费）；一类是按耗用资源，开发式合同收费（使用仓库、人员、设备、耗材进行收费）。对于电子商务企业而言，通常会计算自己的物流成本，然后对比第三方物流报价，不同的报价之间会有差异，这里需要企业将费用核算清楚，注意避免一些隐性的收费。

3. 合理有效的项目运营计划

电子商务企业在找第三方物流服务商之前，首先要明确好自身的需求，自身需要做的量，要达到的目标等。根据企业的需求，优秀的第三方物流服务商会在整个大的业务层面上给出一个未来的运营方案。企业可以大致判断方案是否符合自身的需求，以及它的合理性。

4. 先进的项目实施流程

在方案的基础上，第三方物流服务商会在采购、销售、财务管控等大的流程上，同时针对电子商务企业的特性给出具体的业务流程和设计。企业要了解使用第三方的服务后，与现在的业务流程相比会有什么变化，第三方的库存管理逻辑是什么，怎样与原来的 ERP 系统对接，财务在管理库存账目时怎么核算等问题。以中联网仓为例，针对不同的企业，他们会深入了解企业的具体收发订单及商品的操作特性、库存变化、商品结构、企业的战略计划等信息，完善对企业后续物流变化以及有效匹配企业运营的节奏。在运作中精细化到各个环节，通过完善的作业流程（流程中详细分解到人的工作步骤）、强大的系统追踪校验等手段进行操作。

案例分析

2016年3月29日,亚马逊全球物流中国与网易考拉海购正式签署合作协议,通过"亚马逊物流+"为网易考拉海购提供仓储运营服务,助力其高效管理仓储运营。

根据双方协议,网易考拉海购宁波保税仓将引入亚马逊领先的仓储管理系统和严格的仓储安全防护标准,大大提升其仓储运营全流程的可视性和质量保障。"亚马逊物流+"将基于网易考拉跨境电商业务的需求,并从宁波保税仓的实际情况出发,为其搭建、设计全流程的运营体系,包括定制化开发系统,科学规划存储区域,设计运营流程,并为其提供日常运营及管理服务,以更高效的仓储运营快速响应其业务需求。

亚马逊全球副总裁、亚马逊全球物流中国总裁薛小林先生表示:"'亚马逊物流+'自去年10月发布以来,便着眼于以亚马逊自身在仓储物流方面的专长及其遍布全球的运营网络布局,支持更多的中国企业引进来、走出去,推动中国整体电子商务及跨境电商贸易的持续增长。此次与网易考拉海购的合作正是'亚马逊物流+'满足客户仓储物流需求的众多范例之一。"

网易考拉海购于2015年1月上线,是网易旗下以跨境业务为主的综合型电商,目前销售品类涵盖母婴、箱包服饰、美容彩妆、美食保健、家居个护、数码家电等。网易考拉海购CEO张蕾表示:"亚马逊拥有高科技的仓储管理能力、先进的仓储运营水平以及灵活的系统对接解决方案。这是网易考拉海购选择'亚马逊物流+'作为物流合作伙伴的原因所在。随着中国电商产业的进一步升级,精细化的仓储物流管理将会成为未来电商的重要竞争力之一。"

"亚马逊物流+"基于大数据的强大仓储管理能力可以帮助网易考拉海购最大化利用仓储空间,确保理货上架及时率高、订单处理快、库存准确率高,且可实现全程可视化管理和实时的质量监控,提高了物流速度和运营质量。

近年来,中国的电子商务及跨境电商经历了高速增长。然而企业的物流痛点愈加成为制约其发展的壁垒。物流成本、时间成本是关键,已经成为电商企业市场竞争力的体现。针对中国企业在电子商务及跨境电商发展中的种种物流痛点,"亚马逊物流+"借助其全球成熟的运营网络布局和二十年仓储物流运营经验,开创性地提出了多样化的仓储物流解决方案,包括仓储物流整合方案、仓储运营方案、运输配送方案、跨境物流服务和定制化物流服务。

目前,亚马逊通过其遍布全球的123个运营中心,可实现跨国配送至185个国家和地区。在中国,亚马逊拥有13个运营中心,500多条干线运输网络,可向全国1400多个城市区县的消费者提供当日或次日送达服务。

(资料来源:http://coi.mofcom.gov.cn/article/y/qyyq/201604/20160401295053.shtml)

分析:

1. 什么是"亚马逊物流+"?
2. 网易考拉海购为什么选择将仓储运营服务外包给亚马逊全球物流中国?

本章小结

电子商务物流通常是指基于信息流、商流、资金流网络化的物资或服务的配送活动，包括信息产品或服务的网络配送和实体商品的物理配送。电子商务物流运作模式主要包括自营物流、第三方物流、物流联盟和第四方物流。

物流业务外包指企业为集中资源、节省管理费用，增强核心竞争能力，将其物流业务以合同的方式委托给专业的物流公司运作。电子商务物流服务外包即电子商务企业为了增强核心竞争力而将自己非核心的物流服务业务外包给专业的第三方物流服务商运作。

电子商务物流外包的特征主要包括：①关系契约化；②服务个性化；③功能专业化；④管理系统化；⑤信息网络化。

电子商务物流外包的作用体现在：①减少营运成本；②获得更专业的服务；③聚焦核心业务；④降低物流风险；⑤提升企业形象；⑥提高企业运作的柔性。

电子商务物流外包的层次分为物流基本业务外包以及物流解决方案外包。电子商务物流外包的业务主要有仓储业务外包以及配送业务外包。仓储业务外包是指电子商务企业为了降低仓储成本、解决仓储管理难，提高仓储管理效率而将仓储业务外包给专业的仓储服务提供商来运作。配送业务外包即将具体的配送活动外包给专业的物流服务商来运作。

电子商务物流外包流程管理的内容包括电子商务物流服务外包需求分析、实施电子商务物流服务外包的决策以及选择物流服务商。

复习题

(1) 电子商务物流运作的模式有哪些？
(2) 简述电子商务物流外包的特征及作用。
(3) 物流基本业务外包同物流解决方案外包有何不同？
(4) 仓储服务提供商的种类有哪些？
(5) 仓储服务外包有哪些注意事项？
(6) 电子商务企业选择配送业务外包要考虑哪几点？
(7) 简述电子商务物流服务外包需求的特征。
(8) 确定物流服务外包需求以及外包边界时要考虑哪些因素？
(9) 电子商务企业在考虑物流服务是否外包时需要考虑哪些因素？
(10) 电子商务企业在选择物流服务商时，应关注哪几个重要的维度？

6 网店运营服务外包

【学习目标】

通过本章的学习,要求掌握网店运营外包的概念、产生的原因及应用价值,熟悉网店运营外包业务,掌握网店运营外包的流程。

【引入案例】

商旭网店托——网店运营服务外包

商旭网店托是一家提供淘宝、京东等主流电商购物平台店铺服务管理的网店运营服务提供商。该企业提供包括店铺注册、网店美工、数据分析、产品包装等一系列网店运营服务。网上店铺的店家也可以将店铺完全托管给商旭网店托,从而从时间和操作管理上加大对店铺运作管理的力度,使得店铺在有限的时间内得到更好的发展。

商旭网店托管所提供的服务可分为四部分:

(1)网店装修:从店铺的首页到店铺的描述页面,每个页面都由专业的设计人员根据店铺整体情况量身打造,让店铺整体释放出应有的气质和美感,即便是不起眼的扶植版店铺也能有自己独特的装修风格。

(2)客服外包:虽然店铺推广非常重要,但推广也需要借助于客服才能得以实现,推广做得再好客服不给力也一样卖不出产品,所以一个好的客服是一个店铺制胜的重要筹码,商旭网络客服人员均是经过专业培训后上岗的,对绝大多数行业的产品都有一定的认识与了解。同时商旭网络客服人员的工作时间为店铺销售时间的黄金时间段(上午9点到晚上12点共15小时),热情的服务、周密的安排能够最大程度保证每一笔订单咨询都得到最佳的回答。

(3)店铺推广优化:店铺推广是当下各位店家最关心同时也是最重要的事情,商旭网络作为店铺运营服务商,不仅拥有专业的技能知识也拥有可信的店铺运营经验和店铺营销经验,同时商旭网络还结合各电商平台站内站外各种活动来协助店家进行更好的推广,商旭网络推广的不仅仅是产品,更是传授如何进行推广的方法和技巧。

(4)产品描述页制作与排版:一个产品想要完美地展现在客户面前,首先要做的就是制作产品描述，商旭网络专业产品优化人员拥有丰富的设计经验和运营技巧，让承托的店铺不仅好看更能留给客户一个良好的印象，让所有买家都可以轻易地记住店铺。

（资料来源：https://fuwu.taobao.com/serv/shop_index.htm? isv_id=1032129183）

案例思考：
1. 网店运营外包的优势是什么？
2. 进行网店运营外包有哪些需要注意的事项？

6.1 网店运营服务外包概述

6.1.1 网店运营服务外包的概念

作为电子商务的一种形式，网店是一种能够让人们在浏览的同时进行购买，且通过各种在线支付手段进行支付并完成交易的网站。网店大多数都是使用淘宝、易趣、拍拍、京东、购铺商城等大型网络贸易平台完成交易的。其中淘宝网店是C2C电子商务非常典型的模式，因为无过高开店门槛，操作起来便捷，人们普遍接受。我国一份网络数据显示，到2013年年底，淘宝交易规模占消费品总额约7.4%，在当前职业家庭中，淘宝网店多达600万。不断上升的数据说明，淘宝网店已成为电子商务的一种主导形式。人们参与淘宝网店，主要是借助这个平台获取更多的利润，然而，并非所有的淘宝网店都能盈利。数据报告，淘宝网600多万家网店尽管辛苦经营，然而，店铺没有获得预期回报，处于无钱可赚或亏本的境地，淘宝每天数以万计的店铺处于停运或倒闭的状态。淘宝网店运营不仅有商品性质、种类及数量，而且淘宝店铺推广也是不可或缺的一部分。所以，实际运营中，淘宝店铺要注重运营策略及营销推广手段。

虽然开店门槛低、资金投入少，但卖家也存在着不同程度的困扰。除了开店所需要的资金，想要将网店开成功，卖家在前期就需要投入大量的时间和精力。很多卖家开店后，要么没有推广宣传，要么没有时间经营管理。很多很好的店铺常常无人值守，买家却习惯用旺旺在线与卖家交流或讨价还价。店铺无人值守，会错过很多生意，店铺基本处于休眠状态，到最后店铺不了了之，这一现象的存在占到了C2C商家70%以上的比例。虽然在C2C的销售模式下，卖家确实获得了利润，但那仅是极小部分卖家能够享有的，很多网店会出现半路"夭折"的现象。

为了应对这样的困境，一类新的服务外包公司悄然而生，这就是网店运营服务外包公司。这类公司主要为那些不懂网络开店技巧或者网店经营达到一定规模但没有精力继续打理的 C 店店家提供服务。随着这类公司的数量越来越多，它们所提供的服务也越来越专业和具体，所以还有一些经营达到一定规模但是想要继续提升的 C 店也找到这类企业提供专业的网店运营托管服务。

网店运营服务外包是指企业在进军网店运营市场时，遭遇技术开发难，运营经验不足的问题从而委托给专业的网店运营团队进行经营的服务。网店卖家把店铺日常经营、管理、营销、推广的工作委托给网店管理专家，由具备丰富开店经验、经过系统培训的管家为卖家全天候经营网店，有效提高网店的成交量，快捷、专业、安全地提升店铺的核心竞争优势，卖家把店铺委托给托管者后，只需负责发货等简单的工作，其他工作都由管家代劳。网店运营服务外包主要包括网店代运营和网店整体托管。网店代运营是指提供开店（账号注册）、装修、摄影、客服接单、店铺日常运营、数据分析、投诉处理、商品管理服务，其中，客服接单、店铺日常运营为必须涵盖的服务。网店整体托管是指提供开店（账号注册）、装修、摄影、客服接单、店铺日常运营、数据分析、投诉处理、物流系统、品牌推广、商品管理、渠道管理、系统开发服务，其中，客服接单、店铺日常运营、品牌推广为必须涵盖的服务。

6.1.2　网店运营服务外包产生的背景

网上店铺经营和实体店铺经营之间还有诸多不同之处。处在互联网虚拟空间中，网上店铺需要把握时机以及应用新的理念及方法才能求得发展。

随着国内网店数量的剧增以及传统企业转型电子商务等众多因素影响，国内电子商务呈现一片繁荣景象，然而从事电子商务的人员却不能满足市场的需求。据 2010 年 12 月 28 日的《金融时报》报道，国内对电子商务人才的需求量达到 300 万人以上，对于很多不懂电商的企业而言如何聘请到有实力的电商高管成了一个难题。真正有实力的电商人才也不愿意在渠道传统企业工作，因为在这些企业里面电商仍只是二流渠道，企业对其的重视程度有限，对电商人才本身的发展有一定的约束。

同时传统企业转型电子商务也遇到管理层专业度问题。传统渠道管理人员由于行业和专业度的限制，缺乏电商专业度的传统品牌企业管理层，强势则会毁掉电商渠道，弱势则会乱掉电商渠道。横加干预与不闻不问都不可行，因此传统企业对电商人才的管理也是一个很大的问题。

最后是商品渠道的冲突，电子商务的运作规则具有独特性，传统企业的线上渠道与线下渠道往往会自相抵触，特别是在价格和服务方面会形成冲突，因此传统企业走电商渠道需要学会调整品牌、价格与相应的服务，做到产品渠道的相对平衡。市场开拓困难受制于传统电商开拓思路和人员素质的限制，传统企业自建网站，必须进行大力推广，即使花数百万元做广告，也难导引出理想的流量，不仅不能提升销售业绩，反而成为一种累赘。

6.1.3　网店运营服务外包的优势

越来越多的网店选择使用网店运营服务外包，网店运营服务外包的优势主要体现在以下几点：

1. 成本控制优势

通过网店托管所提供的网店运营外包服务可以帮助企业以及网店经营者节省大量成本。网络渠道的高性价比和广泛关注度使得外包商可以在压缩成本的同时拓展市场，从而降低企业以及网商的运营成本，提高企业运营能力。

2. 推广执行优势

专业的电子商务外包服务商能够为企业提供全方位的、全时段的电子商务服务。大多数企业的电子商务并非是企业的核心业务，在策划、网络推广、优化等方面企业往往心有余而力不足，这时就需要一个专业的团队来运作。电子商务外包服务就是给企业一个专业的电子商务团队，从而更加快速有效地为企业带来客户。单个卖家做推广无法承受巨额的广告费用，小投入又不见效果。专业的托管公司是把所有托管卖家的店铺资源整合后，利用产品特性及行业特性、互联网的技术传播特性等，通过软文、搜索引擎、口碑营销、各类推广整合促销策略组合等一系列途径来拉动流量并提升销量。依赖互联网强大传播力量，网店运营外包服务提供的企业借助于互动整合营销系统，让买家与卖家互动、产品与消费者互动，轻松打造网络知名品牌、快速提升品牌知名度和影响力。

3. 管理优势

为企业省去管理电子商务服务团队的成本，企业只需要提供产品信息，企业自己不上网都是可以的，由网站来负责帮助企业进行 B2C 销售，并根据企业销售的实际收入进行结算。专业的网店托管公司是由实践经验丰富的专业人士组合成的团队，团队成员必须包括网络技术实力、专业服务经验、项目管理、市场营销、品牌公关类人才，为卖家实施服务的店小二都是经过专业训练的专业级服务管家，相对于个人开店的业主，无论网络技术的应用、活动策划及推广实施都更加有经验。

4. 发展优势

专业的网店托管公司备有专业的运营团队，专业的团队熟悉并懂得淘宝运营操作规则，能帮助新店迅速健康地成长，帮助有一定基础的店铺稳健发展并壮大。托管店铺后，专业的团队会在最短的时间内分析市场，根据店铺产品的优势进行定位，然后进行全网推广。专业的团队还能够在最短的时间内了解店铺产品，在短时间内出具详细的操作方案。

【相关资料阅读】

义乌吹起网店托管之风

电子商务,毫无疑问是义乌近年来最热门的关键词之一。对于数以万计的中小商户来说,有的已经在电子商务的浪潮中拔得头筹,并实现了从线下到线上的转型;有的则初尝甜头,奋力拓展线上业务;当然也有的对于进军电商领域依然没有头绪……

"不懂电子商务""没有时间精力""成本太高",成为不少商户"电商梦"搁浅的主因。而为了解决这类问题,"网店托管"这一新兴的电商服务行业应运而生。

企业主乐当"甩手掌柜"。在义乌从事工艺礼品加工贸易的王女士,早就有做电商的打算。她告诉记者,近年来受大环境影响,外贸的市场份额正在逐渐收缩,这让她萌生转攻内销市场的打算。"圈子里的朋友已经在做了,效果都还不错。"

王女士今年47岁,本想着把进军电商的任务交给子女,但不成想他们大学毕业后对做生意并不感兴趣。一方面自己对电商一窍不通,另一方面也实在抽不出时间管理线上店铺,王女士无奈之下,选择了一家网店托管企业,全权委托对方负责网店运营。"三个月下来,效果基本达到预期,可以保证每月5万~8万元的营业额。"她说。初期的运营效果让她感觉做网络销售比想象的要容易,接下来对网店的前景也十分看好。

和王女士类似,把网店交由第三方机构打理的,还有义乌优湃文化用品有限公司总经理靳京。而与前者"从零开始"不同的是,他有自己的仓库,同时也具备一定的电子商务运营技术和理念。

既然有基础,为何还要托管?靳京告诉记者,作为企业主,不仅要管控生产环节,还要研究产品、品牌、定价,如果还要负责网店运营,那一个人根本忙不过来。同时,由于电子商务发展迅猛,技术、理念更新很快,自己纵然有基础,往往也跟不上其发展的节奏。因此找人托管网店,势在必行。

他为记者算了一笔账:比如目前专业做淘宝网的运营人才,月薪通常在6 000元以上,那么一年下来也要7万多元,而找专门的网店托管企业,一年的基础服务费用为3.98万元。"托管不仅可以享受可靠的服务,还能节约成本。"他说。

值得一提的是,有的网店托管企业除了收取基础服务费,还会对店铺的销售额进行分成。靳京认为,自己并不担心利润分成,因为只有网店的销售额越高,对方的分成才越多,同时,自己赚的也更多。"这是一个双赢的过程。"

靳京表示,自己的网店在托管之后,只需要派人与对方进行必要的沟通即可,其他包括店铺装修、美化、运营等方面,一概不用操心。目前,其在阿里巴巴上已经拥有3家店铺。看得出来,企业主挺乐意做一个"甩手掌柜"。

(资料来源:http://www.jhnews.com.cn/zzxb/2013-12/05/content_3027808.htm)

6.2 网店运营服务外包业务

网店运营服务外包企业提供的服务主要包括了店铺规划及装修、产品包装、推广、运营、物流、仓储等工作内容。具体服务范围包括：

1. 搭建网络销售平台

搭建网络销售平台的方式主要有两类，一类是借助已有的 B2C 或者 C2C 的平台来搭建网络销售平台；另一类是自建网络销售平台。这两类方式各有其优缺点，通过第三方平台来搭建的优势在于：①已有完善的购物流程；②信用体系完善，无论信用制度建立的时间还是可信度都非常高；③商场有模板，可快速搭建网上门店；④平台的流量大，且客户的目的性强；⑤可直接利用庞大的、现成的用户资源，帮助企业节省自建及维护电子商务平台网站等费用和长期的推广广告费用。

劣势在于：①企业运营受到第三方平台的规则限制和制约，店铺样式单一，显示不出自身的特点；②功能受限，可扩展性较低，只能在第三方平台现有服务的框架下组织活动，很多有用的、新的个性化功能如果第三方平台不及时推出则无法使用，部门还需支付额外费用；③需要向第三方平台缴纳一定的佣金；④若大企业使用，可能会降低企业在客户心中的地位和形象。

企业自建网络商城的优势在于：①可扩展性高，自由灵活，一切皆在自己掌握，很多扩展想加就加；②没有佣金负担；③在销售和服务的流程，可以采用高于第三方平台的标准要求自己，因此可以做到更好地服务客户；④网站的空间和容量不受限制，可以展示更多的商品，提供更好的用户体验；⑤可以结合用户特点，贴合用户使用及消费习惯，提供个性化服务；⑥通过自建网上商城，可以打造一支完全属于企业自己的团队，对企业的长期健康发展非常有益。

劣势在于：①自建平台需要专业的运营维护团队，需要投入较高的人力成本；②需要投资购买服务器、域名、软件等基础设施；③初期投入成本较高，且初期效果不会立竿见影，需要一段时间的积累；④自建商城初期可信度低，推广难度较大；⑤要想打响知名度，需要投入大量广告宣传。

目前大多数企业都是通过借助第三方平台的方式来搭建网络销售平台。网店运营服务外包公司针对企业网络销售平台搭建提供的服务包括：①市场调研/运营规划：结合品牌与线上消费者情况确定网络销售品牌定位，并制定阶段规划；②项目团队组建：网店运营服务外包公司为每个发包企业建立一个完整项目团队，并协助企业培养自身团队入驻平台；③提供入驻淘宝、京东等高流量电子商务平台一站式服务包括店铺设计装修即根据品牌定位确定设计风格，并提供专业网页设计以及产品上架铺货，按一定模板将商品信息上传到网销平台；④网店管理规范：建立网店规章，规范经营管理等相关的服务。

2. 品牌营销推广

无论选择自建平台还是借助于第三方平台，品牌的营销推广对于电子商务的实现都非常重要。网店运营服务外包公司针对品牌营销推广提供的服务包括：①软文植入：借助博客、论坛、SNS等社交媒体进行软广告植入；②品牌主题活动策划：定期主题活动推出、定期参加淘宝固定的市场推广活动等；③营销工具应用：利用淘宝123show、淘宝客、视频等促销工具帮助发包公司进行营销；④圈子营销：店铺SNS社区建立，例如店铺与消费者互动的独立站点（淘江湖），产品帮派建设与维护等；⑤SEM、SEO优化：提升店铺点击率及转化率，店铺定期站外推广等；⑥广告投放：资源利益最大化的广告投放计划与效果跟踪反馈，协助企业进行淘宝直通车等营销工具推广使用；⑦客户管理：客户关系管理团队与回访机制；⑧渠道控制：网络品牌形象维护，整顿网络侵权与盗版。

3. 产品拍摄及美工服务

①拍摄定位：专业的视觉营销团队提供建议并与客户确认风格需求。②拍摄策划：拍摄方式选择、模特选择、妆容与搭配、场景选择、创意构思。③正式拍摄：专业模特内外景拍摄、平铺拍摄等多种形式可选。④后期图片处理：色彩、比例、结构调整；页面点睛，加入设计元素。

4. 商城网店运营服务

①数据分析：行业、品牌、店铺网络销售数据统计分析。②销售支持：销售团队组建、基于数据支持的精准销售与改进反馈。③软件支持：网店数据与公司订单及库存系统打通，实现同步管理。④分销平台建设：分销商招募与接洽，分销渠道铺开。⑤物流支持：提供物流接口，为客户物流部门提供培训。⑥店铺管理软件：使用店铺管理软件进行日常店铺运营与监测。

5. 电子商务深层策略报告

①企业电子商务整体方案：为客户量身定制从平台搭建到品牌推广的一整套电子商务解决方案，选择最佳的渠道整合。②独立B2C平台建设：基于淘宝底层数据但是拥有独立域名的独立B2C平台，具有交易及支付功能。③网络推广策略咨询：整体品牌推广方案制定与投放预算咨询。④网络规范辅导：网络平台有众多规则需要学习，以确保店铺正常运营。网店运营服务外包公司将提供资深平台运营规范辅导服务。⑤客户公司的团队培训：帮助客户培养内部团队，以增强企业自身的电子商务能力。

目前有能力提供网店运营外包的企业非常多，鱼龙混杂，很多都是由一些经营不善的网络公司改建重组而来的。中小企业在进行网店运营外包时，对网店运营外包服务商选择的好坏直接关系到自身网店运营店铺销售及该品牌网络营销的成功与否，所以要对外包商有个真实的了解，一般建议找到5～10家电子商务网店外包商进行对比考量。选择外包商主要有以下几个指标：①诊断策划能力；②整合控制能力；③执行管理能力。此外，还应全面考虑网店运营外包服务商的财务、信誉、服务质量以及是否熟悉业务、价格水平等条件，在审查好各方面因素后，认真签订外包合约，作为双方共同遵守及管理的依据。

6.3 网店运营服务外包模式

6.3.1 网店运营服务外包按利润划分模式

外包网店运营服务的企业与发包企业间进行合作时有许多模式，这些不同的模式是按照两者之间的利润分配来划分的，具体来说利润分配主要有以下几种模式。

模式一：低投渐进模式。这种模式的具体表现为低服务费+佣金，对于外包企业而言这种模式最大的优点是起步难度小。而对于承包公司而言，主要以后期销售佣金为盈利点，与外包企业之间实现互利共赢。市场上对于这种低投渐进模式的报价一般为服务费2万元/年～6万元/年，佣金2%～8%。

模式二：整体大包模式。此模式基本实现外包方做甩手掌柜，从产品拍摄到仓储物流，由承包公司全权负责，有一定的战略意义，大多适用于集团公司、投资公司、大品牌商。但费用较高，综合几家知名电商公司后得出平均年服务费在12万～30万元之间，佣金比例8%～15%，或者协商而定。

模式三：保销模式。此模式依据资本运作手法定量定投。接包方公司利益点较多，服务费与佣金介于前两种之间。这种模式看似美好，且与卖家利益息息相关，但其中的猫腻也有很多，需要卖家在选择合作伙伴的同时多加谨慎。

模式四：品牌代理模式。此模式结合网店托管公司的技术侧重点和发展策略，从合适的品牌商拿到代理权，由品牌商监督执行运营，以利润分成形式合作。这种模式一般适用于国内、国际大牌，新品牌或小品牌极少以这种形式合作。

网店运营托管虽然可以帮卖家省时省力省资金，但还需量力而为，适合的才是最好的，切勿相信不着边际的业绩保障，数据虽美，不一定靠得住。

6.3.2 网店运营服务外包按业务量划分模式

网店运营服务外包也是"猪八戒"网店运营服务中的一种核心业务，在"猪八戒"网站上网店运营服务外包模式主要有两种类型：一种是网店推广服务外包，一种是网店托管服务外包。

1. 网店推广服务外包

网店推广服务外包是服务外包商提供服务的具体内容，包括淘宝推广、精准流量、人工收藏、微信推广、淘宝达人以及电商整合。根据淘宝店铺的等级不同，推广时间的长短以及所达到的交易额的高低，服务外包商的收费也不同。按照优化服务时间的长短，主要有一周体验版、一月标准版以及活动推广版几种常见的收费套餐。所提供的服务如表6-1所示。

表6-1 一周体验版店铺优化服务外包

网店优化服务类型	网店规模	套餐价格	设备端口	服务项	数量（一周）
一周体验版	新店/小卖家	119元/周	PC端	关键词搜索	1 400UV、4 500PV
				宝贝收藏	280
				店铺收藏	140
			无线端	关键词搜索	350
				宝贝收藏	140
				店铺收藏	70
	中型卖家	229元/周	PC端	关键词搜索	2 800UV、9 000PV
				宝贝收藏	560
				店铺收藏	280
			无线端	关键词搜索	1 050
				宝贝收藏	210
				店铺收藏	140
	皇冠大卖家	469元/周	PC端	关键词搜索	5 600UV、18 000PV
				宝贝收藏	1 190
				店铺收藏	560
			无线端	关键词搜索	2 800
				宝贝收藏	560
				店铺收藏	350
	金冠/TOP卖家	689元/周	PC端	关键词搜索	11 000UV、35 000PV
				宝贝收藏	2 310
				店铺收藏	1 190
			无线端	关键词搜索	5 600
				宝贝收藏	1 190
				店铺收藏	700

由表6-1可见，店铺推广分为PC端和无线端，主要有关键词搜索、宝贝收藏、店铺收藏三个评价指标。其中关键词搜索有两种计量标准：①UV（unique visitor，独立访客），访问网站的一台电脑客户端为一个访客。00：00～24：00内相同的客户端只被计算一次。②PV（page view，访问量）即页面浏览量或点击量，在一定统计周期内用户每

次刷新网页一次即被计算一次。

一个月标准版与一周体验版类型也分为四个等级的店铺，只是时间以月为单位。而网店推广则是以网店推广活动的规模和时间长短来进行划分。所提供的服务如表6-2所示。

表6-2 活动版店铺优化服务外包

网店优化服务类型	活动的规模	套餐价格/元	设备端口	服务项	数量（一个月）
网店推广	网店日常推广	389	PC端	宝贝收藏	1 000
				店铺收藏	500
				搜索访客	5 000
			无线端	宝贝收藏	600
				店铺收藏	300
				搜索访客	1 500
	网店活动推广	1 899	PC端	宝贝收藏	2 500
				店铺收藏	1 200
				搜索访客	12 000
			无线端	宝贝收藏	900
				店铺收藏	600
				搜索访客	4 500
			PC端/无线端	分享	2 000
				加购物车	1 000
	网店大型活动推广		PC端	宝贝收藏	5 000
				店铺收藏	2 500
				搜索访客	24 000
			无线端	宝贝收藏	2 500
				店铺收藏	1 500
				搜索访客	12 000
			PC端/无线端	分享	3 000
				加购物车	2 000
				优惠券派发	10万人

除了网店推广活动以外，还有面向旗舰店的品牌推广，主要是借助有知名度的网站和微博等进行产品宣传。所提供的服务如表6-3所示。

表6-3 旗舰店品牌推广服务外包

	服务项目	数 量	服务标准
旗舰店品牌推广	新浪微博直发	1次	500万粉丝大号
	新浪微博转发	40次	30万粉丝大号
	微信公众号推送	2个	相关的微信公众号
	爱逛街红人分享	3个爆款	各500喜欢
	淘宝达人分享	3个爆款	各500喜欢
	问答推广	各100组	百度问答、SOSO问答、360问答
	新闻稿	1篇	撰写
	论坛软文	1篇	撰写
	博客	1篇	撰写
	发布新闻稿	5篇	腾讯、新浪、网易、搜狐、中国品牌网等新闻门户网站
	发布论坛软文	500篇	新浪、天涯、西祠、搜狐、雅虎、猫扑等知名门户网站、地方论坛
	分类信息投放	300篇	赶集网、58网、易登等分类信息网站,可带电话、QQ、网址
	博客投放	300篇	新浪、搜狐、天涯、网易等各大博客网站
	QQ空间软文推送	2个	相关的QQ空间红人,软文推送
	宝贝收藏	15 000	45 000特定关键词搜索
	店铺收藏	10 000	45 000 IP
	天猫关注	8 000	15万PV

2. 网店托管服务外包

除了推广的服务外,网店运营服务外包也包含网店托管服务外包,例如初次的网店入驻代理服务外包、客服服务外包、电商整合营销服务外包。

网店入驻代理服务外包分为淘宝个人店入驻代理、淘宝企业店入驻代理、京东店入驻代理和天猫店入驻代理。接包方能保证入驻不成功全额退款并且无忧全程代理。各类店铺入驻办理的时间不同,其中淘宝个人店入驻最短只需7天,价格是280元,淘宝企业店入驻需要10天,价格是1 800元,京东店入驻代理需要30天,价格是19 998元,天猫店入驻需要20天,价格是80 000元。

客服服务外包,企业对于客服服务外包的需要主要有两种,一种是对于临时/节假日客服,面向企业日常有客服,只在旺季忙不过来时有特别需要短时间的客服服务帮忙。所以这种服务按天来进行计费。一般报价300元/天,包含的服务为早9点到晚12点,平均响应时间30秒以内,日咨询量是300~500。另一种是包月客服,价格是7 000元/月,包含的服务是七天早9点到晚12点共15小时的服务时长,平均响应时间

30秒以内，日咨询量是300～500。

电商整合营销服务外包也有低要求的精简版和高要求的旗舰版，价位相差很大，精简版2199元/套，旗舰版8088元/套。表6-4显示了精简版所提供的服务。

表6-4 精简版电商整合营销服务外包

	服务项目	数量	服务标准
精简版电商整合营销服务外包	新浪微博直发	1次	50万粉丝大号
	新浪微博转发	10次	30万粉丝大号
	爱逛街红人分享	3个爆款	各500喜欢
	淘宝达人分享	3个爆款	各500喜欢
	宝贝收藏	4000	12000特定关键词搜索
	店铺收藏	2500	12000 IP

【相关资料阅读】

唐人在线提供的网店运营外包案例

唐人在线(厦门)网络科技有限公司是目前国内领先的电子商务服务商，公司提供产品拍摄、店铺装修、店铺托管代运营等电商一站式服务，同时是淘宝摄影市场官方认证的服务商、天猫店铺托管代运营官方认证服务商、京东商城官方认证的京拍挡。

所提供的店铺外包服务主要包括5个部分：

第一，店铺整体托管，包含的服务售前提案、店铺入驻、摄影、图片拍摄及处理、店铺装修、店铺日常运营(商品管理、活动策划及执行)、营销推广(全网推广、老客户营销)、客服接单(远程客服、售后服务)、数据报告(运营报告及分析)、品牌网络营销、仓储物流(仓库、配送、系统支持)、人员培训(协助组建电商团队、定期培训)、渠道管理(分销体系的建立与管理)。

第二，店铺代运营，售前提案、店铺入驻、摄影、图片拍摄及处理、店铺装修、店铺日常运营(商品管理、活动策划及执行)、营销推广(全网推广、老客户营销)、客服接单(远程客服、售后服务)、数据报告(运营报告及分析)。

第三，分销服务，包含的服务有分销渠道建立及管理、分销服务系统建立、分销政策、分销产品管理、分销商数据分析、分销商等级管理、分销商运营扶持政策。

第四，淘宝及聚划算本地生活服务(托管)，包含的服务有分销渠道建立及管理、分销服务系统建立、分销政策、分销产品管理、分销数据分析、分销商等级管理、分销商运营扶持政策。

第五，摄影及店铺装修，包含为广大品牌商家提供专业男装、女装、童装、鞋帽、食品、家居用品、饰品珠宝钻戒等网店产品拍摄的服务。致力于品牌商家的店铺装修和店铺策划服务。

(资料来源：https://shop1433652317570.1688.com/)

6.4 网店运营服务外包流程

网店店家选择了合适的服务外包提供的企业后,服务外包提供商提供服务的流程通常包含以下一系列的过程。

第一步:店铺评估.

(1)网店运营服务提供商根据网店托管方案进行洽谈并确认意向。

(2)由网店运营服务提供商提交意向客户店铺给网店运营服务提供商专家评估组进行评估分析。

(3)网店运营服务提供商专家评估组确定该店铺是否达到托管标准,并出具网店评估报告。网店运营服务提供商保证在合同期间完成不低于所交服务费用的销售利润,若未完成则按比例退还服务费。

第二步:签署店铺托管合同。

(1)网店店家根据需要提供相关网店信息和产品详细资料以及详细的个人资料。

(2)店家与网店运营服务提供商协商修改合同以达到一致,并由网店运营服务提供商审计部审核合同,通过审核后双方签署合同,网店店家交付相关款项。

第三步:前期准备工作及经营管理网店。

(1)网店运营服务提供商技术开发部在合同规定的时间内做好店铺装修(产品和特色)。

(2)网店运营服务提供商专家评估组在合同规定的时间内根据店铺制定详细的分析报告和整体策划方案。

(3)品牌营销部根据托管店铺的产品市场情况,对产品进行专业包装,制定量身推广方案。

(4)配备专属网店运营服务提供商管家,根据网店实时情况做好进销存管理工作,快速受理投诉建议。提升客户的满意度,进一步提升销量。

(5)网店运营服务提供商管家 20 秒快速应答买家咨询,根据店铺情况每月提交销售报表及网店评估报告。

(6)在管理经营中,网店运营服务提供商监控部对服务过程实时监控。

第四步:对网店运营外包服务进行效果的评估。

根据合同所约定的销售量进行评估。

外包合同书范本

网店运营托管合作协议

甲　　方：	乙　　方：
授权代表：	授权代表：
网址：	网址：
地　　址：	地　　址：
电　　话：	电　　话：
紧急联系电话：	紧急联系电话：
传　　真：	传　　真：

签订地点：中国

甲乙双方经平等、友好协商，根据《中华人民共和国合同法》的规定，就双方合作建立淘宝店第三方电子商务销售渠道(以下简称网上合作平台)的运营外包服务达成如下协议，并愿意在此基础上双方共同遵守，精诚合作，互相支持，共同发展。

第一章　总则

1. 合作内容：甲方是拥有包括＿＿＿＿＿＿＿＿＿＿＿＿＿＿＿品牌、设计、生产、经销及零售的实体。乙方是一家专注于从事面向消费者的电子商务(B2C)外包运营的公司，乙方以自身的技术实力和在电子商务方面的运营经验和能力，双方合作运作以销售甲方拥有的品牌商品为目的的电子商务平台。

2. 合作条件：甲方品牌在互联网上的商标使用权、商标使用权再授权，以及产品的分销权、零售权。乙方拥有建设并运营面向最终消费者的电子商务网上商城(B2C)的能力。

3. 合作方式：甲方通过互联网等非线下实体店铺的形式向最终消费者销售可授权的品牌商品，乙方为甲方该项业务提供外包运营服务，该外包运营服务包括网店建设、网店运营、广告推广、网店客服等服务。甲方授权乙方在＿＿＿＿＿＿＿＿(淘宝、拍拍、京东商城……)的网络销售经营权，除上述甲方明确授权的网站外，乙方不得在其他网站经营甲方的品牌。双方建立电子商务战略合作关系。甲方并按本协议第四章的约定向乙方支付建设及运营服务费。

4. 本合同合作费用为：＿＿＿＿＿＿＿＿元，大写＿＿＿＿＿＿＿＿元。

5. 合作费用支付方式：＿＿＿＿＿＿＿＿＿＿＿＿。

6. 合作及授权期限：自本协议签订之日　年 月 日起至　年 月 日。

第二章　提成比例

乙方帮甲方赚回运营成本(淘宝商城保证金及服务费)后，乙方每月销售额达到5万元以上，甲方每月应拿销售额的5%作为乙方的销售奖金。5万元以下，不予销售提成奖励。

第三章　权利及义务

A. 甲方权利及义务

1. 甲方保证在互联网上所销售商品的合法性，并对所提供的所有产品承担所有责任，包括并不限于知识产权、产品质量等。

2. 甲方制定网上合作平台的产品零售指导价格。乙方承诺不以低于甲方零售指导价的价格出售。甲乙双方共同制定面向会员的促销原则，乙方可在该原则下制定促销计划，经甲方书面同意后方可执行具体促销计划。

3. 甲方负责提供网上合作平台所售商品并保证稳定的库存。

4. 甲方应向乙方提供为建设网上合作平台所需要的有关产品图片、信息、介绍、市场及宣传等文档内容。

5. 甲方负责协助办理网上合作平台经营许可的各种资质。

6. 甲方有义务依照双方共同制定的客户服务规范对网站销售的产品进行退换货处理。

B. 乙方的权利及义务

1. 乙方拥有非甲方提供的网上合作平台的后台信息系统、操作规范等的知识产权。

2. 乙方应确保乙方运营的网上合作平台的信息系统性能满足合作需要的技术规范。

3. 乙方不得在线下销售甲方提供的货品。

4. 乙方负责网上合作平台的网店设计、网店建设、网店运营、网店推广、网店客服。

5. 乙方应于每周结束的次日、每月结束的三日内、每年结束的次月10日前向甲方提供每周、月、年的销售报表、销售分析、退换货分析、当前库存数据分析以及客户浏览记录和购买习惯分析。

6. 乙方应在甲方书面批准的市场推广方式内开展推广活动。

7. 乙方负责第三方网上商城的日常推广、节庆等特殊促销活动的策划及实施，但需得到甲方书面批准。

8. 除本合同明确授权外，乙方不得在其他场合使用_____品牌，不得再授权其他单位网络经营_____品牌。

乙方不得销售任何假冒或仿冒_____品牌的产品，不得做出任何侵害_____品牌的知识产权的行为，否则甲方有权立即单方解除本合同，乙方应承担相应的违约及侵权责任并赔偿甲方由此所遭受的实际损失。

9. 乙方在销售活动中不得损害国家利益、社会公共利益、消费者权益和他人合法权益，也不得损害甲方权益，不得做出有损_____品牌形象的行为，否则由此产生的责任概由乙方自行承担，并且甲方有权单方解除本合同。

第四章　业务工作明细

乙方根据甲方的经营产品进行网店托管，具体工作如下：

一、甲方给乙方提供网店装修所需资料（产品VI、品牌资料等），乙方把整体网店页面设计、产品分类设计、产品关键词优化设计、产品描述设计等完稿。工作时间期限为15个工作日。

二、甲方负责产品的拍摄工作；乙方负责后期产品图片处理（在产品拍摄完毕后，乙方进行图片处理的时间为50张/天）。

三、乙方负责产品图片处理及产品描述设计，及时上传至网店，各产品的排序及描述以产品消费对象为标准。

四、项目执行小组职责明细。

1. 项目经理：负责项目合作期间的工作协调与沟通（产品促销活动策划、产品营销策略、产品上架下架时间等），产品上架时间、数量及下架时间、数量，××项目经理前期和甲方时时沟通；××项目经理协助甲方选择物流配送并协助甲方与物流洽谈相关合作事宜。

2. 编辑：品牌宣传的软文定稿、店铺广告的文字撰写、促销方案的制定及撰写、店铺的公告管理、产品关键词优化设计。

3. 技术人员1名：负责向甲方提供每日店铺的访问统计（回访者比率、访问深度比率）、销售量统计。（注：回访者比率为一周内2次回访者/总来访者；访问深度比率为访问时间在10分钟以上的用户数/总访问数）

4. 美工2名：负责店铺的页面视觉规划、设计、产品描述设计、图片处理与排版。

5. 推广人员3名：负责品牌的站内与站外宣传及站内促销工具（聚划算、直通车）的管理与统计。

6. 客服人员3名：负责在线咨询及售后服务。注：客服人员上班时间为09：00～24：00；非工作时间（吃饭时间、法定节假日）实行倒班制，保证客服人员每天在线时间不低于12小时（客服人员回答问题时间15秒以内，态度端正，不得因服务态度差而导致订单流失，否则根据甲乙双方制定的客服人员规则进行相应处罚；客服人员每天统计访问者所问的问题，以便于对产品进行相应的调整和改进；做好售后服务，耐心解决因产品或消费者自身所产生的问题）。

五、网店宣传。

1. 产品针对人群定位。

2. 站外及站内宣传平台选择。

3. 对消费人群进行针对性策划及品牌软文发布。

4. 效果监控、评估。

六、以下商城运营工具需甲方同意后，乙方开通及管理。①满就送：提升店铺流量、提高流量转化率、提高店铺的整体交易额。②限时打折。③搭配套餐：组合产品的价格优势，增加店铺人气和订单量，提高整体交易额。④店铺优惠券：以营销消息的形式将店铺优惠券发放到会员手里，拓展销售方式，提高店铺流量。⑤会员关系管理：根据不同级别的会员制定不同的促销策略。⑥淘宝直通车：需预存500元，点击收费。××负责对直通车活动的图片设置、投放地域及时间段设置、关键词设置及优化管理、点击价格设置及监控管理。⑦聚划算（团购）。⑧秒杀。

七、本合同期满后，甲乙双方本着长期合作、互惠互利的原则，再具体沟通下一步的工作；下一步的工作重点是：乙方发展分销商、实体店经销商及终端客户的数量，甲方制定销售额及乙方的提成比例商讨。

第五章 商业保密条款

1. 商业秘密：任何一方公开或未公开的任何技术信息和经营信息，包括但不限于：产品计划、销售计划、奖励政策、客户资料、财务信息等，以及非专利技术、设计、程序、技术数据、制作方法、资讯来源等，均构成该方的商业秘密。

2. 保密：双方对在本协议下知悉的另一方的任何商业秘密均负有保密义务，任何一方在任何时候均不得向第三方披露另一方的商业秘密，非经另一方书面许可不得向任何第三方泄露。任何一方违反本条规定的，应全额赔偿另一方因此遭受的全部直接和间接损失。

3. 本协议终止后至少3年内，双方仍然附有本条款项规定的保密义务。

第六章 违约责任

1. 甲乙双方任何一方严重违反本协议，造成本合同约定的合作业务无法经营或由于一方不履行本协议规定的义务、经通知纠正后15日内仍未纠正的，视作根本违约，守约方有权解除本协议。如双方同意继续合作，违约方仍应赔偿守约方的经济损失。

2. 乙方保证所提供的技术设备正常运作，如完全因乙方技术设备原因给消费者造成相关损失，由乙方承担所有责任。

3. 如因为不可抗力导致技术故障，进而影响服务不能履行或履行延误，从而导致消费者理解错误而造成的任何损失，双方均不负责任。

4. 不可抗力：在合作期间，由于地震、台风、水灾、火灾、战争或其他不能预见并且对其发生和后果不能防止和避免的不可抗力事故，致使协议的履行直接被影响或者不能按约定的条件履行时，遇有上述不可抗力事故的一方，应立即将事故情况电报通知对方，并应在十五天内提供事故的详细情况及协议不能履行，或者部分不能履行，或者需要延期履行的理由的有效证明文件。按照事故对协议的履行的影响程度，由双方协商决定是否解除协议，或者部分免除履行协议的责任，或者延期履行协议。

第七章 协议的生效、终止及其他

1. 本协议自双方授权代表签字、盖章之日起正式生效。协议期满前一个月若双方均未以书面形式提出异议，则按本协议甲乙双方商讨合作。

2. 若本合同终止或解除后双方不再续签新的合同，则乙方应在合同终止后的7日内清除完毕网站上的所有品牌标志和广告宣传，并将甲方产品和其他属于甲方的财产完好地归还甲方。

3. 对本协议内容做出的任何修改和补充应为书面形式，由双方授权代表签字后成为协议不可分割的部分。

4. 本协议及其附件为中文本，均具同等法律效力，双方各执壹份为凭。

5. 本协议未尽事宜，须经双方另行协商并签署书面文件，与本协议具有同等法律效力。

6. 对协议及附件的任何变更或修改均以书面形式确认，并需甲乙双方代表签字方为有效。

甲方(盖章)：	乙方(盖章)：
授权代表签字	授权代表签字
网址：	网址：
电话：	电话：
传真：	传真：
地址：	地址：
日期：	日期：

6.5 网店运营服务外包企业选择

外包网店企业在选择承包的网店运营服务企业之前，首先需要考虑以下两个问题：

第一个问题：不是任何店铺都适合做托管服务。如果没有好的货源，没有一定的资金支持，是不适合做网店托管的。开网店关键的是三点：货源、资金、专业的操作和管理。货源是开店的根本，没有好的货源，后面再怎么做工作都是没用的。资金是支持做好网店的保障，现在开店已经不像以前那么容易，没有一定的资金投入，宣传和推广很难做起来。专业的操作和管理是做好网店的最直接因素，有好的货源，有一定的资金，但是不会操作和管理，或者做得不专业、不到位也不行。网店托管服务可以解决专业的操作和管理问题，但是其他问题仍需要网店卖家解决。第二个问题：慎重选择提供网店托管服务的公司。目前开网店的趋势越来越火，提供网店服务的公司也越来越多，就产生了服务质量参差不齐的情况。所以网店卖家在选择做网店托管服务时一定要认准有一定资质的、专业的、口碑良好的公司，否则就有被骗的可能。

传统中小企业在选择网店运营外包公司时，可以参照以下标准来选择：

1. 企业资质情况

首先要从企业资质的基本信息上观察，一个出色的网站运营外包服务商应该具备正规的公司注册信息、工商局颁发的正规营业执照信息，且公司的规模也至少在50个人以上。拥有自己的独立网页，在互联网搜索中常看到这类公司的广告以及信息。

2. 公司的规模

从公司的规模就可以一定程度上看出公司的实力，也能大概了解公司承受风险以及合同有效性的衡量指标。可以从以下三个方面来分析：

（1）公司注册资金：根据公司注册信息中的注册资金判断，一个优秀的网站外包服务商注册资金应该要高于所承担外包项目总费用，这样就不用担心效果做不好时没有赔偿。

（2）公司的人员配备：一个企业的人员配备的总数应该是达到外包组员能操作人数的6倍以上，这样才能保证有更多可用的人员进行替换。比如一个网站运营外包需要8个人才能完成，那么外包服务商至少要有48个人的团队才算是万无一失。

（3）公司营业额：一个企业的年营业额会影响企业本身的稳定性，也影响着对网站外包项目操作过程中承受风险的能力。要确保外包公司有稳定的资金来正常运作。

3. 公司的成功案例

谁都希望自己的网站外包出去之后能得到优质的效果，所以一个公司的成功案例也是衡量一个优秀的外包服务商的标准之一，观察是否有大型企业或者知名品牌的成功案例，是否能在各大新闻媒体的网站页面上找到信息、是否有政府项目或者比较官方的成功项目经验，比如商客云，在广西与200多家政府社区有着合作的经验。

4. 公司团队的素质

判断一个公司的团队素质，不仅要从团队人数来判断，还要从团队素质来下手。如果一个团队有 10 个人,但都是新手或者根本没有接触过互联网,怎么可以放心地把网站外包给他们。因此,团队素质同样重要,可以从他们员工的学历、从事行业的年数、经验以及各种资质认证的工程师入手。

5. 公司的发展战略

把网站运营外包出去时,可以通过与公司高层的接触,大致明白公司的发展战略以及情况,确定他们是否以这类服务为公司的重点项目,以便日后有特殊情况发生之后能得到他们高层的重视。

6. 公司的服务价格

一个正规的外包服务商应该在网站上有明码标价的服务,这样就不会存在乱收费的现象。当然,每个人所要求的外包项目以及效果都不一样,例如做网店运营外包,使流量 IP 达到 3 万和 30 万所需要的费用是不一样的,但一些比较常规的外包项目,价格通常都是非常统一的。

运作实例 6-1

淘沙外包案例直通车推广——投影仪

设计方案:淘沙在 2015 年 12 月接手了 rigal 丰润园专卖店。这家店铺仅仅用了不到一个季度的时间,稳坐淘宝搜索投影仪类目头。2015 年 11 月申请店铺成功,12 月开始由淘沙开始做直通车推广。这家店铺的直通车排名一直卡在 PC 端第一页的左侧豆腐块位置。他们是如何在短短一个季度的时间成长到整个市场销量第一的?

在店铺审核通过之后,一开始掌柜就以一个低于市面上价格的优势开始出售产品,然后通过淘沙接包方运作直通车配合,一开始时也遇到了直通车没效果的问题,后面通过选款最终选定一款产品作为主推款以及爆款。一月份的成交金额以及直通车成交金额如下图:

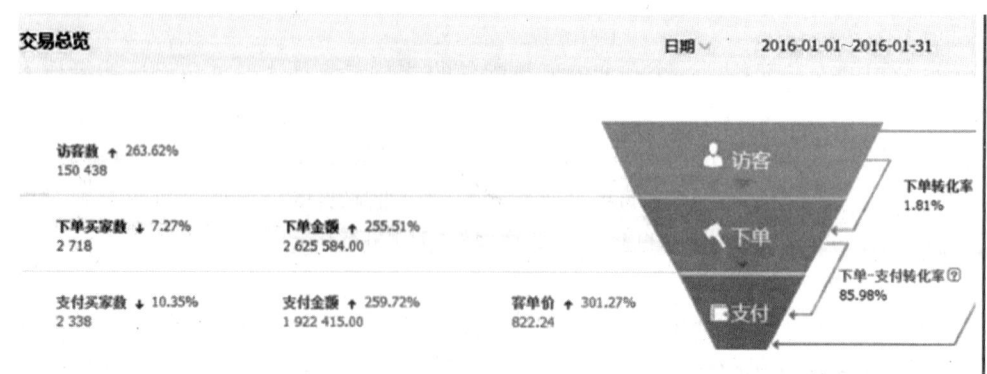

直通车一开始由于产品销售量不高,并没有做站外以及定向推广。

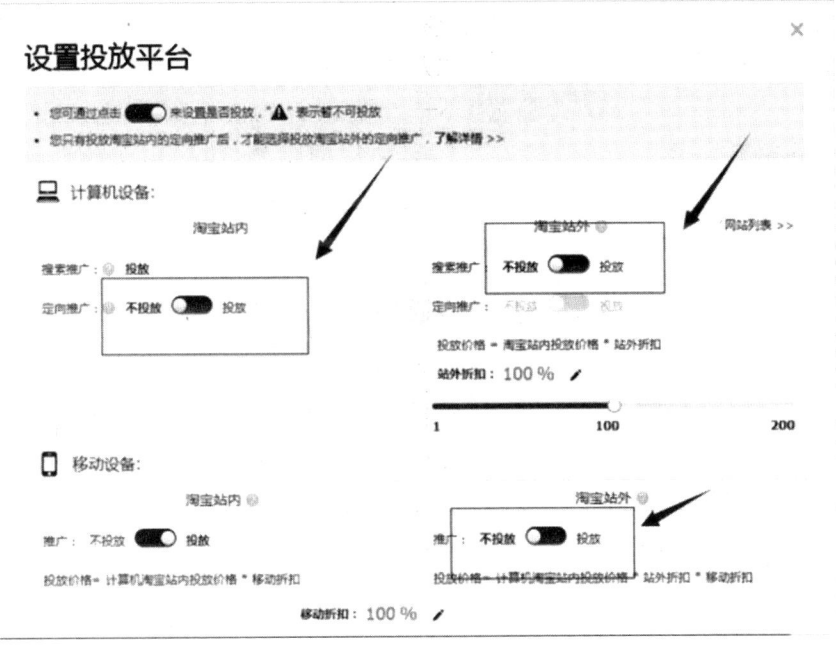

到三月份店铺成交金额以及直通车成交金额:

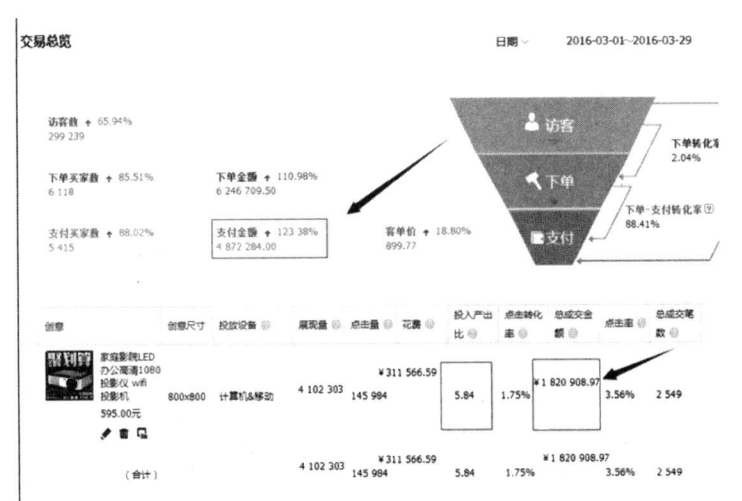

直通车问题分析：

这家直通车的出价一开始是比较高的，后面点击率慢慢上来之后，质量分也跟着提高，本来抢 PC 端第一名需要 4.5 元，后面质量分到 10 分之后点击花费降到 2 元左右，以下是一开始店铺遇到的几个难题：

（1）直通车平均点击费用高，转化率低。
（2）店铺装修与宝贝主图都存在问题，店铺详情页页面急需调整。
（3）售前售后的技巧差，没有一套完整的客服方案。
（4）产品定位不明确，需要重新调整投放地域和人群。

关于如何提高质量分一开始是以改直通车图的形式去提高点击率的。

整个投放地域也做了很大调整，通过查看生意经，选出以下几个优选地域。

通过高转化词高出价的策略去控制直通车展现量。投影仪这个关键词的出价是整个直通车账户出价最高的，因为这个关键词的流量最大，不仅仅是要抢这个关键词的排名，也要通过出价让直通车更多的展现量都给投影仪这个词。这个关键词占了整个直通车账户成交金额的一半以上。

整个投影仪市场人群搜索的高峰大概是在晚上八点以后，这个时间段虽然流量大，但是转化率却很低，所以在时间折扣上，经过一定时间的摸索之后设置如下图：

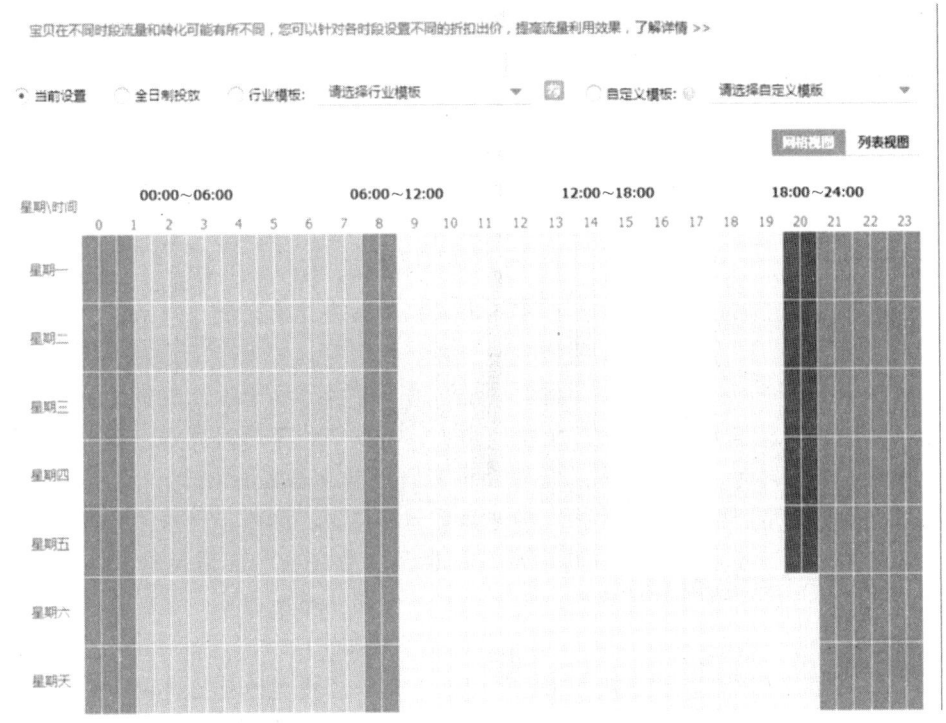

除了站内的流量以外，站外的以及定向的一律都关掉，这样可以节省许多不必要的展现，点击率高了之后，质量分自然也高，所以千万不要小看直通车里的一个小设置。现在这家店铺依然稳居整个投影仪市场销量冠军！每天的成交金额都在15万元左右。

（资料来源：http: //www.zbj.com/wdtg/xpddf53144a278n289n267n300.html）

思考题：

如果你是rigal丰润园专卖店的负责人，你会如何评估外包效果？

案例分析

"商家或企业自己开网店,需要花费大量的时间和精力来管理店铺,而且由于管理经验的差异,经营状况有好有坏,风险大、稳定性差。"在义乌某网店托管企业从事内训工作的向先生认为,有托管公司帮卖家运营网店,卖家不仅可以轻松很多,而且还能在最短的时间内提高店铺的流量,增加收入。从这一角度看来,网店托管行业的兴起,也就不足为奇了。他同时表示,目前义乌从事网店托管的企业,不下百家。

那么,网店托管企业究竟能做什么?业内人士介绍,网店托管就是卖家把店铺日常经营、管理、营销、推广的工作,委托给专业网店托管公司,由具备丰富经验,并经过严格培训的网店管理客服为卖家实现全天候经营。

义乌淘购电子商务有限公司总经理黄磊对此则解释得更为清晰:从网店的定位到装修、优化,以及售前售后客服,网店托管企业可以做好整个流程。"有的客户只需要做好仓库和客服的对接,在家发货就可以了。"

业内人士总结了网店托管的优点:中小卖家把店铺委托给托管公司后,不需要进行制作宝贝、上下架、优化关键词、装修店铺、客服咨询等这些琐碎工作,也不需要支付日常开销和客服工资,托管公司会帮他们做全面的日常操作和管理,制定详细的策划推广方案,快速而低成本地把卖家的店铺推广出去,不仅节约了时间成本,还节省了管理成本和费用成本。同时,专业的网店托管公司实践经验丰富,相对于个人开店的业主,无论网络技术的应用、活动策划及推广实施都更加有经验。此外,专业的托管公司是把所有托管卖家的店铺资源整合后,利用产品特性及行业特性、互联网的技术传播特性等,通过软文、搜索引擎、口碑营销、各类推广及促销策略组合等一系列途径来拉动流量并提升销量。

记者在采访中了解到,早在数年前,北京、上海、广州等地就已出现开展网店托管业务的电商服务公司。如今,在许多二、三线城市,甚至部分县级市,各种各样的网店托管公司也冒了出来。

在搜索引擎中以"网店托管"为关键词搜索,可以得到300多万个结果,其首页遍布各类推广链接,该行业的关注度可见一斑。而另一方面,义乌本土的网店托管企业也做得风生水起。据了解,有的企业不仅服务于本土商户和企业,也在涉足全国市场;有的已经与大型集团合作,并获得风投,进一步扩大企业规模。在业内人士看来,网店托管行业的前景可期。

"淘购"目前服务的网店有40多家,集中在阿里巴巴诚信通平台,每家网店都有一名"店长"负责。黄磊介绍,店长负责店铺的统筹运营,其背后有摄影、美工、文案等各方面的配合,最终目的就是实现店铺销售额的增长。

业内人士表示,网店托管并不单纯是帮人看店,其具有较高技术含量,专业的团队必不可少。专业团队对于网店的所有操作都一目了然,托管店铺后,团队会在最短的时间内分析市场,根据客户产品的优势进行定位,进行推广,同时能够在最短的时间内了解客户产品,会出具详细的操作方案。而店主也在与专业团队的沟通中,不断获取新知识。

有没有企业在网店托管并做大做强后，收回去自己运营？黄磊表示，确实有这样的情况出现，但目前来看收回去后的状况不理想。他解释称，由于网店托管企业有着较为广阔的资源，同时有能力取得与阿里巴巴等平台的话语权，所以能更好地为网店发展提供支持。相比之下，单打独斗就显得势单力薄了。

记者在采访中了解到，目前在义乌被专业公司托管的网店中，有的年营业额已经超过800万元。部分网店托管企业的成绩单相当漂亮，有的还被选为阿里巴巴等平台的官方指定第三方服务商。

据了解，在直接推动网店销售额增长的同时，不少网店托管企业还会推出电子商务培训。对此，黄磊认为，"授人以鱼的同时还要授人以渔"，从思维到实战，义乌的商户和企业需要学习的还有很多，而帮助更多的本土商户"触网"，电商的蛋糕才能越做越大。

据了解，目前多数从事网店托管的企业，都专一于某一平台。比如有的专做淘宝，有的专做阿里巴巴诚信通，有的则从事跨境电商服务。对于网店托管企业的"专一性"，黄磊认为，这是精细化分工的表现，专注某一领域才能提供更好的服务。而对于更多想要涉足电子商务却又无从下手的商户，黄磊也提出了自己的建议：首先要了解、学习电商基础知识，同时必须做好心理、人员、产品三方面的准备，然后付诸行动，从一个平台做起，逐步实现从线下到线上的转型。

业内人士同时表示，网店托管业务得以发展的原因，并不是不懂电子商务的企业太多，而是熟悉网店运营的专业人才太少。据业内不完全统计，目前国内相关人才的缺口约300万。在这种情况下，企业想要做好网络销售渠道，要么四处挖人组建自己的电商团队，要么把网店业务托管给专业公司。人才，似乎成为制约义乌电商发展的重要因素。当然，也有观点认为，网店托管行业的发展可以培养一批优质人才。

（资料来源：https://www.douban.com/note/348828210/?type=like）

分析：
阻碍网店运营外包服务兴起的原因是什么？

本章小结

网店运营服务外包是指企业在进军网店运营市场时，遭遇技术开发难、运营经验不足的问题从而委托给专业的网店运营团队进行经营的服务。网店卖家把店铺日常经营、管理、营销、推广的工作委托给网店管理专家，由具备网店丰富开店经验，经过系统培训的管理专家为卖家全天候经营网店，有效地提高网店的成交量，快捷、专业、安全地提升店铺的核心竞争优势，卖家把店铺委托给托管者后，只需负责发货等简单的工作，其他工作都由管家代劳。

网店运营服务外包的优势主要体现在：第一，成本控制优势；第二，推广执行优势；第三，管理优势；第四，发展优势。网店运营服务外包企业提供的服务主要包括店铺规划及装修、产品包装、推广、运营、物流、仓储等工作内容。网店运营服务外包模式主要有四种，分别为低投渐进模式、整体大包模式、保销模式和品牌代理模式。不同模式的区别主要在于利润分配的不同。而在常见的网店运营服务外包的中介网站（如"猪八戒"网）上把网店运营服务外包模式划分为网店推广服务外包和托管店铺服务外包两种。网店运营服务外包的流程包括四步：第一步，店铺评估；第二步，签署店铺托管合同；第三步，前期准备工作及经营管理网店；第四步，对网店运营外包服务进行效果的评估。在选择网店运营服务外包企业时需要十分谨慎地进行考察，考察的方面主要有：第一，企业资质情况；第二，公司的规模；第三，公司的成功案例；第四，公司团队的素质；第五，公司的发展战略；第六，公司的服务价格。

复习题

(1) 网店运营外包的原因有哪些？
(2) 网店运营外包的业务类型有哪些？
(3) 网店运营服务外包模式可以怎样划分？
(4) 简述网店运营外包的流程。
(5) 你认为应该如何选择网店运营的承包商？

7 客户服务外包

【学习目标】

通过本章的学习，了解客户关系管理服务外包的基本概念及其优势。熟悉掌握客户关系管理服务外包的业务流程，掌握呼叫中心的概念，了解呼叫中心的发展。掌握呼叫中心服务外包业务的外部风险。

【引入案例】

医药行业通过客户服务外包提升竞争力

医药行业通过客户服务外包从"以医生为中心"向"以消费者为中心"进行转变，更好地理解客户。接包公司通过分析医生和消费者的反馈信息，可以获得一些非常重要的信息，以获得其他公司不具备的竞争优势。具体而言，客户服务可以解决医药行业以下重要问题：

(1) 处理客户的信用问题。客户关系管理严格按照客户级别、信用等级，类似银行信用制度的监控体系的应用，可解决医药行业一直存在的最大问题——信用问题。

(2) 产品的管理。医药行业产品管理异常严格，尤其是 GSP、GLP、GMP 等认证制度的要求，CRM(customer relationship management)系统使其再有一个全面的管理。

(3) 价格的灵活应用。医药行业的价格最有服务性质，既要符合国家有关法令，又要顾及客户，同时要考量企业本身的市场情况，所以，CRM 系统需要提供灵活价格设置。

(4) 客户信息的动态获得。客户是衣食父母，客户动态信息的获取对厂商越来越重要。CRM 系统为此要提供多种接触渠道，并分类汇总、分析、分配、管理等。

(5) 竞争管理。医药行业的竞争激烈程度不亚于其他任何行业，只不过有很多时候是表现在错综复杂的流通渠道过程中。CRM 系统对竞争产品、竞争厂商的全面管理监控，无疑能大大帮助厂商参与竞争。

(6) 销售过程的监控。医药销售黑洞是带来销售过程控制的最大障碍。为此，CRM 系统应该可以根据医药行业流程，对销售过程进行一步一步的监控。

(7) 客户服务的及时响应。客户的满意不仅关系满意度、再销售、美誉度等问题，对于医药行业来讲，甚至可能导致法律事务的产生。CRM 系统通过提供服务自动化功能，能做到实时自动准确响应客户的服务请求等。

(8) 产品再研发的市场定位。CRM 系统通过对宏观市场因素和微观市场因素的把握,结合已有客户的销售特征状况的分析,为产品再研发的市场定位提供客户的依据。

案例思考:
1. 除了医药行业还有哪些行业适用客户服务外包?
2. 医药行业在进行客户服务外包时有哪些注意事项?

7.1 客户服务外包概述

7.1.1 客户服务外包的概念

客户服务(customer service),是指一种以客户为导向的价值观,它整合及管理在预先设定的最优成本——服务组合中的客户界面的所有要素。广义而言,任何能提高客户满意度的内容都属于客户服务的范围。

CRM 即客户关系管理,这个概念最初由 Gartner Group 提出来,而后在企业电子商务中流行。CRM 的主要含义就是通过对客户详细资料的深入分析,提高客户满意程度,从而提高企业竞争力的一种手段。

所谓客户服务外包,即是把发包商的客户关系管理等业务交给专业的、具有实际操作经验的公司进行管理,这样既可节省发包商的资金和人员,提高工作效率,同时又能享受专业的技术服务。随着互联网的发展,电子商务客户服务中外包提供商还为企业搭建 CRM 信息化所需要的所有网络、硬件与软件等运行平台,并负责所有前期工程的实施、后期的软件维护与专门的人员操作等一系列服务。

在社会分工逐步细化的时代,企业更需要的是专业与专注的精神,外包的目的是希望通过引入外部专业力量来完成所有任务从而实现最佳的资源配置。客户服务职能外包的内容主要包括客户分析、客户关怀、订单履行及管理和客户技术支持。中国的客户服务职能外包最早由 IT 硬件厂商带动,将客户中心以及现场支持服务进行外包,相对其他职能领域起步较早。客户服务职能外包需求的来源主要来自电信、离散制造(家电、IT 等设备厂商)以及金融行业。服务已经成为现今企业不可或缺的业务职能,同时也需要大量的专业资源,而客服中心在绝大多数企业作为成本中心。企业通常用成本、运作效率以及客户满意度作为客服中心的关键绩效指标(KPI),因为越来越多的企业正在考虑或者已经将客户中心外包给专业的呼叫中心运营公司。因此,客服中心的外包成为客服职能外包的主要内容。对于离散制造业,企业由于成本以及地域覆盖能力,正在将客户现场服务进行外包,发包商可以利用 IT 系统监控服务的状态、质量以及客户反馈。对于客服中心外包服务商的选择,发包商通常倾向于外包给距离自己较近、没有时差并且语言相通的公司;而客户现场服务外包通常要求外包服务商有足够的服务能力、技术能力和地域覆盖能力。

7.1.2 客户服务外包的优势

目前，这种客户关系管理战略正逐步成为企业客户关系管理服务外包的主流。Forrester 对 40 个世界 500 强公司进行的研究表明，95% 的公司认为实施客户数据关系系统的成本超过 50 万美元。雇佣一个数据仓库/数据挖掘服务公司意味着公司可以省去软件和硬件系统的前期费用，外包服务提供商将承担整个 CRM 基础设施的运转，包括存储器、数据仓库系统、分析和挖掘软件、应用服务器和软件。雇佣 CRM 外包服务公司而不是组建内部团队，可以把招募、培训和保留专家的成本转嫁给 CRM 外包服务提供商，这样可以让公司员工腾出时间来开展具有优势的业务。同时，由于拥有多个客户，CRM 外包服务提供商在单个公司不能获得的设备、服务和专家方面能取得规模经济效益，这样，可以大大降低外包商的成本。

在客户关系管理服务外包模式下，企业无须购买 CRM 系统所需的软、硬件及机房建设、客户服务专门员工聘用与培训、IT 人员招聘，只需前期一次性支付业务实施费与后期每月的 CRM 服务费即可享用 CRM 成果，其具体表现如下。

1. 有利于企业降低前期成本与风险

(1) 避免设施建设成本。服务外包意味着企业可以省去软件与硬件系统的前期建设成本，而由服务外包提供商承担整个 CRM 基础设施的投入。

(2) 减少专业人员聘用培训成本。CRM 外包模式使企业能够获取有专业经验的信息专家与专门承担客户服务工作队伍的支持，不必花费时间和金钱进行内部团队建设，从而把招募、培训和保留专业人才的成本移交给服务外包提供商，使企业员工可以集中精力开展具有优势的核心业务。

(3) 有效降低前期开发风险。由于软件设备、基础设施与人员成本的下降，合同约束下的业务进展工期有保障，服务外包提供商的专业技能和客户服务的规范化基础好，因此 CRM 服务外包模式将自行开发、自行购买、自行招聘培训的风险大幅度降低。

2. 有利于企业快速实施 CRM 系统

(1) 专门化 CRM 系统便于企业的运用。由于服务提供商的基础设施和应用系统具有专门化、集约化的特点，测试后可以立即投入运行。

(2) 服务外包服务商重视整体合同执行。外包服务提供商不像系统集成商那样喜欢延长工程周期，而是鼓励迅速推进硬件基础工程建设，来进一步实施客户服务的中心功能，具有高效率的特点。

(3) 专业化运作效率高。CRM 外包提供商专业化的操作，不仅比自建与购买模式的速度快，而且能高标准进入规范化、专业化的客户服务阶段，这既满足了企业快速实施 CRM 的需求，也有利于全面推进为客户服务的业务实施。

(4) 有利于获得专业化 CRM 服务。服务外包提供商为吸引并保留与企业的合作关系，想方设法为企业提供更好的 CRM 应用服务，并持续改善其特色、功能与服务质量，从而使企业从中取得更好的客户关系管理服务。由于服务商同时拥有多个签约企业的业务，因此既可以取得本身的规模经济效应，又能使签约企业享受高性能、低成本、专业化的 CRM 服务。

3. 有利于服务外包企业降低总成本

（1）服务外包使企业初期成本最小化。CRM 服务外包模式的运作最小化了企业的初期基础设备与队伍建设成本，业务建成后服务供应商继续提供月付方式的客户关系管理服务，允许服务外包企业分期支付服务费用，具有很大的成本效益优势。

（2）按需收费减少开支。在 CRM 的服务外包方式下，服务提供商向企业的费用收取不是"一刀切"，而是依据提供服务的周期与业务量繁简的实际情况定价收费，企业支付的服务成本可随业务需求的发展与波动而增加或减少，这对受市场变化制约、季节性接受 CRM 服务外包的中小企业显然很实惠。

4. 有利于中小企业专注于核心能力

（1）服务外包有利于企业掌握核心流程。企业的竞争优势来源于对其核心能力的战略性专注。对中小企业而言，最核心的任务是做好客户关系的管理与优化，中小企业将 CRM 软件及其必要的基础架构（包括维护）建设业务外包给专业服务公司，实际的商业流程操作则由自己掌控。这种方式能够使中小企业投入更多的精力去关注客户、关注 CRM 核心流程的运作，较少考虑技术配置和人员问题。

（2）服务外包合同期限灵活。目前，国内外许多企业将其非核心能力的或不能以较低成本自行处理的客户管理业务，交由外部服务提供商管理，这种服务外包合作关系可以是长期，也可以是短期。

其一，长期的服务外包关系是指企业将自己的客户关系管理业务长期交给服务外包商处理，服务外包商经常"驻扎"在企业内部，形成稳定的合作关系。

其二，短期的服务外包关系是指企业在进行新产品推广或促销的特定时期，将一些有针对性的客户业务，诸如客户服务电话、客户 e-mail 调查或商品推介等交给服务外包商处理，业务完成后服务外包关系随之解除。

（3）服务外包模式转化。客户关系管理服务外包正在由传统的经营模式向新的发展模式转变。

其一，传统 CRM 服务模式下，外包承接商无须了解发包企业的具体经营战略，只需代表发包企业向客户提交产品与服务。伴随着市场竞争的日益加剧，这种旧式的、简单的电话推销式的 CRM 服务外包已经过时，取而代之的是一种新的、一对一的客户关系管理战略。

其二，客户关系管理战略是一种建立在全新理念基础上的服务外包合作关系，要求 CRM 承包服务商准确、深入地了解客户，更全面地掌握最新市场动态信息，以更温和、更快捷、更周密的方式向每一位客户提供相应的产品和优质的服务。

7.2 客户关系管理外包业务流程

7.2.1 客户关系管理业务流程

客户关系管理业务流程包含六个主要过程：

一、建立计算机管理系统
(1)客户关系部建立计算机管理系统，包括信用管理系统软件配备、客户信息管理。
(2)定期作出客户分析报告，将客户资料输入计算机管理系统，为制定销售战略提供依据。
(3)独立计算机客户管理系统。
二、销售业务开发
(1)销售部广泛搜集市场信息(包括初步报价、客户需求信息等)，依据市场和产品分工进行销售业务的开发，对有购买意向的准客户做进一步的调查，以争取客户订单。
(2)争取客户订单，搜集市场信息。
(3)对新客户进行资信调查，把客户调查资料输入计算机管理系统。
三、信用审查
(1)客户关系部依据销售部的新客户资信调查资料，对新客户进行信用审查。
(2)客户关系部依据上级的批示，对信用审查合格的新客户，依据信用评定级别，确定其赊销额度。
(3)将信用审查不合格的新客户资料，上报相关总监审定、总裁审批，确定是否与该客户进行交易。
(4)客户关系部依据老客户的信用情况，按照公司规定，对其赊销额度进行调查(减少或增加赊销额度)。
(5)对客户进行信用审查，并依据审查情况进行信用评级。
(6)确定、调整新(老)客户的赊销额度。
四、签订合同
(1)由销售部业务员检查客户订单是否超过赊销额度，若超过赊销额度，则需经相关总监或总裁审批，确定是否和其签订供货合同。
(2)由销售部负责与客户谈判，确定合同细节(包括送货方式、交货时间、回款方式、赊销额度等)。
(3)合同报公司财务部、生产部进行合同评审。生产部确定生产能力、交货时间、产品技术要求，财务部审核总利率，以确定订单效益。
(4)合同评审后，正式签订《产品销售合同》，销售部业务员把合同交客户关系部备案，并输入计算机客户管理系统。
(5)检查是否超过赊销额度，与赊销额度内的客户签订合同。
五、回款
(1)销售部业务员负责按照合同规定索要回款，并按照合同将客户的未付款项分期收回。
(2)销售部业务员应该在每次回款全部收回后，拟写《回款报告》，将回款情况交给客户关系部备案(输入计算机客户关系系统)。
(3)按照合同规定，收回所有未付款项。

六、客户信息分类统计

（1）客户关系部应掌握公司所有客户（包括新客户、老客户及准客户等）信息，把客户信息进行分类统计，并反馈给销售部。

（2）销售部依据所获信息进一步开发新客户、开拓新市场。

（3）客户信息管理（分类统计和分析）。

客户关系管理服务外包业务流程就是把上面提到的建立计算机管理系统、销售业务开发、信用审核、签订合同、回款、客户信息分类统计依次外包出去的过程。

7.2.2 客户关系管理业务外包流程

设计完善的客户关系管理服务外包业务流程可以帮助企业在拓展新收入来源的同时，改进与现有客户的交流方式。

1. 确立客户关系管理服务外包项目实施目标

客户关系管理服务外包系统的实施必须要有明确远景规划和近期实现目标。发包商指定规划与目标时，既要考虑企业内部的现状和实际管理水平，也要看到外部市场对企业的要求与挑战。在确立客户关系管理服务外包目标的过程中，企业必须清楚建立客户关系管理服务外包系统的初衷是什么，是由于市场上的竞争对手采用了有效的客户关系管理服务外包管理手段，还是为了加强客户服务的力量。只有明确实施客户关系管理服务外包系统的初衷，才能给出适合企业自身的客户关系管理服务外包远景规划和近期实现目标。作为客户关系管理服务外包项目的负责人，必须将已经形成并得到企业内部一致认同的、明确的远景规划和近期实现目标落实成文字，明确业务目标、实现周期与预期收益等内容。这一份文件将是整个客户关系管理服务外包项目启动前企业对客户关系管理服务外包项目共同认识的文字体现，也是实施进程中的目标和方向，同时也是在客户关系管理服务外包项目实施完成后评估项目是否成功的重要衡量标准。

2. 以业务过程来实施客户关系管理服务外包项目

客户关系管理服务外包系统是为了建立一套以客户为中心的销售服务体系，因此客户关系管理服务外包系统的实施应当是以业务过程来驱动的。IT技术为客户关系管理外包系统的实现提供了技术可能性，但真正的驱动力应来源于业务本身。客户关系管理服务外包项目的实施必须要把握软件提供的先进技术与企业目前的运作流程间的平衡点，以项目实施的目标来考虑当前阶段的实施方向。同时也要注意，任何一套客户关系管理服务外包系统在对企业实施时都要做一定程度上的配置修改与调整，不应为单纯适应软件限制而全盘放弃企业本身有特点、有优势的流程处理。

3. 获得高层管理者的理解与支持

高层管理者对客户关系管理服务外包项目实施的支持、理解与承诺是项目成功的关键因素之一，缺乏管理者支持与承诺会对客户关系管理服务外包项目实施带来很大的负面影响，甚至会使项目在启动时就举步维艰。要得到管理者的支持与承诺，首先要求管理者必须对客户关系管理服务外包项目有相当的参与程度，进而能够对项目实施有一定理解。客户关系管理服务外包系统实施所影响到的部门的高层领导应成为项目的发起人或参与人，客户关系管理服务外包系统的实现目标、业务范围等信息应当经由他们传递给相关部门和人员。

4. 组织机构与建制

建立合理的客户关系管理服务外包项目组织结构并有效地控制变更和实施奖惩制度。

客户关系管理服务外包项目组成员会由企业内部成员和外部的实施伙伴共同组成。内部人员主要是企业高层领导、相关实施部门的业务骨干与IT技术人员。业务骨干的挑选要十分谨慎，他们应该真正熟悉企业目前的运作，并对客户关系管理服务外包流程具备一定的发言权和权威性，必须全职、全程地参与项目工作。客户关系管理服务外包项目实施将会使业务流程发生变化，同时也会影响到人员岗位与职责的变化，可能导致工作人员的效率不高、情绪不积极等情况，因此，必须把这些内容列入变更管理的范围之中，同时对项目组成员的职责分工有明确定义，把每项任务落实到人，明确对个人的考核目标，对优秀人员予以奖励，不能完成任务的予以处罚。

5. 客户关系管理服务外包项目合作关系的选择

客户关系管理服务外包的软件系统有不少，各自存在着不同程度的差异，很多企业在选型过程中难以做出最后的抉择，针对上述情况，有3点建议。

（1）对软件的选择要依据企业对客户关系管理服务外包系统的远景规划和近期实施目标来进行，选择最能贴近企业需求的产品。

（2）客户关系管理服务外包系统的最终拥有者是业务部门，因此选型工作必须有业务部门的紧密配合，而不能简单地将工作分配给IT部门完成。

（3）在选择软件供应厂商时，也应注意其产品的开放性、技术支持能力与可持续发展性。

【相关资料阅读】

亚马逊客户关系管理服务外包案例

随着社会生产力的不断提高与市场经济的迅速扩张，营销理论经历了以生产为核心到以产品质量为核心，再到以客户为中心的几个阶段，每个厂商均要直面残酷的市场竞争和顾客挑剔的选择。怎样吸引客户、留住客户、巩固客户已经成为现代企业在市场竞争中取胜的必由之路。

于是一场客户争夺战拉开序幕，一种新的经营管理理念由此而生，客户关系管理外包业务流程逐步被越来越多的企业家关注和重视，希望凭借智慧化客户关系管理外包业务流程，给企业带来忠实和稳定的客户群。

"亚马逊"书店做的虽是平淡无奇的买卖，但却善于认真分析网上客户资料并为己所用。在亚马逊的四百万册书籍中客户能够很快找到自己之所需；顾客在亚马逊购书后，其销量系统会准确记录下顾客购买和浏览过的书目。当顾客再次进入亚马逊，系统马上识别出客户的身份，并依据顾客喜好推荐有关书目。优秀的客户关系管理模式和效果使亚马逊书店成功地赢得65%的回头客。这就是客户关系管理服务外包业务流程有效运作的结果。

7.3 呼叫中心服务外包业务

7.3.1 呼叫中心概述

现代商务活动中，客户关系管理经常是从发展和管理与客户的沟通交流等各种关系开始的。全球大多数国家普遍应用于管理和发展与客户沟通交流的专门技术平台就是呼叫中心。

1. 呼叫中心的概念和运营

1）基本概念

呼叫中心（call center）是由成组制坐席员或公司的业务代表通过集中进行电话呼入处理与对外呼叫联络的方式与产品用户联系服务的一个专门系统。一般来说，当系统拥有3位以上专门进行此项话务处理的人员时，就可被认为是呼叫中心。

电话呼入型呼叫中心的特点是接听顾客来电，为顾客提供一系列的服务与支持，例如在IT行业中的技术支持中心，保险行业中的电话理赔中心等。而电话呼出型呼叫中心一般以从事市场营销和电话销售活动为主，是企业的利润中心。

呼叫中心就是在一个相对集中的场所，由一批服务人员组成的服务机构，通常利用计算机通信技术，处理来自企业、顾客的垂询与咨询需求。以电话咨询为例，具备同时处理大量来电的能力，还具备主叫号码显示，可将来电自动分配给具备相应技能的人员处理，并能记录和储存所有来电信息。一个典型的以客户服务为主的呼叫中心可以兼具呼入与呼出功能，当处理顾客的信息查询、咨询、投诉等业务的同时，可以进行顾客回访、满意度调查等呼出业务。

从管理方面，呼叫中心是一个促进企业营销、市场开拓并为客户提供友好的交互式服务的管理与服务系统。它作为企业面向客户的前台，面对的是客户，强调的是服务，注重的是管理。充当企业理顺与客户之间的关系并加强客户资源管理和企业经营管理的渠道。它可以提高客户满意度、完善客户服务，为企业创造更多的利润。

从技术方面，呼叫中心是围绕客户采用CTI计算机电话集成技术建立起来的客户关照中心；对外提供话音、数据、传真、视频、因特网、移动等多种接入手段，对内通过计算机和电话网络联系客户数据库和各部门的资源。

2）任务

呼叫中心的主要任务将影响许多重要决定，这些决定关于呼叫中心功能、呼叫处理措施、内部或外部联络措施，以及呼叫中心结构，即集中型或分散型。呼叫中心通常首先处理大多数客户询问或是基本种类的服务，这说明呼叫中心80%或以上的呼叫可以得到回复，而不需要分配到公司的其他部门。通过进行足够的培训和发展技术系统，也可以处理更为复杂的询问。呼叫中心的首要目标是提供高质量的服务令客户满意，提供高品质服务的基础是增加与客户的联系，同时也必须决定在整个组织结构安置呼叫中心的地点。这可有助于在公司各级管理结构中呼叫中心直接向行政主管汇报，确保了呼叫中心保持完整从而取得客户服务成果。

7.3.2 呼叫中心外包的优势

企业的持续发展有赖于竞争优势，而竞争优势的取得有赖于企业的核心竞争力。企业核心竞争力是企业独特拥有的为消费者带来特殊效用，在某一市场上具竞争优势，获得稳定超额利润的内在能力资源配置，形成并保持竞争优势的能力。它包括两个方面：一是企业获取各种资源或技术并将其集成、转化为企业技能或产品的能力；二是企业组织调动各生产要素，使企业各环节处于协调统一高效运转的能力。非核心业务是构建企业核心竞争力的服务性和辅助性的功能或业务。通过对非核心业务进行外包来获取外部资源和条件优势，提高效率和效益是很多优秀企业成功的经营战略。呼叫中心对多数企业而言属于非核心业务，其外包战略具有多方面的优势。

（1）增强企业核心竞争力，提升整体竞争优势。核心竞争力是企业独具的并可以支撑企业持续性竞争的能力，它是决定企业竞争胜负的关键。在专业化分工不断细化的今天，由于企业的能力与资源有限，企业必须整合自己的优势资源和技术，持续并强化自身的核心竞争力，对于非核心领域，外包是明智之举。呼叫中心外包推动企业注重核心业务，专注于自己的核心竞争力，这是最根本的原因。呼叫中心外包能使企业把优势资源和管理能力集中到保持和发展企业的核心竞争力上，使得企业的核心商品与服务在专业领域保持强势，强化客户对企业产品与服务的信任度、满意度、忠诚度。企业将呼叫中心外包就是借用专业呼叫中心运营商的专业优势，提升企业的核心竞争力。因为专业的呼叫中心运营商拥有最新的、先进的技术设备，丰富的运营管理经验以及运用自如的客户服务和市场营销技能，同时对呼叫中心有着深刻的理解和掌握，具备专业的知识。他们可以为客户提供更专业的服务，维持良好的企业与客户的交流，留住客户或者进行在线销售。

（2）节省成本，降低风险。业务外包是企业克服自身资源的限制，降低成本的有效方法，因为外包服务提供商最小化了初期设备和员工成本。企业自建呼叫中心必须购置设备，建设座席工作站，必然投入大量的资金，然而这些前期成本只是整个运营成本的一小部分，占20%左右。人员成本包括人员的招聘、培训、工资、福利和奖励等，以及后期设备的维护与系统升级，这些才是更大的主要成本。自建呼叫中心不仅占用大量的资本资源，同时还有失败的风险。外包模式使得公司能够获取有才能的呼叫服务专家，而不用花费时间和金钱进行内部团队建设，还可以把招募、培训和保留专家的成本转嫁给服务提供商，保证公司员工有更多的时间和更好的精力来开展具有自身优势的业务，同时分解了整体风险。自建的呼叫中心，如果不能理想运作，可能造成客户流失，丧失市场。呼叫中心外包可以提高服务响应速度与效率，来自外包商的专业服务人员可以将企业客户服务部门从日常负担性的职能中解脱出来，减少系统维护和管理的风险。

（3）节约时间，提高效率和投资回报率。自建呼叫中心的总体规划、设备采购、建设过程需要大量的时间，即使聘用专业咨询专家帮助实施也是相当艰巨的任务。在Forrester研究的40个世界500强公司中，几乎1/3认为自行实施一个基于客户数据管理系统的呼叫中心需要一年以上的时间。选择外包提供商可以大大降低部署时间，因为基础设施和应用系统是现成的，测试后就可以运行。外包服务提供商有迅速推进工程的激励,因为越早服务于客户就能越早获得回报,所以外包能够大大缩短呼叫中心的部署时间,从而提高效率和投资回报率。IBM 在 1992 年决定利用呼叫中心作为其在销售和客户服务方面的有效渠道,提供最好的服务质量和最低的成本。IBM 考虑到自己在呼叫中心方面没有设计经验,更缺乏管理能力,于是选择了外包。在 90 天内,这个外包的呼叫中心就建成并运转起来,所用时间仅为 IBM 原先预想的 1/3。该呼叫中心的建立,带来了引人注目的成果:减少了 97% 的客户联系成本;缩短了 80% 的区域销售周期;产生出 125% 的客户潜在购买指标。

(4) 系统升级与服务改进优势。由于外包提供商需要吸引和留住企业客户,具有持续改善服务特色和功能的压力。服务提供商负责软件开发、硬件升级、基础设施的部署和测试。随着服务提供商改进和扩展服务、功能,客户可以从中获得更优质的服务与收益,从而增加企业的利益。专业呼叫中心提供商一般对多家企业提供服务,所以具有在单个公司无法获得的设备、服务和专家等方面的规模经济效应。而企业自建的呼叫中心在系统升级与服务改进方面则面临资金和管理等重重困难。

7.3.3 呼叫中心的外包模式

呼叫中心外包可以使企业充分利用呼叫中心运营商的专业系统、专业人才及管理水平来提升客户服务的能力,同时又避免了日常的管理、人员培训等麻烦。呼叫中心有呼入型、呼出型、混合型等类型。企业还可以根据自身的实际需要选择或定制个性化的呼叫中心。企业只需要从呼叫中心获得数据信息从而实现数据管理(数据仓库)、客户细分和客户行为分析、定制个性化的目标销售和服务等功能。

企业根据自身的实际情况、呼叫中心的功能要求和业务量的多少,选择适合自己企业的外包方案。通常有整体外包、部分外包和特殊情况下的临时外包等形式。

整体外包是指企业将呼叫中心的业务整体外包给呼叫中心运营商,由运营商提供整套的呼叫中心解决方案。他们负责技术实施、平台的构建、业务的设计、座席代表人员的配置,以及他们的管理运作方法。呼叫中心运营商理解企业对呼叫中心的功能目标,相互沟通达成共识,按照企业的要求开展呼叫中心的业务。在合作时,双方约定一个服务水平,以此作为对外包呼叫中心服务质量的考核标准。

部分外包是对那些不具备完备的呼叫中心条件的企业而言的。有些企业购置有专业的呼叫中心系统,却没有专业的服务人员,也不愿意花费精力来培训这些人员,则可以选择采用人员外包的模式。专业人员在为客户提供高品质服务的同时,也为企业带来了规范化的呼叫中心运营管理流程。若企业对呼叫服务有特殊的技术要求,如必须由本公司员工来担任座席代表和服务人员,则可以采用租用呼叫中心运营商的平台和系统,因为硬件设备的资金投入以及系统专业化的设计要求可能让企业感到力不从心。专业的呼叫中心运营商可以根据客户的要求,将他们的专业水平与成功经验快速复制,稍作调整就可以满足企业的需要。

临时外包是根据一些临时性的需求,企业或者机构临时租用呼叫中心的情况。比如市场调研、商务会展等业务。这要求呼叫中心能够根据客户需求进行快速反应,及时设计系统,快速提供高效服务。

7.3.4 呼叫中心外包的实施管理

外包呼叫中心已成为那些明智而又务实的企业在商务活动中的一个组成部分。从原先的垂直销售到现在的水平销售，外包呼叫中心的范围和焦点也随之更新，不再被简单定义为与另一个企业长期提供服务的合同范畴，更意味着合作者之间的战略伙伴关系，风险与目标共担。企业可以集中精力从事其核心业务，而将剩下的工作委托给外包服务商。要达到预期的目标，在呼叫中心外包的实施过程中尤其要做好以下几个方面的管理工作。

(1) 明确定位呼叫中心的功能目标。呼叫中心已逐渐成为联系企业与客户的门户，是企业以客户为中心战略的关键点。对于企业而言，可以通过呼叫中心实现售后服务、客户咨询、市场调查、电话销售与网络销售等多项功能。同时，呼叫中心的客户知识与市场信息，也是企业对客户价值进行评价、提供个性化服务的知识库。企业要实施呼叫中心外包，首先必须确定呼叫中心的功能目标，这样才能在最低的投入下保证企业目标的实现。这就要求企业认真分析自身的特点，明确对呼叫中心的要求、要实现的功能以及达到的效果。只有对呼叫中心的功能目标有了清晰的认识，才能合理确定呼叫中心的规模大小、投资预算、业务内容、服务形式、时效规划、绩效评价等。这是呼叫中心外包成功实施的前提。

(2) 谨慎选择呼叫中心运营商。呼叫中心运营商的管理水平、业务能力、专业程度是影响呼叫中心成败的关键。企业在实施呼叫中心外包时，谨慎选择呼叫中心运营商是关键一步。企业在实施前应该广泛收集运营商的信息，大范围内进行公开招标，吸引优秀呼叫中心运营商参与竞争。在深入考察他们的财务状况、技术实力、持续发展能力、信誉、合作能力等方面详细情况的条件下，根据企业的实际需求权衡比较，选择最适合的外包商。这是呼叫中心外包成功实施的关键。

(3) 注重交流，建立战略伙伴关系。企业与呼叫中心运营商的相互理解是非常重要的，它是呼叫中心良好运营的保证。双方应该积极沟通，保证良好的信息交流渠道，建立相互信任关系。一旦外包业务开始实施，双方应该不仅仅是合同关系，更应该建立一种长期的战略伙伴关系，结成一种稳固的、富有弹性的双赢关系。因为外包模式是不同企业的资源整合，企业之间的文化差异要积极协调沟通，才能更加有效地合作。企业内部的组织结构、运作方式、经营模式等要根据外包的实施做适当的调整，提高内部运作效率。企业与呼叫中心运营商双方应在相互信任的基础上进行合作。信任程度决定相互的理解程度。双方的责任与权利应该清晰明确地界定，尤其对呼叫中心的运营质量与绩效的评价标准不能含糊。合作双方的良好关系是外包呼叫中心成功的保证。

运作实例 7-1

大田快递呼叫中心外包实例

大田快递成立于 1999 年，是美国联邦快递公司在中国的合作伙伴，也是联邦快递在中国唯一指定销售代理人。基于日臻完善的网络和日益提高的服务水平，大田快递高效率的物流网络体系已覆盖全国，本着以优质的系统网络建设及全方位的客户服务，提供给客户快捷、安全、准时的全国性快递服务的宗旨，大田的业务正在不断拓展，大田集团为客户大大降低了企业产品的总成本，大幅度提高了企业的利润。为提高客户服务在信息时代的核心竞争力，并与客户进行有效的沟通，更好地服务客户，大田集团在北京、上海、深圳等地建立了客户服务中心。

大田集团希望通过呼叫中心的建立达到以下目的：受理客户的接单请求、查单服务、客户信息管理从而提高企业经营效率并降低成本；使呼叫中心不仅是大田的业务接入平台，更是企业的生产系统，对利润的产生有直接的支持。

1. CallThink 呼叫中心系统

在没有使用 CallThink 呼叫中心系统前，客服服务中心只有简单的接入电话的功能，没有完善的呼叫中心功能。话务量承受能力小、接通率低、没有统一的服务窗口和后台，统计功能也只能靠手工实现。在 CallThink 呼叫中心系统建成后，对大田的企业运营产生了极大的促进作用，主要体现在以下几个方面：

（1）通过呼叫中心平台 IVR 模块，可以在企业与客户之间架起沟通的桥梁：热情的问候语，提供始终如一的服务；清晰的语音导航，帮助客户迅速得到想要的服务；自动的工号播报，为客户提供一对一的个性化服务；高效的自动话务分配，为不同的需求提供不同的服务。从根本上解决了座席全忙时，用户打入电话听到占线音无法转入座席的问题。

（2）通过呼叫中心平台 CTI 服务器，可以有效地提高工作速度，缩短客户等待时间；快速了解客户的背景及历史交往记录，帮助业务人员快速处理业务。

（3）客服中心可以有效地利用计算机网络，填写、发送、转移、浏览电子工单表，和手工记录相比，大大地提高处理速度，实现自动无纸化办公。

（4）通过呼叫中心的报表分析座席人员的工作状况，及时调整各项业务座席人员的分配，提高人员的合理使用情况。

（5）通过呼叫中心系统，获得大量的用户资料，通过分析用户群，更好地制定集团的业务，提高企业的竞争力。

2. 系统构成

从整体上来说，该系统的建设减少了公司在信息处理和客户服务方面的人工投入，降低了运营成本、提高了生产率及服务质量，使得呼叫中心真正由成本中心转换成利润中心，成为真正意义上的低投入高产出的企业生产系统。

3. 系统规模

上海大田呼叫中心系统目前的配置情况如下：

接入平台：交换机电话通信系统（程控交换机 PBX），采用 NEC－NICE288 交换机（加配中间件 TYPE，使用 TCP/IP 协议）；

接入中继：10 条 ISDN(2B＋D)；

监听录音：20 路录音，1 路监听。

4. 系统特点

（1）强大的 IVR 语音交互引导，实现自动转接座席，座席全忙时播放音乐提示用户等待，提高客户的满意度，树立良好的社会形象。

（2）ACD 呼叫方式按循环排队方式分配座席，最大限度地将座席人员充分应用。

（3）自动来电弹屏功能可使客户信息及历史交易数据随着来电接入自动弹出，大大提高了座席人员的工作效率。

（4）系统实时监测，监控各项业务的处理情况，监视座席的状态，单项监听座席话务员和客户的通话，对座席话务员进行多种方式的录音。

（5）系统支持各种统计报表输出，直观地反映出呼叫中心各个时间段内的各种环节的具体运营情况，帮助管理人员进行决策。

5. 系统评价

经过在北京（大田快递华北区）客服的一个月的试运行，这套呼叫中心系统得到大田快递的一致好评，先后开通了华北区（北京）、华南区（深圳）、华东区（上海）三套呼叫中心系统，现全部正式运营中。

（资料来源：http：//bj.bendibao.com/news/20091214/59046.shtm）

思考题：

大田快递呼叫中心外包的目的是什么？

案例分析

一年一度的重庆渝中国际服务外包项目对接会于昨日（2014 年 6 月 23 日）举行。在对接会上，来自海外的 6 家国外企业带来了 500 多万美元（约合人民币 3 000 万元）的外包订单。截至会议结束时，共有将近 300 万美元（约合人民币 1 800 万元）成交。组委会方面表示，我市的服务企业在会后也可通过组办方和来自全球的 6 万多家海外企业对接，并有望接到其发出的服务外包订单。

订单——会上抛出 500 万美元

主办此次对接会的重庆渝中区信息服务外包发展中心主任汪方龙介绍，此次来渝的欧美企业包括摩根大通在内共有6家，分别来自金融、IT和教育产业。

值得注意的是，在本届对接会上，海外企业除了像往常一样给出发包需求之外，还带来了投融资、渠道拓展、市场品牌、技术支持、人力资源、业务分包、产品及设备提供等方面的合作需求。

"这意味着我市的企业不仅可接单，还有望成为国际大公司的长期合作伙伴。"汪方龙表示。

行业——教育、金融、APP制作

汪方龙表示，没有报名参会的本土企业也可通过重庆渝中区信息服务外包发展中心接到订单。"我们承接的欧美客户达5万~6万家，还有日本等地近万家的企业也会不定期地在这个中心上发布订单需求。"汪方龙介绍，这些企业多集中在教育、金融、手机App制作等产业。这意味着与这些行业相关的服务机构，有望通过该中心获得订单。

虽然订单和发包企业不少，但我市企业能提供的服务仍较为初级。"从目前的数据分析，大半通过中心接包的本土公司，都是做一些基础的数据输入工作。"汪方龙表示，这些工作包括信息录入、出版物的封面设计等。

支招——走出去攒名气　才能提高利润

国际知名服务外包对接公司福斯特国际咨询公司CEO安德鲁·福斯特建议，"本土企业首先需要与海外的大公司建立一定的关系。"安德鲁表示，凡是在外包行业的人都知道，项目被转包得越多利润就越低。企业应该积极走出去，参加各种洽谈会、会展或网站活动，和海外发包方进行沟通。

其次，清楚自身的定位。安德鲁告诉商报记者，本土企业只有了解自身定位，才能根据定位满足客户的需求，当成功为一个客户提供良好的解决方案时，也是在为自身积攒名气。当一个企业在外包行业有一定的名气后，接单自然不成问题，也才能够获得更多利润。

（资料来源：http://www.chnsourcing.com.cn/outsourcing-news/article/82360.html）

分析：

服务外包企业如何抓住这些海外的服务外包机会？

本章小结

客户服务外包，即是把发包商的客户关系管理等业务交给专业的、具有实际操作经验的公司进行管理，这样既可节省发包商的资金和人员，提高工作效率，同时又能享受专业的技术服务。随着互联网的发展，电子商务客户服务中外包提供商还为企业搭建CRM信息化所需要的所有网络、硬件与软件等运行平台，并负责所有前期工程的实施、后期的软件维护与专门的人员操作等一系列服务。

客户关系管理业务外包流程包括五步：第一，确立客户关系管理服务外包项目实施目标；第二，以业务过程来实施客户关系管理服务外包项目；第三，获得高层管理者的理解与支持；第四，组织机构与建制；第五，客户关系管理服务外包项目合作关系的选择。

呼叫中心是由成组制坐席员或公司的业务代表通过集中进行电话呼入处理与对外呼叫联络的方式与产品用户联系服务的一个专门系统。呼叫中心服务外包的优势体现在以下四方面：①增强企业核心竞争力，提升整体竞争优势；②节省成本，降低风险；③节约时间，提高效率和投资回报率；④系统升级与服务改进优势。呼叫中心外包的模式有三种，分别为：整体外包、部分外包及临时外包。

复习题

(1)什么是客户关系服务外包？
(2)客户关系服务外包有哪些优势？
(3)呼叫中心的业务种类有哪些？
(4)呼叫中心服务外包的优势有哪些？
(5)呼叫中心服务外包的模式有哪些？

8 电子商务服务外包管理

【学习目标】

通过本章的学习，要求了解电子商务服务外包合同法律关系，掌握电子商务服务外包合同的订立与履行；熟悉电子商务服务外包面临的常见风险并掌握风险控制的措施；了解电子商务服务外包项目招投标，能够学会写招标书和投标书。

【引入案例】

A 公司电子商务外包受骗经历

2014年2月底A公司与杭州××电子商务有限公司签订了店铺装修和宝贝描述设计合同，装修时间为三个月。

杭州××电子商务有限公司打出的口号是"永不离职的美工"，设计一直做到顾客满意为止。当时销售人员——祥峰，推荐的是每月1800元的设计师，因为A公司的商品较多，他说需要近三个月完成时间，于是签订了三个月的合作合同，时间为2014年3月1日至6月2日，共计4800元（一次签三个月优惠了600元）。3月1日合同正式生效时，该公司并没有专人跟A公司联系，是A公司在与该公司电话联系后，才派一名设计师跟A公司联系。A公司提交了照片，文案后的第三天，设计师给出了设计作品，但做出来的东西很差，并不像他在网站上所宣传的那样有视觉效果，有品质。

A公司当时要求退款，但该公司并不同意，要求给A公司换一名设计师，但三天后更换的设计师做出的设计效果同样很差，完全不像一家专业的做网店设计的公司应该出品的效果。经过跟设计师主动沟通后，他说他只是最底层的设计师，让A公司更换高级别的设计师，费用要增加，不是原来合同约定的价格。

在签订合同之初，已经提交过A公司希望达到的装修效果店铺供参考，杭州××电子商务有限公司的销售人员并没有把1800元每月的美工做出的效果告知A公司，最重要的是从设计到沟通的一个月时间已经远远超过了合同约定的三天完工，严重影响了店铺的正常销售和运作。A公司强烈要求退款，杭州××电子商务有限公司的售后也让A公司写了一份项目终止申请，但一直申请了近两个月，得到的答复却是公司领导不同意退款，要继续提供设计服务。

A 公司都不需要杭州××电子商务有限公司提供设计服务了,为什么退款就这么难呢?一拖再拖,一骗再骗。

(资料来源:http://bbs.paidai.com/topic/269380)

思考题:
1. 电子商务服务外包有哪些风险以及如何防范这些风险?
2. 如果你是 A 公司的负责人,后续将如何处理案例中遇到的问题?

8.1 电子商务服务外包合同管理

电子商务服务外包合同是电子商务服务外包合同的当事人对服务外包合同的内容,经过双方协商达成一致意见,明确相互之间权利和义务关系的协议。

8.1.1 电子商务服务外包合同法律关系

(1)电子商务服务外包合同法律关系的概念。

电子商务服务外包合同法律关系是由民事法律规范确认的,以电子手段或传统手段签订的具有合同权利和合同义务为内容的社会关系。

(2)电子商务服务外包合同法律关系的要素。

电子商务服务外包合同法律关系的要素是构成一个电子商务服务外包合同必不可少的基本因素。任何法律关系的构成,都必须包括主体、内容、客体这三个不可缺少的基本要素。其中,主体是电子商务服务外包法律关系中的参与者;内容是法律关系中主体所享有的合同权利与合同义务;电子商务服务外包法律关系中涉及的服务是该法律关系的客体,是法律关系存在的目的和意义。

(3)电子商务服务外包合同法律关系的主体。

电子商务服务外包合同法律关系的主体是合同权利和义务的享有者与承担者,直接影响到合同的效力与履行。根据外包合同的签订是否需要中间商,电子商务服务外包合同的主体分为直接主体和间接主体。直接主体是电子商务服务外包的发包方和接包方,即电子商务外包服务的需求方与供给方。间接主体是电子商务服务外包合同订立所依赖的中间平台,该平台不直接提供外包服务,而是提供外包信息服务,供发包方和接包方去了解接包和发包信息,通过平台去建立外包合同关系。例如,前面所提到的"猪八戒"网就是一个间接主体,而"猪八戒"网上的雇主和服务商则为直接主体。

(4)电子商务服务外包合同法律关系的内容。

电子商务服务外包合同法律关系的内容是电子商务服务外包合同法律关系主体在签订合同时所明确的双方各自享有的权利和承担的义务。因为电子商务服务外包合同订立的方式不同,电子商务服务外包合同法律关系的内容也各异。在此重点阐述发包方和接包方的权利与义务,其中权利与义务是对等的,发包方的权利对应的是接包方的义务,发包方的义务对应的是接包方的权利。发包方在发包后需承担按照合同规定的方式支付价款的义务,按照合同规定的时间、地点和方式接受标的物的义务以及对标的物验收的义务。接包方在接包后需承担按照合同的规定和要求提交标的物及单据,对标的物的权利承担担保义务,保证标的物不被第三人追索,以及对标的物的质量承担担保义务,保证服务能够满足发包方的需求,对于不合格的服务,发包方有权拒收并要求接包方返还相应的款项。

(5)电子商务服务外包合同法律关系的客体。

电子商务服务外包合同法律关系的客体是电子商务服务外包合同法律关系主体享有权利和承担义务所共同指向的对象,通常为外包业务服务和外包信息服务两大类。外包业务服务是外包直接主体所共同指向的对象,涉及具体的电子商务外包业务,例如搜索引擎优化外包、微信代运营、微博代运营、网站建设外包、物流外包、网店代运营服务、美工及摄影外包等。外包信息服务是直接主体与间接主体之间所共同指向的对象,间接主体向直接主体提供外包业务方面的信息,例如通过间接主体可以了解到发包方的业务需求信息以及接包方的供给内容信息。

8.1.2 电子商务服务外包合同的订立

电子商务服务外包合同的订立仍然要遵循传统合同订立的基本程序——要约与承诺。

1. 要约

《中华人民共和国合同法》(以下简称"合同法")第十四条规定:"要约是希望和他人订立合同的意思表示。"可见,要约是指订约人一方以订立合同为目的,向对方所作出的意思表示。作为要约的意思表示应当符合两个要件:第一,内容具体明确。第二,要标明经受约人承诺,即要约人受该意思表示的约束。

所谓内容具体明确,是要求要约的内容应当具备合同成立所必需的条款,以确保该要约受要约人承诺后可以付诸实施。通常认为,要约至少应该包括标的、数量、要约人的姓名或名称三项,并根据交易的具体情况而增加。

所谓经受要约人承诺,要约人即受该意思表示的约束,是指要约人订立合同的意思是确定的。要约人可以在要约中声明自己受该要约的约束,但这不是必要条件。要约人只要表达出明确的缔约意图即可。一般而言,一份内容具体明确的要约就足以推定其存在缔约意图。

要约一经生效,对要约人和受要约人均有约束力。要约对要约人的约束力,表现在要约一经生效,要约人不得随意更改要约的内容,也不得撤回要约;要约对受要约人的约束力,主要是指要约生效后受要约人取得作出承诺以使合同成立的权利,但并不因此承担必须承诺的义务。

要约生效以前可以撤回,生效以后还可以撤销。《合同法》第十七条规定:"要约可以撤回,撤回要约的通知应当在要约到达受要约人之前或者与要约同时到达受要约人。"第十八条:"要约可以撤销,撤销要约的通知应当在受要约人发出承诺通知之前到达受要约人。"第十九条:"有下列情形之一的,要约不得撤销:(一)要约人确定了承诺期限或者以其他形式明示要约不可撤销;(二)受要约人有理由认为要约是不可撤销的,并已经为履行合同作了准备工作。"

另外,根据《合同法》第二十条的规定,属于下列情形之一的,要约失效。

第一,拒绝要约的通知到达要约人。

第二,要约人依法撤销。

第三,承诺期限届满,受要约人未作出承诺。

第四,受要约人对要约的内容作出实质性变更。

2. 要约与要约邀请

《合同法》第十五条规定:"要约邀请是希望他人向自己发出要约的意思表示,它不因相对人的承诺而成立合同。所以在合同订立规则中,要约与要约邀请的区分有重要意义。"

要约与要约邀请的区分向来存在很大分歧。一般而言,区分要约与要约邀请可以根据以下标准进行:一是法律的规定。如果法律对某种行为是要约或要约邀请作了明确的规定,则应依法律的规定确定行为的性质。《合同法》第十五条规定:"寄送的价目表、拍卖公告、招标、公告、招股说明书、商业广告等为要约邀请;商业广告的内容符合要约规定的,视为要约。"二是交易习惯。某种行为是要约还是要约邀请,可以通过交易习惯加以区分。三是当事人的提议内容。当事人的提议是否包含了合同成立的主要条款,是区别要约与要约邀请的主要标准。如果提议中包括了合同成立的主要条款,则该提议可视为要约,反之则为要约邀请。要约和要约邀请虽然在理论上比较容易区分,但在法律未作明确规定时,一项意思是表示要约还是要约邀请需要根据具体情形认定,尤其是通过互联网订立的合同,这里列举两种情形进行具体的分析。

第一种是网络广告。电子商务服务外包的广告信息大都是以电子化的形式发布在网络上,一般认为,在分析网络广告的性质时仍然要遵循合同法的规定。如果服务外包信息的发布者只是介绍了服务外包业务的范围,没有指出价格、数量等,没有表达希望他人购买的意图,只是宣传服务外包业务,提供外包业务信息,一般视为要约邀请。如果在网上发布的服务外包信息,介绍了外包服务的具体内容、价格、数量,尤其是对广告所指明的服务,消费者一旦点击购买就可以成交。则广告在性质上就不是要约邀请,而是一种要约。如果广告发布者在网上刊登广告时,明确规定在消费者点击购买后,必须要有网络经营者的确认,此时的广告不能认为是要约,而只能认为是要约邀请。

第二种是在线交易中的外包服务展示。在线交易的模式主要有两种,普通的访问网页以及通过专门的第三方平台交易。普通的访问网页是电子商务服务接包方自建网站销售服务;第三方交易平台则是独立于发包方和接包方的第三方,分别为发包方和接包方提供从商谈到付款的一整套解决方案。一般认为,只要在线交易中的服务外包信息内容符合要约的规定,则视为要约。

3. 承诺

《合同法》第二十一条规定:"承诺是受要约人同意要约的意思表示。"承诺是订立合同的最后一个阶段,承诺以与要约结合而使合同成立为目的,并非法律行为,而属于意思表示。承诺必须具备一定条件,才能产生法律效力。

第一，承诺应当由受要约人向要约人作出。受要约人是由要约人所想断定的，是要约人准备订立合同的双方当事人。受要约人为特定时，承诺必须由该特定人作出；受要约人为不特定时，承诺由不特定人中的任何人作出。受要约人作出的承诺必须向要约人作出。如果受要约人向要约人以外的其他人作出同意要约的表示，则不是承诺，不产生承诺的效力，而只能视为一种新的要约。

第二，承诺的内容应当与要约人的内容相一致。《合同法》规定："受要约人对邀约的内容作出实质性变更的，为新要约。有关合同标的、数量、质量、价款或者报酬、履行期限、履行地点和方式、违约责任和解决争议方法等的变更，除要约人及时表示反对或者要约表明承诺不得对要约的内容作出任何变更以外，该承诺有效，合同的内容以承诺的内容为准。"

第三，承诺应当在要约的有效期限内作出。当要约中规定了承诺的期限时，承诺必须于此期限内作出。要约没有规定承诺期限的，如果当事人以对话方式交流，则承诺应立即作出；如果当事人以非对话方式交流，则承诺应在合理的期间作出。承诺在要约的有效期届满之后到达要约人的，除要约人及时通知该承诺有效或有证据证明迟到是客观原因造成的外，不发生承诺的效力，应视为新要约。

8.1.3　电子商务服务外包合同效力与履行

1. 电子商务服务外包合同的效力

已经成立的电子商务服务外包合同，只有具备法律规定的条件才能发生法律效力。根据《中华人民共和国民法通则》第五十五条和《合同法》第四十四条的规定，合同的一般生效要件包括：合同当事人应具有相应的民事行为能力、意思表示真实、不违反法律或社会公共利益。

毫无疑问，电子商务服务外包合同应符合上述生效要件。但是由于电子商务服务外包合同的订立有可能使用电子手段，产生一些新的问题，如电子商务服务外包合同当事人的身份和行为能力确认问题、电子自动交易问题以及电子错误对合同效力的影响等。在此主要讨论电子商务服务外包合同如果是在线签订时当事人身份的确认和电子错误的问题。

如果当事人是自然人，根据当事人在数据电文中进行的电子签名，或者B2C交易中所填写的姓名、性别、年龄、身份证号码等，对当事人的身份进行确认，判断其订约能力。如果当事人是企业或非企业组织，对身份和订约能力的确定比较容易。首先，按照我国《电信条例》和《互联网信息服务管理办法》的规定，我国对经营性网站的设立实行许可制度，设立网上企业需要严格的审批程序。其次，现有企业建立电子商务网站进行在线交易的，企业设立时已经进行了注册登记，企业一般会在其网站上公示营业执照等相关信息，当事人可以通过合法手段查询、认证。再次，对于不建立网站而通过第三方平台进行交易的商家，交易平台一般会有严格的手续，例如"猪八戒"网、淘宝网等电子交易平台，对企业用户的认证，会要求其提供营业执照复印件等相关材料；对于注册并开设店铺的自然人，则会要求其提供身份证复印件进行实名认证。

所谓电子错误，是指在合同订立的过程中，由于双方当事人使用信息系统而产生的错误或变异。电子错误的产生有两种情况，一种是人为主观疏忽提交了不正确的信息，例如在寻求微信代运营服务时，服务商一般根据服务的具体内容提供几个套餐供发包方选择，发包方的本意是选择A套餐，结果却提交了B套餐。另外一种是信息系统出错而将当事人的意思自动地加以变化的情形。例如，发包方在网上选择了A套餐的微信代运营服务，系统错误地将其识别为B套餐并作出承诺。无论是错误还是变异，由于不是当事人真实的意思表示，原则上是可以撤销的，作为信息系统的提供者也应该提供给发包方纠正错误的机会。基于电子错误导致合同或某一条款无效或被撤销的，当事人应当返还因此所带来的利益，不能返还的应给予补偿。因电子错误导致一方受到损失的，若错误可归责于一方的，由责任方赔偿损失；不可归责于任何一方的，该损失由自己承担。

2. 电子商务服务外包合同的履行

《合同法》第六十条第一款规定："当事人应当按照约定全面履行自己的义务。"可见，电子商务服务外包合同的履行是发包方和接包方按照合同的约定全面、正确地履行自己所承担的义务。合同履行是合同效力的重要表现，是当事人订立合同追求的目的。电子商务服务外包合同的当事人在履行合同时应遵循适当履行原则和协作履行原则。

适当履行原则也叫作全面、正确履行原则，是指合同当事人应依合同的标的、质量、数量，由适当主体在适当的期限、地点，以适当的方式，全面完成合同义务的原则。例如，在搜索引擎优化外包服务中，如果服务内容约定接包方需要在1个月内使发包方的网站在百度搜索自然排名显示第一，那么接包方就必须在1个月内做到第一，如果经过接包方的服务，百度搜索结果自然排名第三，则违背了适当履行原则。

协作履行原则是指合同双方当事人不仅应履行自己的义务，而且还应当协助对方履行义务。协作履行原则是诚实信用原则在合同履行方面的具体体现。合同履行虽然是债务人履行义务的行为，但因债权与债务是相互对应的，因此，债务人在履行义务时，就需要债权人予以协助。例如，在网站建设的外包服务中，接包方在履行义务时，需要发包方做好域名申请、服务器申请等配套工作；发包方在对网站进行验收时，也需要接包方提供相关的支持工作。

此外，还需了解电子商务服务外包合同履行的方式。如果标的物是实物，其履行方式与传统履行方式并无大的差异，如果标的物是信息产品，由于其特殊性，在履行上也体现出较多的不同之处，故在此着重探讨信息产品合同的履行问题。

首先是信息产品交付的地点，当信息产品以有形载体为媒介时，它与传统的动产买卖的交付地点和方式基本相同，在确定其交付时可参照传统民法关于动产的规定。当以数据信息的方式在线交付信息产品时，可参考美国《统一计算机信息交易法》的规定，以电子方式交付信息产品的地点，为许可方指定或使用的信息系统。只有交付完成的标准，才能使对方当事人能够有效地支配该信息产品。

其次，为了使交付的信息产品达到商业适用性，即实现信息产品的有效交付，在交付之中往往附随有其他义务，例如信息产品的交付应将如何控制、访问使信息产品的资料交给买方，使之能够有效地支配所接受的信息，这些义务对于信息产品的使用而言，是必不可少的。例如，接包方在网上交付商城建设的系统时，一般要对发包方关于商城的使用进行培训，指导发包方去使用商城。

再次，信息产品的提供者可以依照合同条款对交付后的信息保留一定的电子控制权，例如关于信息系统使用范围的限制、服务使用期限的限制、软件使用次数的限制等等。电子控制权是一种合同约定权，来源于合同条款的约定，目的是保护信息产品不被滥用，保护接包方的权利。

8.1.4　电子商务服务外包合同的变更和解除

电子商务服务外包合同签订后，任何一方都不得擅自变更或解除。如果当事人因特殊原因不能履行合同时，就需要依法变更或解除合同。电子商务服务外包合同的变更，是指当事人对合同没有履行或没有完全履行时，由当事人依照法律规定的条件和程序，对原合同进行补充或修改，经补充或修改的合同重新确立当事人的权利和义务。电子商务服务外包合同的解除，是指当事人对合同没有履行或没有完全履行时，由当事人依照法律规定的条件和程序，终止原合同关系。合同终止后，原合同确定的当事人的权利、义务关系也就不再存在。

（1）合同变更和解除的条件。

第一，当事人双方经协商一致同意，并且不会因此损害国家利益和社会公共利益。第二，不可抗力因素，对当事人不能预见、不能克服的自然现象和社会现象，因导致的结果不同，由当事人确定解除或变更合同。第三，如果一方在合同约定的期限内没有履行合同。则另一方有权决定变更或解除合同。

（2）不允许变更或解除合同的规定。

第一，当事人一方发生合并、分立时，要由变更后的当事人承担或分别承担履行合同的义务并享受应有的权利。第二，合同订立后，不得因承办人或法定代表人的变动而变更或解除合同。

8.1.5　电子商务服务外包合同纠纷的解决

电子商务服务外包合同纠纷是指合同主体因合同的产生、履行、变更和解除等行为而引起的争议。合同签订后，其履行需要一个过程，各主体之间基于不同的利益角度，在经济活动中可能会在权利、义务关系上发生分歧和矛盾。解决纠纷的方式有四种：协商、调解、仲裁和诉讼。一般而言，发生纠纷，首先是当事人之间协商解决；如果协商不成，邀请无利害关系的第三方进行调解，例如，如果是"猪八戒"网上进行交易的外包服务，可由运营"猪八戒"网的公司对雇主和服务商之间的纠纷进行调解；如果调解不成，可采取仲裁或诉讼的方式。无论是哪种方式，证据的收集都非常重要，特别是电子证据，在收集时最好请公证人员进行公证。

8.1.6 电子商务服务外包合同范本

本协议由以下双方于　　年　月　日(以下简称生效日)签订:

甲方:

地址:

乙方:

地址:

鉴于:甲方负责品牌系列产品的经销和零售(设计、生产及销售于一体的公司),拥有该品牌系列产品的相关知识产权(以下合称"甲方商标")授权。

鉴于:乙方是一家专注为品牌上提供电子商务整体解决方案的专业运营商,在电子商务领域有丰富的运营经验和专业能力,主要包括电子商务渠道规划及建设、推广、运营、物流、仓储等电子商务活动内容。

乙方希望甲方按照本协议条件向其授予品牌系列产品的网上合作平台开展相关电子商务活动,并有权向第三方许可产品(甲方产品)的销售、运营、分销招募管理权及品牌在授权;网上合作平台包括但不限于:

淘宝网(www.taobao.com);

天猫商城(www.tmall.com);

拍拍网(www.paipai.com);

QQ商城(buy.qq.com);

唯品会(www.vipshop.com);

京东商城(www.jd.com)

当当网(www.dangdang.com)及其他团购平台等。

故此,甲乙双方经平等、友好协商,根据《中华人民共和国合同法》的规定,就双方在网上合作平台上为甲方拥有的品牌系列产品(以下合称"甲方产品")开展相关电子商务活动,达成如下协议,并愿意在此基础上双方共同遵守,精诚合作,互相支持,共同发展。

第一章　总则

1. 许可内容:

(1)甲方授予乙方品牌系列产品(甲方产品)在上述网上合作平台开展电子商务活动,包括品牌在网上合作平台上的商标使用权、商标使用权再授权,以及产品的分销权和零售权。

(2)乙方将为甲方提供网上合作平台的电子商务服务(包括但不限于渠道规划及建设、品牌授权及分销、产品拍摄及设计、平台形象设计及维护、产品上架及更新、销售及推广、广告投放、售前及售后、会员服务等),具体服务内容及服务标准见合同附件。

2. 合作方式:乙方作为甲方品牌系列产品(甲方产品)在网上合作平台上的独家运营商,在网上合作平台向最终消费者、分销渠道及团购渠道提供甲方产品。乙方负责甲方产品在网上合作平台的电子商务活动运营,渠道规划及建设,品牌授权及分销、产品拍摄及设计、平台形象设计及维护、产品上架及更新、销售及推广、广告投放、售前及售后、会员服务等。

合作模式：甲方以双方协定的销售额度为基准按一定比例向乙方支付基础服务费及销售佣金，乙方承担甲方在电子商务平台的各类活动，甲方提供相应协助。具体涉及的款项请见第二章。

3. 合作期限：甲方委托乙方作为甲方在网上合作平台上开展电子商务活动的唯一合法服务商，自生效日起至　　年　　月　　日。协议期间甲方在未经乙方同意的情况下均不能单独或委托其他第三方服务商在网上合作平台开展相关的电子商务活动。

第二章　协议涉及款项计算

1. 网上合作平台保证金（此费用为网上合作平台向品牌方收取的信誉保证金）

涉及天猫商城、拍拍网及其他网上平台的开店保证金等相关费用均在得到甲方知情及许可的情况下，由乙方全权负责网上平台的结算。

以天猫商城为例，凡是品牌旗舰店或是专卖店，若带有™商标的需要交纳10万元，如果是全部为®商标的需要交纳5万元。而专营店，带有™商标的需要交纳15万元，全部为®商标的需要交纳10万元。保证金不足额时，商家需要在15日内补足余额，逾期未补足的，天猫将对商家店铺进行监管，直至补足。

2. 月基础服务费和销售佣金结算方式：甲方以一年为期限向乙方支付的费用，如下表，该费用款项于本协议双方签订之后的自然月的10日内一次性付清，乙方开始服务后该服务费不予退还。

销售额范围	收费方式	备注
0～60万元	10万元×年销售金额/60	单位：万元
60万元以上	10万元＋年销售金额×2%	单位：万元

通过先预付10万元作为初始运营资金；

若一年后销售额<60万元，则乙方应该退还甲方的不达标承诺费用：10万元－10万元×（销售金额/60）；若一年后销售额≥60万元，则甲方应该付乙方费用总额为：10万元＋销售总金额×2%。单位：万元。

3. 本协议中涉及的乙方所有服务费及佣金提成均不含税。以上费用只涉及服务费用和佣金费用结算。其他费用如下说明。

4. 提成或销售差额（此部分为乙方为甲方在唯品会及团购平台所产生的实际销售差额或提成），此部分待具体结算。

5. 推广费用（此部分费用为乙方为甲方的品牌在淘宝网、拍拍网等网上合作平台进行网络营销推广，从而提高企业品牌知名度及市场占有率）涉及天猫商城的直通车推广、钻石展位等，甲方在知情并许可的情况下，需提前预支给乙方有关推广费用。例如甲方在天猫商城的年度直通车推广费用预算为15万元。

6. 产品拍摄费用(此部分费用为乙方为甲方产品拍摄包括但不局限于模特费、摄影师费、场景费及道具费等,由此提高甲方产品的品牌形象及用户购买欲),此部分费用在甲方知情并许可的情况下,乙方提供拍摄凭证(发票及收据),甲方支付其费用给乙方,或者提前预支款项给乙方。

第三章　权利及义务

A. 甲方权利及义务

1. 甲方保证拥有与甲方产品相关的知识产权以及其他为执行本协议所必须的其他知识产权或权益。如因甲方违反上述约定,致使乙方遭受纠纷或诉讼等,甲方应采取所有必要措施避免乙方因此遭受损失。如乙方遭受损失,甲方应承担相应责任。

2. 甲方保证为乙方提供的甲方产品的合法性,并对所提供的产品的质量(符合国内相关法律法规及国内产品标准)承担全部责任。如因甲方产品存在质量问题等造成的损失由甲方承担。同时如网上合作平台需要,甲方须能提供真实有效,详细的进价单、进货凭证及进货渠道。

3. 甲方有权依照其品牌视觉识别系统(VI)提出网站的品牌视觉识别系统要求,乙方需遵照执行,甲方同时有权与其传统零售同步更新这一系统,乙方也将按照新的品牌视觉识别系统更新网站。

4. 甲方负责提供真实的甲方品牌进驻天猫及QQ商城等网上合作平台的相关手续(企业资料复印件、税务登记证、营业执照、商标证书、检测报告,以及授权书等有效证件和资料),入驻佣金等相关第三方平台保证金及扣点等费用由甲方支付。

5. 双方共同确定网上合作平台的零售指导价格,甲方应避免网上销售渠道与传统渠道产生价格冲突,甲方应保证双方合作平台产品销售价格具有竞争力,具体销售价格另见附件。甲乙双方共同制定面向会员的促销原则,乙方可在该原则下制定促销计划,经甲方同意后方可执行具体促销计划,促销原则在附件中约定,促销细节双方于每个季度的第一个月商议确定后开始执行;甲方线下销售渠道商在未获得乙方授权的情况下,不能擅自在淘宝网、京东商城、亚马逊、当当网等网上平台开店销售,乙方禁止以任何形式向传统渠道销售。

6. 甲方应向乙方提供为建设网上合作平台所需要的有关甲方产品的高清图片、详细信息、介绍、市场及宣传等文档内容,并免费提供专业产品知识培训,甲方须对其产品相关资料的真实性、完整性及合法性负责。

7. 甲方有义务依照双方共同制定的客户服务规范(该规定应参照网上合作平台服务规范制定)对网站销售的产品进行退换货处理及售后服务。

8. 甲方对有关网上合作平台的相关密码及重要资料进行更改,以及甲方产品价格及库存发生变动时,均需及时通知乙方,如因此产生任何损失,均由甲方承担。

9. 甲方负责产品的进货、仓储、向买家或非淘平台发货,以及乙方无法处理的售后问题,并保证足够的货源。淘宝及拍拍等平台发货时限为客户付款的72小时内,若超过此限,其损失由甲方承担,其他平台视具体情况而定。

B. 乙方的权利及义务

1. 乙方拥有非甲方提供的网上合作平台的后台信息系统、操作规范等的知识产权。
2. 乙方应确保乙方运营的网上合作平台的信息系统性能满足合作需要的技术规范。
3. 乙方确保服务期间不单方使用甲方任何产品、资料及账户做任何不在协议范畴内的事宜。
4. 乙方需要对相关客服销售人员进行定期培训，确保正确理解甲方产品及品牌，培训内容包括但不局限于对甲方产品的属性及销售话术服务态度等，以确保全面快速了解甲方产品，促成销售。
5. 乙方应及时向甲方提供每周、月、年的销售报表、销售分析。
6. 乙方负责网络平台的日常推广、节庆等特殊促销活动的策划及实施，并应在按照协议规定内的价格体系进行商品促销，未经过甲方同意的前提下，不得私自改动销售价格体系。
7. 服务期间，甲方须将有关合作平台的账户密码及支付密码交给乙方，仅用于运营过程中出现的退款及开通相关业务等运营工作。

第四章 商业保密条款

1. 商业秘密：任何一方公开或未公开的任何技术信息和经营信息，包括但不限于产品计划、销售计划、奖励政策、客户资料、财务信息，以及非专利技术、设计、程序、技术数据、制作方法、资讯来源等，均构成该方的商业秘密。
2. 保密：双方对在本协议下知悉的另一方的任何商业秘密均负有保密义务，任何一方在任何时候均不得向第三方披露另一方的商业秘密，非经另一方书面许可不得向任何第三方泄露。任何一方违反本条规定的，应全额赔偿另一方因此遭受的全部直接和间接损失。

第五章 违约责任

1. 由于一方不履行本协议规定的义务，或严重违反协议，造成该业务无法经营或无法达到协议的相关约定，视作违约方单方终止协议，另一方除有权向违约的一方索赔外，并有权按协议规定通过法律程序终止协议。如双方同意继续合作，违约方仍应赔偿非违约方的经济损失。

（1）甲方存在下列行为，甲方应自行承担由此造成的一切损失：

①甲方所提供的产品没有正当合法来源的；
②甲方提供的产品存在品质缺陷使购买者人身权和财产权受到损害的；
③甲方提供或故意编造虚假的进货凭证或进货渠道说明，致使乙方据此在网上发布的相关产品信息不符合法定产品质量要求的；
④甲方未能按时足额发货所产生的顾客退款损失及赔偿损失；
⑤甲方未能按时向乙方支付基础服务费和销售佣金的行为；
⑥甲方未能按时支付推广费用，而导致网络合作平台不良影响及销售不佳的行为。

（2）乙方存在下列行为，乙方需按照以下方式承担由此对甲方造成的损失：

1. 除不可抗力所述的原因不能提供正常服务外，无故中断托管服务的，甲方有权终止协议。

2. 由于一方的过错，造成本协议及其附件不能履行或不能完全履行时，由过错的一方承担责任；如属双方的过失，根据实际情况，由双方分别承担各自应负的责任。

3. 如因为不可抗力导致技术故障（不超过一天），进而影响服务的不能履行或履行延误，从而导致消费者理解错误而造成的任何损失，双方均不负责任。

4. 不可抗力：在合作期间，由于地震、台风、水灾、火灾、战争或其他不能预见并且对其发生和后果不能防止和避免的不可抗力事故，致使协议的履行直接被影响或者不能按约定的条件履行时，遇有上述不可抗力事故的一方，应立即将事故情况电报通知对方，并应在十五天内提供事故的详细情况及协议不能履行、部分不能履行或需要延期履行的理由的有效证明文件。按照事故对协议的履行的影响程度，由双方协商决定是否解除协议，或部分免除履行协议的责任，或延期履行协议。

5. 违反本协议约定，违约方应按照《中华人民共和国合同法》有关规定承担违约责任。

第六章 争议解决方式

1. 一切由执行合同引起或者与合同有关的争议，均应友好协商解决，协商不成时应按照《中华人民共和国仲裁法》的有关规定提交北京仲裁委员会申请仲裁。

2. 当一方当事人不履行仲裁裁决时，另一方当事人有权向甲方公司所在地人民法院提出申请，请求人民法院予以强制执行。

3. 除判决书另有规定外，仲裁费用由败诉方承担。

4. 仲裁进行过程中，双方将继续履行仲裁部分以外的合同条款。

5. 本合同未涉及的部分，均按《中华人民共和国合同法》及其他相关法律法规的有关规定执行。

第七章 协议的生效、终止及其他

1. 本协议自双方授权代表签字、盖章之日起正式生效。在有效期内如一方要求中止协议，须提前两个月向另一方提出解除本协议的书面通知，如果对方同意解除协议，则协议自对方在书面通知上签字起两个月后自动废止。协议期满前一个月若双方均未以书面形式提出异议，则本协议自动延期一年，延期期数没有限制，直到双方提出异议为止。

2. 经甲乙双方书面同意的协议附件是本协议不可分割的部分，与协议正文具有同等法律效力。任何变更事宜，均需书面文件。

3. 对本协议内容做出的任何修改和补充应为书面形式，由双方授权代表签字后成为协议不可分割的部分。

4. 本协议及其附件为中文本，共肆份原件，均具同等法律效力，双方各执两份为凭。

5. 本协议未尽事宜，须经双方另行协商并签署书面文件，与本协议具有同等法律效力。

6. 对协议及附件的任何变更或修改均以书面形式确认，并需甲乙双方代表签字方为有效。

甲方(盖章)：   乙方(盖章)：
授权签字：   授权签字：
签署时间：   年   月   日   签署时间：   年   月   日
地址：   地址：
电话：   电话：
联系人：   联系人：
邮编：   邮编：

8.2 电子商务服务外包风险管理

8.2.1 风险管理概述

风险是一个非常宽泛且常用的词汇，简单理解即指一种不确定性，一般是指损失发生的可能性以及后果的危害性。风险管理是一种管理过程，其中包括了对风险的量度、评估和应变策略。理想的风险管理，是一连串排好优先次序的过程，使当中可以引致最大损失及最可能发生的事情优先处理，而相对风险较低的事情则押后处理。

在现实情况中，优化的过程往往很难决定，因为风险和发生的可能性通常并不一致，所以要权衡两者的比重，以便做出最合适的决定。

风险管理是指在降低风险的收益与成本之间进行权衡并决定采取何种措施的过程，确定减少的成本收益权衡方案和决定采取的行动计划(包括决定不采取任何行动)的过程称为风险管理。

首先，风险管理必须进行风险识别。风险识别是确定何种风险可能会对企业产生影响，最重要的是量化不确定性的程度和每个风险可能造成损失的程度。

其次，风险管理要着眼于风险控制，企业通常采用积极的措施来控制风险。通过降低其损失发生的概率和缩小其损失控制程度来达到控制目的。控制风险的最有效方法就是制定切实可行的应急方案，编制多个备选的方案，最大限度地对企业所面临的风险做好充分的准备。

8.2.2 电子商务服务外包风险的识别

(1) 商业秘密遭到接包方泄密风险。

在电子商务外包后，发包方需与接包方进行充分的信息沟通，可能向接包方提供诸如企业战略、经营目标、企业经营现状、产品技术水平等方面的信息，这些信息属于企业的商业秘密，一旦泄漏，会给企业带来巨大的损失。

（2）成本风险。

电子商务外包初期，发包方对电子商务成本的认识比较模糊，电子商务外包后发现运作成本超支，甚至远远超出预期。在外包决策分析时，显性成本得以统计，但一些模糊的、隐性的成本常常被忽略，比如与接包方进行谈判和起草合同时所需的费用、对电子商务外包进行管理所需费用、价格上涨而增加的费用等等。电子商务长期外包，会使接包方认为发包方缺乏电子商务专家、人才、技术，因此抬高电子商务服务的价格。

（3）依赖风险。

发包方之所以将电子商务外包，是希望将自己不擅长的业务交给专业组织去做，从而达到专注于核心业务、节约成本等目的。企业一旦选择把电子商务外包，可能切断了学习电子商务领域的知识与技术的机会，从而不可避免地形成对接包方的依赖，甚至依赖程度越来越高。

（4）质量风险。

电子商务服务外包服务商的技术或能力限制以及它的机会主义行为等都可能导致电子商务服务质量变差。一方面，如果电子商务服务商的服务能力存在缺陷或组织管理水平下降，就可能出现交货不及时、交货质量差等现象，最终影响客户的满意度和忠诚度。另一方面，由于信息不畅或扭曲，再加之技术与监控手段的制约，企业难以对服务的全过程进行全面的监控和跟踪管理，电子商务外包服务商就有可能利用自身的信息优势，采取机会主义行为，降低服务水平为自己牟取私利。

（5）时间风险。

由于市场需求的不确定性增大，企业的成功越来越取决于对客户订单的响应能力，时间已经成为影响竞争优势的一种新的资源（Stalk & Hout, 1990），因此，时间也成为电子商务企业服务外包的关键驱动力之一。以物流外包为例，如果第三方物流服务商的服务能力存在缺陷或缺乏弹性，或企业之间的协调性较差，就可能引起物流服务的时间延迟，从而影响整个供应链的运作。对于把快速响应客户需求作为竞争优势的企业或者是采取 JIT 方式生产的企业而言，物流时间延迟将给企业带来巨大的经济损失。

（6）监管失控风险。

发包方实施电子商务外包，其对接包方的管理是以外包合同为基础的。或因合同执行过程中客观条件的变化，或因利益驱使，接包方在合同履行期间可能会采取一些对发包方不利的行为。而发包方由于精力有限，不可能投入大量的人力和财力来对接包方进行有效的监管，从而不能够达到预期的外包目的。外包可能会使企业失去对一些产品或服务的控制，从而增加企业正常生产的不确定性。企业在外包的过程中有可能由于丧失对外包的控制而影响整个业务的发展。

8.2.3　电子商务服务外包风险的控制

（1）与接包方签订保密合约。

服务外包一般都要求外包发包方和接包方共享彼此尤其是发包方的商业秘密，

70%～80%的发包方认为商业秘密比其他知识产权更重要，因此，如何保护商业秘密成为企业十分重要的任务。发包方将电子商务外包后，其与接包方是基于合同展开合作的，为了确保自己的商业秘密不被接包方泄露，企业应与接包方签订保密合约，将商业秘密安全责任写进合同，明确违约赔偿事项。

（2）科学地核定外包成本。

对电子商务外包费用进行有效预算以控制企业成本。在制定电子商务预算时，不仅将显而易见的成本如设备费用、电子商务网站开发费用、电子商务人员培训费用等计算在内，而且还要考虑各种模糊的、隐性的成本。在电子商务外包费用预算时，可以采用多种科学的方法进行计算。固定预算、弹性预算、零基预算和资本预算是常用的成本预算方法，前三种方法用来控制直接费用，最后一种方法则主要在对电子商务外包作重要调整时使用，比如在资金方面对设计、设备或信息技术的应用等作出支持。

（3）与接包方建立战略合作伙伴关系。

发包方过于依赖接包方，但却没有实力自营电子商务，这导致对外包管理的失控，进而可能影响自身核心业务的发展。针对这种情况，发包方可与接包方建立起战略合作伙伴关系。首先，从接包方的声誉、设施与设备、信息化程度、质量、价格、管理能力、从业人员、从业经验等方面进行考察与衡量，选择合适的合作伙伴。此外，发包方与接包方的合作是一个长期的磨合过程，需要与接包方整合资源、共享信息、共同决策，建立起战略合作伙伴关系。

（4）合同中明确外包质量标准及评估考核。

为了便于对外包的质量进行管理和考核，在合同中明确外包的质量标准和评估考核体系并制定相应的协调激励机制及惩罚机制。所谓激励机制设计，是指在信息不完全情况下，为了保证接包方按时按质完成接包业务，在合同上设计一些激励机制促使接包方履行合同。或者在出现外包过程中的赊销情况下，当客户未给接包方提供货款，接包方也可以在合同中设计激励机制以保证外包合同的顺利实现。由于有效的激励机制能够激励企业向着有利于外包合同方向发展，因此协调激励机制不仅能够保证合约的实现，而且可以有效实现外包风险控制。惩罚机制则是指质保期内，接包方如果未按发包方的要求完成质保服务，设置一些相应的惩罚性条款。

（5）合同需明确规定外包项目进度。

项目的进度必须明确写在双方的合同中，并提供超过进度情形的协商和惩罚机制。合同中制定限时的条款，把一个项目按时间分成不同的阶段，每一个阶段都有一个时间点，过了这个时间点，根据逾期的天数制定相应的处罚性条款。

此外，在合同中还需明确规定接包方需要定期提供进度报告。关于项目的进度报告，内容各有不同，但大部分都明确地说明已经完成哪些部分的工作、哪些工作还在进行中、下次报告期间会开展哪一部分工作以及工作是否按时完成，更有采用红、黄、绿等颜色来表示项目进度状态的。这些信息，基本上只能让管理层了解项目的概况，并不能让项目经理全面地把握项目的进度。最好是要知道余下来的项目有哪些工作还没有完成、需要多久才能完成、哪些工作还没有开始、是否能如期开始以及计划的资源有没有变动。要是这些答案跟原计划有差异，应该马上进行反思，深入了解还没有完成的工作以及没能按计划开始的主要原因,从而跟接包方进行探讨如何才能够把项目纳入正轨。已经完成的工作对项目能否如期完成没有多大的影响,还没有完成或还没有开始的工作才是项目的致命伤,需要特别加以监控。

(6)加强对外包的管控。

发包方将电子商务外包给专业的机构后,一些接包方可能会出现违约行为,不履行合同中的义务,为发包方带来损失。为了防止这一现象的产生,发包方应该加大力度对电子商务进行监督管控,一旦发现接包方存在不良行为,要及时与之沟通,必要时可以修订合同或者通过法律渠道进行解决。当然,对接包方的绩效考评也是必要的。要保证电子商务外包的规范性,发包方应该建立绩效考评机制,制定服务标准体系,确定合作目标,对接包方的服务水平进行考核,及时发现并处理问题。

运作实例8-1

××第三方物流公司外包质量管控措施

甲方为××公司,乙方为××第三方物流公司,现甲方将××工程外包给第三方物流公司,第三方物流公司采取了如下手段,严格控制并保证质量。

1. 合同罚则签订

为了保证工程执行中对质量的监控力度,在签订外包合同时,双方明确地规定了涉及外包质量、进度的罚责条件,内容及支付方式,作为后期质量管控的重要手段。具体如下。

乙方由于自身的原因不能按照工期要求完成,每延迟一天扣罚总价款千分之二。

对于质保期内乙方未按照甲方要求完成的质保服务,甲方按照每一次违约,扣罚PO总价款的千分之二进行处罚。

违约金由甲方直接在进度款支付时扣除,如结算金额不足以支付的,则乙方应在收到甲方通知后十个工作日内将剩余部分金额支付给甲方。

2. 外包质量管理制度

项目组组建初始,首先明确质量经理及其职责定义,将质量作为项目执行的重中之重。由甲方质量经理、乙方经理共同完成××公司外包质量检查制度,明确定义质量检查的自检、质量过程监控、抽检;并明确各阶段的责任人及输出文档;明确项目组站点质量负责人、质量经理、外包经理、产品线支持人员协助等。

3. 外包质量标准及评估考核

为便于后续分包商管理和考核,项目组根据甲方文字描述标准,转换为表格打分内容,明确每一个施工关键点的要点,并作为考核项纳入评估考核表,用于后期的质量检查。

4. 督导质量监控机制

(1)日报制度,要求第三方物流公司人员按照所负责的站点进度及质量进行日汇报,尤其对日报信息的有效性和完整性提出了要求。并明确要求每天的日报必须反映出站点的质量监控,列出每个站点建设过程中的质量问题以及现场处理方案,并跟踪处理结果,直至闭环。

(2)建立问题追踪表,针对每个站点出现的质量问题,第三方物流公司人员必须监控到位,向分包商下发整改通知书,并跟踪分包商处理;相关文档存档。

5. 项目组质量检查、抽查机制

质量检查按照质量检查制度进行,项目组规定:质量检查完成后,负责人按要求必须提交检查报告和质量检查得分表,并且就存在的问题进行分析,制定解决方案、明确责任人以及时间点,并针对检查结果的严重性,采取相应的考核、惩罚措施。

同时如果项目组发现了问题,但第三方物流公司人员并未及时发现,将对第三方物流公司人员进行考核处理。

通过上面的措施实施,第三方物流企业的服务质量得到了保证。

(资料来源:冉文学. 物流质量管理[M]. 北京:科学出版社,2008.)

思考题:
第三方物流公司采取了哪些措施来保证质量?

8.3 电子商务服务外包项目管理

8.3.1 电子商务服务外包项目管理概述

1. 项目与项目管理

项目是指一系列独特的、复杂的并相互关联的活动,这些活动有着明确的目标,必须在特定的时间、预算、资源限定内,依据规范完成。

为了达到预期的目标,项目要求由以下五个要素组成。

(1)范围。参与项目的各方在进行项目之前,对项目规定的工作边界、项目最终实现的目标和成果应达成共识。

(2)组织结构。针对项目自身的特点,选择合适的组织结构形式,以保证项目的顺利进行。

(3)质量。在项目的实施过程中,通过严格技术要求和作业流程,保证项目结果能满足客户的要求。

(4)费用。无论是何种项目,在其实施过程中,都会产生一定数额的费用支出。

(5)时间进度。为了按时完成项目的任务,需要对项目的各项活动都做出一系列的时间安排。

在项目目标五要素中,项目的范围和项目的组织结构是最基本的,而质量、时间、费用可以有所变动，依附于项目的界定和组织。甚至会在项目执行过程中变化，如因外界环境变化造成了项目目标的调整。

项目管理，简而言之，是对项目进行管理，即运用管理的方法，对项目进行高效率的计划、组织、指导和控制，以实现项目全过程的动态管理和综合协调与优化的特定目标。

所谓项目全过程的动态管理，是指在项目的生命周期内，不断进行资源的配置和协调，不断做出科学的决策，从而使项目在执行的全过程中处于最佳的运行状态，产生最佳的效果。

项目管理贯穿于项目的整个生命周期，包含如下要点。

(1)项目管理的对象涉及项目的全部工作，这些工作构成了项目生命周期的全部内容。

(2)项目管理的主体是项目管理者，它既包括项目的委托人，也包括项目负责人。项目的委托人需要对项目发展的全过程进行监督，项目负责人则直接履行项目的管理职能，对项目的全过程进行管理，并对项目委托人负责。

(3)项目管理的目的是实现项目预定的目标。管理仅仅是实现目标的一种手段。项目管理的目标是在有限的资源条件下，保证项目的工期、质量和成本达到最优。

(4)项目管理的职能是对项目的资源进行计划、组织、指挥、协调和控制。资源是指项目可得的、为项目所需要的那些资源，包括人员、资金、技术、设备、信息、材料和市场。在项目管理中，项目管理者需要充分行使管理职能，以时间控制为目标，利用各种资源，保证项目的正常运转。

(5)项目管理的依据是客观规律。管理是人的主观行为，而主观行为必然受到客观规律的制约。要实现管理目标，达到预期效果，就必然要尊重项目运行的客观规律。除了项目本身的周期发展规律外，客观规律还包括项目运行所涉及的工程、技术、经济等的自然规律。

2. 电子商务服务外包项目的设计

电子商务服务外包项目的设计是开展电子商务服务外包项目的前提，做好前期的设计工作，可以保证在具体实施项目的过程中工作顺利进行。电子商务服务外包项目的设计步骤如下。

(1)双方达成一致的电子商务服务外包项目目标。以网店托管外包为例，目标为通过网店托管外包服务，提升网店的竞争能力，使网店的月销售额达到100万元。

(2)双方共同为设计提供基本信息。例如，发包方提供需求信息，接包方提供满足需求的资格能力信息和应用实例。

(3)双方确定外包项目的建设内容、人员安排、周期和进度安排。

(4)双方洽谈，合同签订，正式运营。

8.3.2 电子商务服务外包项目的实施

1. 电子商务服务外包项目的招投标

招标是指招标人(发包方)发出招标公告或投标邀请书，说明招标的工程、货物、服务的范围、标段(标包)划分、数量、投标人(接包方)的资格要求等，邀请特定或不特定的投标人(接包方)在规定的时间、地点按照一定的程序进行投标的行为。

投标是指投标人应招标人特定或不特定的邀请，按照招标文件规定的要求，在规定的时间和地点主动向招标人递交投标文件并以中标为目的的行为。

电子商务服务外包项目的招标和投标是在市场经济条件下进行的中介服务的一种竞争形式和交易形式。它是指招标人对电子商务服务的外包业务，事先公布选择分派的条件和要求，招引他人承接；当若干投标人做出愿意参加业务承接竞争的表示时，招标人按照规定的程序和方法在投标人中择优选定中标人的活动。

招标投标活动一般可分为四个阶段。

(1)招标准备阶段。这个阶段基本分为八个步骤：具有招标条件的单位填写招标申请书，报有关部门审批；获准后，组织招标班子和评标委员会；编制招标文件和标底；发布招标公告；审定投标单位；发放招标文件；组织招标会议；接受招标文件。

(2)投标准备阶段。根据招标公告或招标单位的邀请，投标单位选择符合本单位能力的项目，向招标单位提交投标意向，并提供资格证明文件和资料；资格预审通过以后，组织投标班子，跟踪投标的项目，购买招标文件，参加招标会议，编制投标文件，并在规定时间内报送给招标单位。

(3)开标评标阶段。按照招标公告规定的时间和地点，由招投标方派代表并且在有公证人在场的情况下，当众开标；招标方对投标者进行资料的后审、询标、评标；投标方做好询标解答准备，接受询标质疑，等待评标决标。

(4)决标签约阶段。评标委员提出评标意见，报送决定单位进行确定；根据决标内容向中标单位发出《中标通知书》；中标单位在接到通知书后，在规定的期限内与招标单位签订合同。

2. 电子商务服务外包项目招标书

招标书又称招标通告、招标启事、招标广告，它是将招标主要事项和要求公告于世，从而招使众多的投资者前来投标。一般都通过报刊、广播、电视、网站等公开传播媒介发表。在整个招标过程中，它是属于首次使用的公开性文件，也是唯一具有周知性的文件。

招标书一般由标题、正文、结尾三部分组成：

(1)标题。写在第一行的中间。常见写法有四种：一是由招标单位名称、招标性质及内容、招标形式、文种四元素构成；二是由招标性质及内容、招标形式、文种三元素组成的标题；三是只写文种名称"招标书"；四是广告性标题，例如《谁来承包×××工厂》。

(2)正文。正文由引言、主体部分组成。引言部分要求写清楚招标依据、原因。主体部分要详实交代招标方式(公开招标、内部招标、邀请招标)、招标范围、招标程序、招标内容的具体要求，双方签订合同的原则、招标过程中的权利和义务、组织领导、其他注意事项等内容。

(3)结尾。招标书的结尾，应签具招标单位的名称、地址、电话、电报挂号等，以便投标者参与。

招标书写作是一种严肃的工作，要求注意：

(1)周密严谨。招标书不但是一种"广告"，也是签订合同的依据。因而，是一种具有法律效应的文件。这里指的周密与严谨，一是内容，二是措辞。

(2)简洁清晰。招标书没有必要长篇大论，只要把所要讲的内容简要介绍，突出重点即可，切忌没完没了地胡乱罗列、堆砌。

(3)注意礼貌。招标书涉及的是交易贸易活动，要遵守平等、诚恳的原则，切忌盛气凌人，也不要低声下气。

运作实例 8-2

广州市质量技术咨询培训中心网站建设招标书

1. 招标邀请

广州市质量技术咨询培训中心网站建设项目进行公开招标，先邀请有意参加本次招标活动的投标人参与本项目。

项目名称：广州市质量技术咨询培训中心网站建设

投标须知：详见"2"

项目时间：两个月

投标截止时间：

2008 年 7 月 18 日下午 5：00。

投标单位必须在此时间前，将投标文件直接递送或邮寄到投标地点，逾期的投标文件将被拒绝。

投标地点：广州市六榕路 65 号六榕大厦七楼广州市质量技术咨询培训中心办公室
邮编：510180

开标地点：广州市六榕路 65 号六榕大厦七楼广州市质量技术咨询培训中心办公室

2．投标须知

2.1 投标费用

投标方需承担与本投标有关的自身所发生的所有费用，包括标书准备、提交，以及其他相关费用。无论投标结果如何，招标方不承担、不分担任何相关类似费用。

2.2 投标书要求

投标方在投标之前必须认真阅读本招标书所有内容，投标方因未能遵循此要求而造成的对本招标书要求投标方所提供的任何资料、信息、数据的遗漏或任何非针对招标书要求项目的报价均须自担风险并承担可能导致其标书被招标废弃的后果。

2.3 投标书组成

投标书

网站建设详细的设计方案和实施计划

网站栏目设计方案及网站首页设计样稿(电子版)

服务承诺条款(包括调试、维护、培训)

费用估算表

对项目响应时间给出详细说明

附件：

授权书

资格证明文件

投标单位情况介绍

2.4 投标书形式

a)投标方须准备1份投标书原件及4份副本，并分别在封面上明显位置标明"原件"及"副本"字样。当原件与副本内容不一致时作废标处理。

b)所有投标书(原件及副本)须打印成册，由法定代表人或其他授权人签署。

c)投标书中不得有任何擦涂、更改痕迹。若须更改错漏，须由投标书签发人在更正处加签。

d)投标方提交的所有资格证明资料不得有假。

e)招标方不接受电传或电报等不密封的投标书。

2.5 开标

收标截止日后三日内开标，届时招标方将审查投标书是否完整，并以此进行初审，所有不符合要求的投标书将作为废标处理。

3. 广州市质量技术咨询培训中心网站制作要求说明

3.1 建站目的

a)提高广州市质量技术咨询培训中心的知名度。

b)发布培训信息和师资信息。

c)查询考证信息。

d)接收广大社会的反馈信息。

3.2 网站定位要求。

技术机构咨询培训类网站。

3.3 网站栏目设计要求

a)统一样式管理。

b)栏目内容要求具有灵活性和可配置性。

3.4 网站语言设计要求

要求简体中文版。

3.5 网站功能设计要求

3.5.1 网站创意设计

a)网站形象首页创意设计。

b) 内容首页创意设计。
c) Flash 动画效果。
d) 网站动态旗帜广告(Banner)。
e) JavaScript 特效设计。
f) 内容页面制作,动态页眉美工合成。
g) 图片处理。

3.5.2　网站系统模块

网站整体模块图:

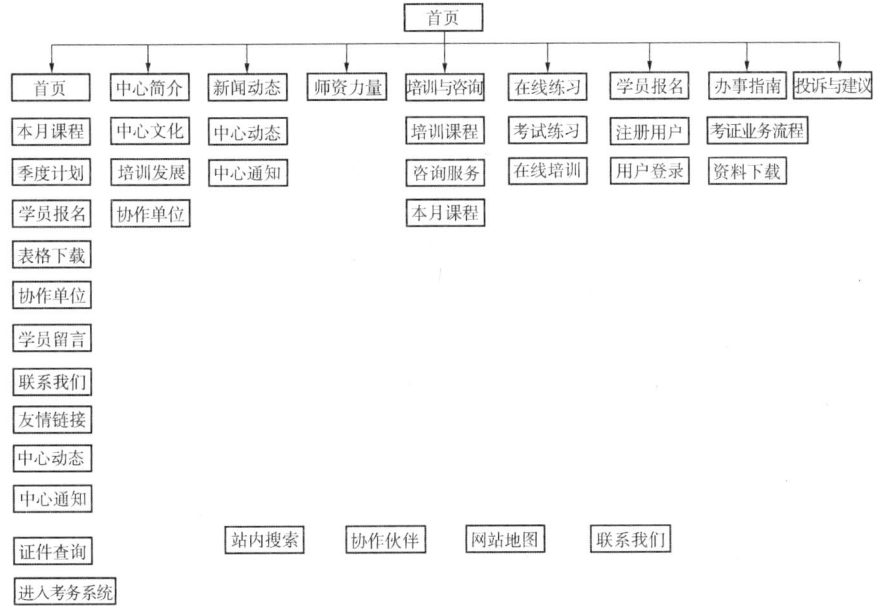

3.5.3　主要模块功能描述

3.5.3.1　中心信息介绍

a) 协作单位信息

增加、修改、删除协作单位信息。

协作单位信息按序号排序在网页显示,单击查看协作单位详细介绍。

b) 中心简介

发布、修改中心的信息,支持 HTML 格式的编辑功能。

c) 中心发展计划

发布、修改中心的发展计划,支持 HTML 格式的编辑功能。

3.5.3.2　新闻动态

a) 新闻类别管理

增加、修改、删除新闻类别。

更改类别顺序以确定新闻类别和专题在网站页面上出现的排序。

b) 新闻管理

增加、修改、删除新闻。

新闻按发布时间排序，从发布日开始计算，在半月内发布的新闻出现"new"动画标记。

如果新闻条目太多，则显示"更多"的页面链接。

提供发布新闻功能，选择指定的样式，把新闻的内容生成静态页面。

c) 通知管理

增加、修改、删除通知。

通知按发布时间排序。

通知分为"特急""紧急""普通"几个级别，这些级别要求在后面（不要求界面）的可维护性，对于"紧急"以上的级别要求醒目符号提示。

如果通知条目太多，则显示"更多"的页面链接。

提供发布通知功能，选择指定的样式，把通知的内容生成静态页面。

3.5.3.3 师资力量

a) 增加、修改、删除老师个人信息，老师的信息包括：姓名、性别、学历、相片、个人简历、科研成果等。

b) 老师信息按一定的模板显示，按编号排序。

c) 如果老师信息太多，则要求分页显示。

3.5.3.4 培训与咨询

a) 培训与咨询的分类维护

增加、修改、删除分类。

分类又分为培训与咨询。

b) 培训信息维护

增加、修改、删除培训信息。

单击"培训信息"下拉显示培训的分类信息，单击分类信息显示相关的培训列表，列表信息按时间序号排序。

添加"显示所有培训信息"的栏目，单击后显示所有培训信息，按时间、分类、序号排序。

发布培训信息后，需要发布人的上级审批才能在页面显示。要求有权限的分配。

咨询服务信息维护。此部分与"培训信息维护"要求相同。

c) 本月课程列表

显示当月已经审批的课程信息。

单击相关课程显示课程的详细内容，页面提供"报名"的链接。

3.5.3.5 在线练习

a) 在线练习只提供一个链接，链接到另一个练习系统。

b) 在线咨询栏目是预留页面，目前尚不提供此功能。

3.5.3.6 学员报名

a) 用户管理，含增加/修改/删除用户信息功能。

b) 邮件列表，可给所有会员发送邮件信息。

c) 提供会员验证接口。
d) 支持页面保护功能。
e) 权限管理。

3.5.3.7 办事指南

a) 培训、咨询、考务流程

提供培训、咨询、考务流程图(图片)的录入和文字说明的录入。

显示培训、咨询、考务流程。

b) 下载资料管理

增加、修改、删除下载资料。

对下载资料进行计数统计。

提供上传下载资料界面。

3.5.3.8 投诉与建议

a) 提供面向社会的投诉与建议的寻入界面。
b) 需要通过审核才能在页面显示投诉和建议。
c) 提供删除和回复投诉与建议的功能。
d) 学员的留言分投诉与建议两种。
e) 提供查看留言列表。

3.5.3.9 其他功能

a) 搜索功能：提供对站内的新闻、通知、师资等信息的搜索功能。
b) 网站流量统计。

3.5.3.10 备注

a) 以上模块系统要求均要有良好的拓展性和兼容性。
b) 以上模块的描述代表大体的功能说明，在实施过程中需要细化需求。
c) 网站要求使用 Microsoft.NET 技术 + MSSQL 开发，并向用户开发源码，版权归用户所拥有。

3.6 网站售后服务要求

a) 网站维护(一年的网站内容免费更新，不改变网站导航结构)。
b) 数据库系统维护(一年内免费，含数据库系统数据批量上传，数据备份等)。

(资料来源：http://wenku.baidu.com/view/9b7ccd7d27284b73f2425053.html)

思考题：

1. 此案例招标书的撰写包括哪些内容？
2. 此案例对你撰写电子商务服务外包项目投标书有何启示？

3. 电子商务服务外包项目投标书

投标书是指投标单位按照招标书的条件和要求，向招标单位提交报价并填具标单的文书。它要求密封后邮寄或派专人送到招标单位，故又称投标函。它是投标单位在充分领会招标文件，进行现场实地考察和调查的基础上所编制的投标文书，是对招标公告提出的要求的响应和承诺，并同时提出具体的标价及有关事项来竞争中标。

投标书是接包方参与投标竞争的重要凭证，是对招标文件提出实质性要求和条件的响应，也是日后评标、决标和订立合同的依据。因此，需要精心地、严格地按照招标文件中规定的内容、式样和评标原则进行标识和装订。不仅内容要详实全面、文件齐全，而且要尽可能地主动介绍和宣传本企业在资金、技术、管理、服务上的各项优势。

类型不同的电子商务服务外包项目，投标书的具体内容是有所不同的，但一般要有以下基本内容。

(1) 法人代表授权委托书和营业执照副本。
(2) 根据招标文件提供标准格式填写的"投标书"（包括附件）。
(3) 各种证明文件，如证明投标者具备投标资格并有能力履行合同的文件。
(4) 根据招标文件提供的格式所填写的报价单和投标保证书。
(5) 投标者认为要进行说明的事项等。

应答的投标书一般可由以下几部分的内容组成。

(1) 项目目标与要求综述。
(2) 本企业承包此项目的优势和对此项目的理解。
(3) 作业流程的设计。
(4) 项目管理组织结构及质量指标承诺和保障措施。
(5) 报价表。

运作实例8-3

安健达电子商务项目投标书

1. 投标书

致：深圳安健达实业发展有限公司

(1) 经研究"安健达电子商务项目"建设招标书后，我们愿意按人民币701 745.00元（大写：柒拾万壹仟柒佰肆拾伍元整）的投标总价完成我们投标文件所报的全部工作内容，以此作为本工程的结算依据，并遵守招标文件的要求承担本合同工程的实施、完成及其缺陷修复工作。

(2) 一旦我方中标，我方将保证按合同协议书中规定的工期，在六个月内完成全部工程，并保证工程质量优良。

(3) 我们同意在规定的开标之日起30天的投标文件有效期内，严格遵守本投标函的各项承诺。在此期限届满之前，本投标函始终将对我方具有约束力，并随时接受中标。

(4) 在合同协议书正式签署生效之前，本投标函连同你单位的中标通知书将构成我们双方之间共同遵守的条件，对双方具有约束力。

(5) 我们理解贵单位不负担我们的任何投标费用。

(6)如果我们在本投标文件有效期内撤回投标文件,或在收到中标通知书后的7天内未能或拒绝签定合同协议书,则视为自动放弃。

(7)如我单位中标,我们承诺在招标文件规定的时间内,以招标文件规定的方式和项目额度提供具体化项目实施方案,以最快的方式出台项目解决方案。

                投标公司: (盖章)

                法定代表人或其授权委托人: (签字或盖章)

                                      二〇〇八年十月二十八日

2. 法定代表人身份证明书

单位名称:

单位性质:有限责任公司

办公地址:深圳市南山区创业路现代城5栋28J

成立时间:二〇〇〇年十一月一日

经营期限:10年

姓名:

性别:

年龄:

职务:

系法定代表人。

特此证明。

                                      投标公司:

                                      二〇〇八年十月二十八日

3. 法定代表人授权委托书

投标公司:

法定代表人:(签字或盖章)

被授权委托人:(签字或盖章)

4. 项目概述

(1)项目定位

INTSEND盈送网(暂名)是面向企业客户(部分个人用户)提供办公用品(部分清洁

用品)销售的集商品展示、库存管理、即时交易、销售分析、成本核算、购销核定、业务管理等于一体的,高度整合物流、资金流、信息流、业务流(四者合一)的综合业务数字化处理平台。包括:面向目标客户的销售平台;面向供应商的采购平台以及面向企业内部运营部门的业务处理平台。

(2)商务需求

INTSEND期望通过面向目标客户的销售平台——网站,实现业务的快速增长,这也是建立此项目的根本目的所在。希望通过鲜明的品牌概念、人性化的设计、完美的商品展示、顺畅的购物流程、周到的服务、便捷的人机交互等给客户留下良好的购物体验,以快速赢得目标客户的青睐。

(3)业务需求

INTSEND期望销售平台能够有效地和企业各部门的运作流程和系统整合起来,即时同步顾客需求并要求包括供应商在内的企业所有资源快速响应,实现基于客户导向的战略营销,并对各企业单元的运作效率和方式提供便利。

(4)技术需求

安健达期望INTSEND平台能够在系统设计上遵循先进性、实用性、安全性、可靠性、扩展性、经济性、可维护性等原则。系统的软/硬件配置对新业务提供强有力的支撑能力,提供应用软件开发平台,让使用者十分简便地进行二次开发。同时还期望INTSEND平台能够在高效运营、非正常状态下的危机处理以及投资保护上实现项目的安全性。

5. 系统设计

(1)系统结构

根据用户的实际需求,INTSEND平台由电子商务系统(供应商系统暂含在内)、企业内部管理系统构成。根据《深圳市安健达实业有限公司电子商务信息系统邀标书》的要求,系统的建设采取长远规划、分阶段实施的原则,重点针对INTSEND项目企业应用系统与电子商务系统的系统设计,同时也充分考虑了系统的长远规划。

(2)系统功能

根据用户需求分析,建成后的INTSEND平台首先将是一个企业应用管理系统,为企业内部管理提供服务;同时,INTSEND平台还将是一个大型的电子商务网站,可以作为电子信息服务平台,面向个人和会员用户提供办公用品行业中的信息服务;更重要的是,它将是一个电子商贸网络,可以作为电子商务、电子购物、电子采购平台,为会员单位提供网络采购、结算、成本核算平台,为普通用户搭筑一个网络商场,这是系统的核心功能;INTSEND还将是一个行业管理网络,收集行业信息,为行业的发展和经营决策服务,INTSEND也将是一个企业内部网络,实现企业的运营自动化和管理网络化。

6. INTSEND 平台功能架构

（1）总体设计

①用户业务流程需求分析

用户业务流程需求包括签约用户销售流程、网上支付销售流程、送货付款销售流程以及厂家商品采购流程，每个流程均会在项目书中详细细化。

②技术选择

通过对用户需求的分析，设计 INTSEND 平台时针对不同的用户群体提供不同的交易服务子系统，它们在统一的 INTSEND 管理系统的管理下运行。在进行系统设计时，还充分考虑了电子商务技术的发展，确保系统具有扩展能力。系统开发涉及的开发平台、数据库、系统架构技术、网页设计技术以及安全技术均会在项目书中作详细说明。

（2）系统模块设计

整个 INTSEND 平台分为电子商务网站和企业内部管理 2 个子系统。其中电子商务网站的功能包括：商品展示、会员注册/登录、购物车流程、用户专区、客户服务、签约客户平台以及供应商平台企业内部管理。企业内部管理功能包括：商品管理、销售管理、配送管理、仓存管理、采购管理、财务管理以及系统管理。

7. 硬件解决方案

（1）应用需求

由于系统的复杂性和开放性以及应用环境的多样化，给应用系统的运行带来了许多不确定因素。这些因素也导致对 INTSEND 平台服务器的安全性提出了更高的要求，基于该平台业务系统的安全性，稳定可靠和系统的持续运行成为系统的关键。为了保证系统的不间断，建议采用 ROSE 公司的 ROSE HA for Windows 双机容错软件。该软件技术领先，安装管理方便，对系统资源占用极少，能确保高可用需求。

（2）方案的特点与优势

ROSE HA 是一个提供防止关键业务主机因不可避免的意外性或计划性宕机问题的高可用性软件。ROSE HA 软件同时安装在两台主机上，用于监视系统的状态、协调两台主机的工作和维护系统的可用性。它能监测应用级系统软件、硬件发生的故障，并及时地进行错误隔绝和恢复，以最低成本提供用户近乎不停顿的计算机作业环境。

（3）网络拓扑示意图（略）

（4）产品分析（略）

8. 实施方案

（1）项目组织

我们将全面组织承担 INTSEND 系统的建设工作，完成系统的设计、建设、集成、应用软件的开发、测试和人员培训，为此我们将派选有丰富实际工作经验的人员与贵公司的相关部门密切配合，共同完成这一综合网络应用系统。

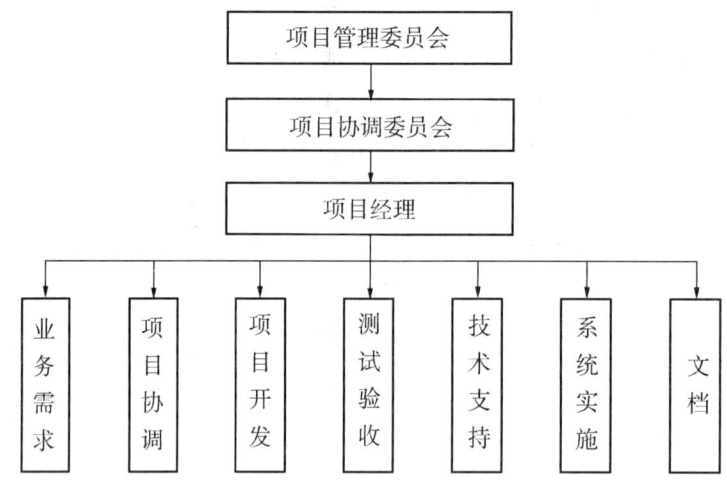

(2) 项目团队

项目角色	项目人员安排	项目职责
技术总监	1人	项目组织、协调，项目资源调配、跟踪
项目经理	1人	负责带领项目开发团队进行技术研究攻关
系统架构师	1人	对整个系统平台进行分析研究及架构开发
软件工程师	3人	进行具体项目软件的开发、编码实现工作
网页设计师	2人	网站风格、动画设计、页面设计制作
测试工程师	1人	网站系统功能模块测试及整体设计评估

(3) 项目管理

主要分为组织管理和技术管理。组织管理主要负责项目人、财、物的计划、组织、调配和管理。技术管理是对项目中技术指标、设计规范等进行管理。

项目管理委员会：主管此项目的实施，负责实施过程中重大事件的决策，如财物安排，解决工作层不能解决的问题，监察项目进度和阶段实施等。

项目协调组：负责协调合作双方出现的问题，组织、责成双方有关负责人员就已出现的问题提出解决方案。

项目经理：担负本项目的全面计划、制定各小组的项目计划、安排各类会议日程，定期举行项目进度工作会议、监控项目过程和进度，总结进度报告、协调项目各组中的人员和资源，保证计划顺利实施。

业务需求组：与深圳市安健达实业发展有限公司相关部门密切合作完成应用系统的需求分析、设计、系统测试等的配合及支持。

项目开发组：主要负责电子商务和其他应用系统的开发调试。

系统实施组：软件的测试、设备采购、安装和调试运行、通信线路的申请和实施、系统建设计划和实施、系统实施方案和计划。

测试验收组：由和深圳市安健达实业发展有限公司双方安排人员共同组成。其工作职能是在项目各阶段，监督和检查项目的工作质量，测试工作贯通分析、设计、编写各阶段，从项目开始应与各组密切合作。制定出详细的项目测试计划，并制定周密的详细完整的测试用例，以完成对项目施工质量的监督和检查，确保项目工作质量，制定测试计划，编制测试用例。

技术支持组：主要对主机系统、网络产品、电子商务系统、系统软件、应用软件和实施中遇到的技术问题进行支持、解决。

文档组：负责项目中全部文档的制作，包括系统整体方案、合同文本、机房环境要求、设备到货验收报告、计算机系统安装报告、计算机系统测试报告、网络系统测试报告、硬件平台集成测试报告、各种产品说明书及维护手册、设备与软件移交测试报告、需求及设计修改说明书、试运行记录、系统终验报告等。

(4) 工程进度与开发周期

① 系统开发周期

我们保证一旦中标，在合同签订后七个工作日之内，与招标方进行设计协调，向招标方提供设备、软件开发和服务的第一批技术资料。

② 硬件设备到货与组装

我们保证一旦中标，从合同签订之日起，全部硬件设备在程序开发完成前一个月内采购完毕；并在一个月内完成全部网络设备的安装调测工作。

③ 应用系统的开发与安装

我们保证一旦中标，将积极与建设单位相关部门合作，在合同签订后一个月内完成需求分析，在合同签订后两个月内完成概要设计，在合同签订后四个月内完成应用系统的软件开发、安装、调试工作。

④ 系统验收

我们保证一旦中标，在合同签订后六个月内完成系统工程的总体验收并交付使用。

(5) 技术支持服务

建立技术支持中心，专门向用户提供技术咨询、故障诊断、排除故障等全面技术支持。

① 支持方式

在一般情况下，用户通过电话、电子邮件和传真等方式，将所遇到的问题报告给技术支持中心。所有电话、电子邮件、传真都将被记录、备案并跟随问题的全过程。中心将对每个用户问题报告给一个故障号码，以便用户查询。

② 诊断、排除故障方式

技术支持中心采用多种方式来诊断和解决问题。第一种方式是我们将建成一个用户技术支持数据库。如果所需解决的问题已在数据库中，技术支持人员应能够在短时间内为用户提供解决方案；第二种方式是利用远端测试手段对故障进行分析，在 24 小时内通知用户故障诊断并向用户提出处理方法;第三种方式是在紧急情况下,技术支持中心在 8 小时内(最长不超过 24 小时),派有关人员进行现场支持。

③技术支持中心服务时间

技术支持中心采用一周五天,每天 8 小时工作制。

④售后支持

我们承诺:4 小时内提供远程服务;12 小时内工程师到达服务现场;1 周内 VP 级专家到达服务现场。

(6)用户文档

与软件一同发行的电子版用户文档部分包括:《安装手册》《培训手册》《用户手册》《维护手册》《数据字典》《系统信息速查手册》。

9. 项目报价

项目名称		数量	单价/元	预算/元
应用软件系统	INTSEND 电子商务系统	1	150 000	150 000.00
	INTSEND 企业内部管理系统	1	200 000	200 000.00
项目实施费用	需求调研、分析,产品实施、测试、上线培训、数据准备等		100 000	100 000.00
维护费			首年减半	63 795.00
集群软件	ROSE HA 软件	1	10 500	10 500.00
DELL MD3000 磁盘柜	PN521 – PowerVault(TM) MD3000 磁盘储存机壳、单控制器模块 FP739 – PowerVault(TM) MD3000 的运送模块 3MPS6(24×7) – 3Yr ProSupport for End Users & Mission Critical:(7×24) 6-hour Onsite Service TEXT – C002 – 请访问 http://support.dell.com/ProSupport 或拨打 8 WXPW113 – PVL – N – 3 年终端用户专业支持:7×24 技术支持及协助 WXPW313 – PVL – N – 3 年关键任务:7×24 技术支持 WXPU013 – PVL – N – Mission Critical:(7×24) 6-hour Onsite Service with Emergency Dispatch, 3Yr UW616 – PowerVault(TM) MD3000 的安装台 IXPS5401-VMD3000I (1)-PowerVault MD3000 外置磁碟阵列安装(Up To 4 Hosts) PERC5/EHBA SAS 连接卡(MD3000)			

续上表

项目名称		数量	单价/元	预算/元
DELL MD3000 磁盘柜	多用途导规用于 MD3000 FRT460 – STR – MD3000 – 戴尔丨MD3000 保险及运杂费(中国) FRT02/460 – STR – 存储器运费(中国) JY825 – 不含软件 1683E – 连接墙壁的电源数据线(中国用)	1	24 300	24 300.00
阵列卡	插　槽：PCI-X(64位) 阵列功能：RAID0 10+1 5 传输速率：U320 缓　存：128M 内存 电　池：专业 RAID KEY 电池 通　道：双通道(内双通，外双通) SCSI 线 2 条(1 米) Power 5dc	2	12 150	24 300.00
DELL 2950 (2U 机架式服务器)	CPU：共 2 个，FN055 – 四核英特尔至强处理器 E5420 2.5GHz, 2x6MB 缓存，1 333MHz 前端 1 总线，用于 PE2950 FN055 – 四核英特尔至强处理器 E5420 2.5GHz, 2x6MB 缓存，1 333 MHz 前端 内存：16 G MR094 – 4GB，8×2 667 MHz，ECC, 双内存列共 16G，全缓冲内存条 硬盘：900G KX596 – 300GB, 3.5"，15Krpm，SAS 硬盘，热插拔　数量 3 个，共 900G 光驱：WG212 – 24X IDE DVD 光驱 网卡：BNW – S030 – 集成双 Broadcom 千兆网卡，支持 TOE 功能 服务：三年内工作日有限上门服务	3	31 500	94 500.00
阵列卡		3	3 450	10 350.00
电信局方带宽与机柜租赁		3	8 000	24 000.00
合计(人民币：元)				701 745.00

10. 公司简介(略)

思考题：

1. 此案例中投标书的撰写包括哪些内容？
2. 此案例对你撰写电子商务服务外包项目投标书有何启示？

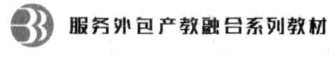

案例分析

联想蓝翼网站运营项目投标说明:

项目投标邀请书

_____:

联想集团有限公司(以下简称"联想")是信息技术领域的高科技公司(股票代码:992 香港证券交易所),将就"联想蓝翼网站运营"项目进行竞争性招标。鉴于贵公司在行业的良好声誉和相应实力,初步认定符合本次招标条件,特邀请贵公司参加此次投标。联想根据该项目特点组织相关部门成立招标小组,以公开、公正、公平为原则,对各投标公司进行综合评定。请贵公司认真阅读所发资料,精心准备投标文件。

1. 标书发放时间: <u>2015 年 8 月 24 日</u>
2. 投标截止时间: <u>2015 年 8 月 28 日</u>
3. 投标地址:北京市海淀区上地信息产业基地上地西路 6 号联想研发大厦
4. 投标联系人: _____

电话: _____

E-mail: _____

http://www.lenovo.com

联想集团
2015 年 8 月 18 日

投标方须知

1. 招标说明

(1)招标方式:本项目采取邀请招标的方式,不向社会公开招标。

(2)参加投标单位必须具有独立法人资格。凡接到投标邀请函者,均视为合格投标方,如果自认为不符合招标方要求,应主动提出,以免造成不必要的损失。

(3)招标方公布联想本次项目包括活动策划及现场执行实施。投标方在设计中要充分考虑项目工程、实施所有费用在可预算范围内。相关预算请投标人慎重填报。联想并不承诺本次投标最低的公司成为中标公司。

(4)招标小组根据投标方的价格水平、服务水平、付款方式及期限等因素综合评定,综合水平最高者中标。招标方不保证一定要接受标价最低的标书或收到的其他任何标书。

(5)招标方根据项目特点,组织相关部门成立招标小组,招标小组在评标时采取公开述标、公开评标的方法。招标方可就方案、商务报价等方面要求投标方答疑。

(6)投标方根据招标方此次招标方式及相关具体要求,可选择参加或放弃投标,投标方须在收到投标邀请书 1 个工作日内以传真回复招标人。

(7)投标方若发现招标文件有错误、词义含糊、遗漏的,应在收到招标文件后 1 天内以书面形式向招标方提出。否则视为理解并接受,并同意放弃因对资料不明确或误解而主张的任何权利。

(8) 招标方将以书面形式就招标文件的质疑和未尽事宜予以答复和补充。任何口头形式的提问和答复一律无效。

(9) 招标方具有整个活动的最终解释权。

2. 招标方发出的招标文件包括：

(1) 投标邀请书；

(2) 投标方须知；

(3) 项目设计/实施要求；

(4) 投标书（空白）；

(5) 投标方自律要求；

(6) 项目报价清单。

3. 投标方提交投标文件须包括：（为避免废标请仔细阅读）

(1) 资质调查表反馈及证明文件（若属于联想已认证过的外协公司可不提交，若是合作公司分公司承接项目，需提供其在当地的资质证明）：填写资质调查表，并附投标方营业执照及相关资质证明材料的复印件，加盖单位公章，以及其他认为有必要提供的资料。

(2) 投标书：填妥并由单位法人代表或经授权的代理人签名、加盖单位公章。

(3) 创意说明：对设计方案的说明及各局部详细实现方式。

(4) 详细策划案（含具体执行费用明细）：具体见项目设计实施要求以及对应的费用明细。

(5) 自律书：在招投标商务活动中自我约束的承诺。

(6) 光盘：包括以上所有文件电子版的 CD-ROM。

注意：项目投标书和自律书请参与投标供应商填妥并由单位法人代表或经授权的代理人签名、加盖单位公章后进行扫描，与创意说明和详细策划案内容一并压缩打包后上传到联想 ebidding 系统中，网址：http://ebidding.lenovo.com.cn。

4. 本次招标文件发放时间：2015 年 8 月 24 日

5. 投标截止时间：2015 年 8 月 28 日

6. 投标注意事项：

(1) 投标单位必须按照招标文件要求认真填写标书。投标文件若含有与招标文件各项规定不符的额外要求，投标方须做书面说明，否则标书可能不被接纳。

(2) 所有招标及投标文件均以元（人民币）为单位。

(3) 投标人在投标文件上所列为履行合同所需的所有费用（含场馆管理费、电费、布展期涉及的其他费用），如无特别书面说明，任何额外的费用视作已包括在投标文件所报总价内。

(4) 投标方因投标活动所发生的差旅费、办公费、工本费相关费用均由投标方承担。

(5) 投标方递交的设计方案、报价、资质证明等投标文件均不退回。

(6) 合同签订后，如有少量更改，中标方应予以接受，积极配合，并应有双方书面签字确认。

(7) 任何因不顾上述条文而提出的索赔要求将不予考虑。

(8) 投标方应对涉及此项目的所有文件资料、方案信息严格保密。

(9) 投标方必须保证自己提供的产品不存在侵犯他人专利和其他侵权行为。如由此发生的法律纠纷由投标方负责。

7. 投标方在投标截止时间之日起___5个___工作日内未接到招标方的中标通知，则视为在本项目中未中标，对未中标人不再另行通知。

8. 此次招投标将严格执行相关程序，如遇下列情况之一将作废标处理：

①经审查，投标方不符合投标资格者；

②未按规定时限收到投标书者；

③投标文件中缺少投标方须知第三条(提交投标文件须包括)列明的文件之一者；

④投标文件未按要求制作者(如报价清单未按要求详细列明等)；

⑤采购部门或由招标方邀请的第三方审计公司出具意见有"根据提交的材料，无法进行审计"或"根据提交的材料，审计结果与报价不符，幅度超过20%"任何一条者；

⑥投标文件若含有与招标文件各项规定不符的额外要求者；

⑦在评标工程中根据招标方意见修改方案及报价不按规定时间反馈者；

⑧投标工作中有违反廉洁行为规范或国家明文禁止的行为者。

特别说明：

中标后，如投标方不按指定时间完成设计方案细化或修改，则招标方有权中止合作，由此给招标方带来的任何损失，由投标方按照合同说明的责任予以承担。

项目实施要求

1. 背景描述

蓝翼网站是联想企业级产品渠道的技术交流社区，提供专家指导、会员互助、前沿技术和学习认证等服务，以提升联想企业级技术水平。

蓝翼网站目前拥有22 000多名会员，会员互助技术问题19 000多条，会员上传技术文档1 600多篇，组织培训近900场，组织考试400多场，网站主要内容包括会员的互助问答、资料共享、产品及解决方案介绍、培训认证系统、专题论坛等，网站访问量40 000次/周，访客数近3 000人/周。同时有官方微信和App，微信粉丝数2 000多人。

2. 项目目的

完成蓝翼网站日常运维，协助渠道活动的组织与策划。

3. 项目需求内容描述

(1) 网站运营

①与业务方沟通项目需求，制定网站运营计划、运营方向、活动策划方案，并汇报总结网站运营情况、全面协调、管理和控制项目工作。

②及时反馈项目进展中遇到的问题，同时负责蓝翼网站周报告、月报告以及季度报告的整理。

③网站板块内容更新情况追踪，将超时求助、待审核共享、精华求助未更新等定期

整理成报告反馈给业务方。

④基于蓝翼活动内容和会员情况进行电话外呼推广活动信息，邀请蓝翼会员参与活动，并进行满意度调研。

（2）网络设计及策划推广

①设计：Banner、EDM、微信长图文以及 H5 页面设计等。

②文案策划：网站活动公告的文案策划。

（3）运维服务

①负责网站动态、公告、产品彩页、培训考试、教程（包括图文、音频及视频三种格式）以及微信推送消息等内容的排版编辑与上传。定时监测网站内容，Banner 及悬浮框内容更新。

②协助网站运营、活动执行推广（EDM、短信测试发送）。

③微信后台菜单及 QQ 群维护管理，及时处理并回复微信、客服邮箱、客服 QQ 及网站咨询问题。

④发现蓝翼 Web、App 以及微信端 Bug 问题及时与蓝翼开发人员沟通并处理。

⑤新功能测试：协助业务方对开发的新功能进行测试，是否有 Bug 或者是否满足需求。

⑥5×8 小时进行客户电话的接听并及时处理，新申请会员邀请激活、核实礼品寄送地址并寄出礼品。

4. 项目时间安排

①Brief 时间为 8 月 24 日。

②2015 年 8 月 28 日提案（提案顺序以系统响应先后顺序为准，具体时间地点见稍后邮件通知）。

5. 预算 60 万元

6. 项目运营周期

2015 年 9 月—2016 年 8 月

7. 提案内容

①网站的运营策划方案：

第三季度蓝翼一年一度的技术高手挑战赛，分初赛、复赛和决赛三个环节，初赛网站上考试，复赛由会员提供成功案例，决赛是现场 PK 赛，每个环节都有和会员的互动活动，具体活动需要给出策划方案。第四季度策划网站活动方案以提高会员的活跃度和对网站的黏性。

②网站推广策划：制定搜索引擎优化方案，推广蓝翼网站，吸引更多会员加入。

③运营周报和月报的模板，提出运营方案。

④公司介绍、优秀项目及案例分享。

⑤服务团队架构说明（包含 Title、工作职责、以往工作背景、工作量等）。

⑥报价明细：按（第三点）工作内容描述的维度提供报价细项。

8. 评标标准

本项目招标组成员有：联想采购部、大客户企业级售前。

评估项目	项目说明
网站运营能力(30%)	策划的活动能否提高会员的活跃度以及对网站的黏性(10分) 文案撰写能力(10分) 运营周报和月报的模板维度是否合理(10分)
网站设计及策划能力(20%)	设计能否体现蓝翼品牌形象(10分) 是否有合理的搜索引擎优化方案,能否让用户以最便捷的途径获取信息(10分)
运维服务能力(20%)	有网站运维相关经验(10分) 人员配置及项目管理(配置合理;对项目投入足够时间;团队主要成员有经验和较强执行力)(10分) 需求响应的及时性,并且有规范的运维流程
成本控制(30%)	系统报价(10分) 成本控制(方案与报价的匹配度;性价比;报价完整性、规范性;可谈判空间)(20分)

投 标 书

由:＿＿＿＿＿＿＿＿＿＿＿＿＿＿＿＿＿＿＿＿＿＿＿＿＿公司

致:联想(北京)有限公司

一、经审查联想(北京)有限公司"项目"招标文件,我方确认已收到招标文件之全部,知悉招标文件全部内容,并接受招标文件中提出的各项具体要求。

二、投标报价:

我方愿意按招标文件要求,按人民币(大写)＿＿＿＿＿＿＿＿＿＿＿＿＿＿＿(RMB:＿＿＿＿＿＿＿＿＿＿)金额,承担项目的方案设计、方案修订和完善、施工图纸制作、材料采购、加工制作、运往、安装、维护服务、拆迁、回运及展台处理等所有费用及税款。明细项目报价详见《项目报价清单》。

三、付款方式:

(请选择√或填列适当的方式)

签约后预付:□30% □40% □50% 余款于展会结束后30日内付清。

预付款时间:如招标方因故延期(一个月以内)付款,是否可以接受

□ 是   □ 否

四、发票类型:＿＿＿＿＿＿＿＿＿＿＿＿＿＿＿＿＿＿＿＿＿＿＿＿

五、如果我方的投标书被接受,我们将保证开始本项目服务,并在本招标文件中所指定的时间内,完成本招标文件所规定的项目。

六、如果我方的投标书被接受,我们将保证现场追加项目所产生的费用,在合同金额＿＿＿%的范围内的部分自行承担,超出部分协商解决。

七、如我方中标,我们将保守在投标和合同执行整体过程中,可能涉及的联想的商业秘密。

八、我们将对投标方案和报价严格保密,不与其他投标方串通,损害招标人和其他投标方的合法权益。

九、我们保证我方提供的产品不存在侵犯他人专利和其他侵权行为。如由此发生的法律纠纷由我方自负其责。

投标单位名称(盖章):　　　　　　　　　投标方地址:

法人或委托代理人签字(日期):　　　　　联系人电话:
　　　　　　　　　　　　　　　　　　　　传真:

自 律 书

我方 _____ 愿在公平、公正、公开的竞争环境中,以我公司提供的产品和服务,与联想建立良好的伙伴关系。

在此,我方做出如下承诺:

一、遵守招标方的商务洽谈原则,决不与个别人员进行幕后交易。

二、不向招标方相关人员提供任何形式的回扣、手续费、礼金、佣金、有价证券、礼品等,正当的扣款、返还款等将在合同中注明。

三、不向招标方相关人员提供娱乐活动或任何形式的无偿服务。

四、不向招标方相关人员提供免费旅游及报销私人的飞机票、车船票等。

五、对招标方相关人员在商务活动中出现的卡、拿、索要等违纪现象不予理睬并及时反馈给招标方。

六、在商务活动中,我方如违反了上述承诺,招标方可直接取消投标资格。

　　　　　　　　　　　　　　　　　投标方盖章:
　　　　　　　　　　　　　　　　　投标方代表签字:
　　　　　　　　　　　　　　　　　日期:

(资料来源:http://www.docin.com/p-1691102332.html)

分析:

联想蓝翼网站运营项目投标说明书中有哪些值得借鉴的地方?

本章小结

电子商务服务外包管理的内容主要包括合同管理、风险管理以及项目管理。

电子商务服务外包合同是电子商务服务外包合同的当事人对服务外包合同的内容,经过双方协商达成一致意见,明确相互之间权利和义务关系的协议。该协议的订立经过要约与承诺两个阶段,在这个过程中需能够区分要约与要约邀请,掌握要约与承诺的具体内容。已经成立的合同并不一定具备法律效力,只有具备法律规定的条件才能发生法律效力。合同签订后,其履行需要一个过程,各主体之间基于不同的利益角度,在经济活动中可能会在权利、义务关系上发生分歧和矛盾。解决纠纷的方式有四种:协商、调解、仲裁和诉讼。

电子商务服务外包面临的风险主要有六种,分别是商业秘密遭到接包方泄密风险、成本风险、依赖风险、质量风险、时间风险以及监管失控风险。面对这些风险,可采取如下风险控制措施:①与接包方签订保密合约;②科学地核定外包成本;③与接包方建立战略合作伙伴关系;④合同中明确外包质量标准及评估考核;⑤合同需明确规定外包项目进度;⑥加强对外包的管控。

电子商务服务外包项目管理是一个复杂的动态管理过程,贯穿于项目的整个生命周期,在这个周期内,不断进行资源的配置和协调,不断做出科学的决策,从而使项目在执行的全过程中处于最佳的运行状态,产生最佳的效果。电子商务服务外包项目的设计是开展电子商务服务外包项目的前提,做好前期的设计工作,可以保证在具体实施项目的过程中工作顺利地进行。电子商务服务外包项目的实施一般需要经过招标与投标两个阶段,招标是指招标人发出招标公告或投标邀请书,说明招标的工程、货物、服务的范围、标段划分、数量、投标人的资格要求等,邀请特定或不特定的投标人在规定的时间、地点按照一定的程序进行投标的行为。投标是指投标人应招标人特定或不特定的邀请,按照招标文件规定的要求,在规定的时间和地点主动向招标人递交投标文件并以中标为目的的行为。在这个过程中,需要学会写招标书和投标书,掌握招投标书写的注意事项。

复习题

(1)电子商务服务外包法律关系包括哪三个要素?

(2)电子商务服务外包合同的订立经过哪几个阶段?

(3)简述电子商务服务外包合同履行遵循的基本原则。

(4)电子商务服务外包面临的风险有哪些?

(5)如何控制电子商务服务外包的风险?

(6)电子商务服务外包项目的设计包括哪些内容?

(7)如何撰写电子商务服务外包项目招投标书?

参 考 文 献

[1] 霍红,沈欣,牟维哲. 物流外包管理[M]. 北京:化学工业出版社,2012.
[2] 迟云平. 服务外包概论[M]. 广州:华南理工大学出版社,2015.
[3] 白世贞,国彦平,陈化飞. 服务外包业务流程管理[M]. 北京:化学工业出版社,2011.
[4] 秦成德. 电子商务法律与实务[M]. 北京:人民邮电出版社,2008.
[5] 蹇洁. 电子商务导论[M]. 北京:人民邮电出版社,2009.
[6] 张楚. 电子商务法[M]. 北京:中国人民大学出版社,2011.
[7] 柯新生. 电子商务——运作与实例[M]. 北京:清华大学出版社,2006.
[8] 赵春雨,王艳红. 服务外包企业客户关系管理[M]. 北京:化学工业出版社,2012.
[9] 马小龙,徐贞窕,钱玲丽. 中小企业电子商务服务外包的研究[J]. 电子商务,2010(12):10-11.
[10] 李立威,薛万欣. 中小企业电子商务服务外包模式及影响因素剖析[J]. 商业经济研究,2012(1):44-45.
[11] 陈向军,靳延安. 我国电子商务服务外包人才培养研究[J]. 物流工程与管理,2014(3):216-218.
[12] 丁常彦. 网站外包的风险[J]. 中国经济和信息化,2007(47):57-58.
[13] 杨波,殷国鹏. 中国服务外包:发展现状与提升对策[J]. 国际经济合作,2009(1):15-21.
[14] 曙乐. 企业在线客服外包系统的设计与实现[D]. 西安:电子科技大学,2013.
[15] 徐辉. 知识流程外包产业发展模式研究[D]. 哈尔滨:哈尔滨工程大学,2011.
[16] 戴卫明. 论传统企业电子商务外包的过程及控制[J]. 中国管理信息化,2012,15(14):87-89.
[17] 王倩,张宗攀. 国际软件和信息类服务外包案例分析——新加坡 JUPITER 公司商务网站制作[J]. 科技资讯,2011(19):198-198.
[18] 朱四明. 服务外包接包方选择与监管风险控制研究[D]. 上海:上海交通大学,2011.
[19] 陆晓艳,郑丽娟. 呼叫中心外包业务市场分析[J]. 通信管理与技术,2006(5):36-37.
[20] 漆贤军,邓有才. 呼叫中心外包的模式与实现研究[J]. 情报杂志,2004,23(10):24-26.
[21] 谭力文,田毕飞. 美日欧跨国公司离岸服务外包模式的比较研究及启示[J]. 中国软科学,2006(5):128-134.
[22] 刘冲. 服务外包风险及控制[J]. 湖南商学院学报,2010,17(3):37-39.